Pfistner (Hrsg.) · Die Entwicklung des Seelischen

Für
Herrn Kollegen Meinhardt
in Freundschaft

Ihr

22.12.88

W. [illegible]

Schriftenreihe der
Pädagogischen Hochschule Heidelberg
Band 2

Herausgegeben von der
Pädagogischen Hochschule Heidelberg

Die Entwicklung des Seelischen

Herausgegeben von Hans-Jürgen Pfistner

Mit Beiträgen von Horst Antenbrink, Karl-Josef Frey, Hans-Jürgen Pfistner und Wolfgang Sehringer

Deutscher Studien Verlag · Weinheim 1988

Über den Herausgeber:
Hans-Jürgen Pfistner, Dr. phil., Jg. 30, ist Professor für Psychologie an der Pädagogischen Hochschule Heidelberg.

CIP-Titelaufnahme der Deutschen Bibliothek

Die **Entwicklung des Seelischen** / hrsg. von Hans-Jürgen Pfistner. Mit Beitr. von Horst Antenbrink ... – Weinheim : Deutscher Studien Verlag, 1988
(Schriftenreihe der Pädagogischen Hochschule Heidelberg ; Bd. 2)
ISBN 3-89271-116-X
NE: Pfistner, Hans-Jürgen [Hrsg.]; Antenbrink, Horst [Mitverf.]; Pädagogische Hochschule ‹Heidelberg›: Schriftenreihe der Pädagogischen ...

Druck nach Typoskript

Seriengestaltung des Umschlags: Atelier Warminski, 6470 Büdingen 8
Printed in Germany

ISBN 3 89271 116 X

INHALT

Vorwort

Entwicklungspsychologie ist eine zentrale Disziplin der Psychologie, weil mit dem Bezug der seelischen Erscheinungen auf Entwicklungszusammenhänge Verstehensmöglichkeiten eröffnet werden. Allerdings ist dieser genetische Aspekt aufgrund des besonderen Interesses der Psychologie am Individuum weitgehend ontogenetisch zentriert. Erst allmählich setzt sich die Auffassung durch, daß die Entwicklungspsychologie eine spezielle Entfaltung der "Geschichtlichkeit des Seelischen" ist (JÜTTEMANN, 1986 und PFISTNER, 1970). Mit der "Geschichtlichkeit des Seelischen" soll nicht nur der historisch-gesellschaftliche Bezug des Subjekts stärker beachtet werden. Es soll auch die Vorrangigkeit von subjekthaften Handlungstheorien gegenüber subjektfernen Systemtheorien in der Psychologie behauptet werden (PFISTNER, 1987), denn systemische Organisationen in psycho-physischen Bereichen erhalten ihren Sinn erst am Horizont der Subjekt-Welt-Relation. - Im Begriff der "Geschichtlichkeit" sind die verschiedenen Aspekte einer subjekthaften Entwicklung subsumiert und kommen in der Humanpsychologie mit der Reflexion des Subjekts explizit zum Tragen. In diesem Sinn ist auch der oft zu hörende Ausspruch zu verstehen, daß erst dem Menschen "Geschichtlichkeit" zukomme.

Die Autoren des vorliegenden Sammelbandes haben ihre Beiträge aus folgendem Grund hier eingebracht: Sie wollen ihren Kollegen, Herrn Prof. Dr. WALTER BREUNIG, zum 65. Geburtstag mit einer Schrift ehren, die sich um ein Thema bemüht, mit dem sich Herr BREUNIG während seines ganzen Berufslebens immer wieder befaßt hat, dem der Entwicklung des Seelischen.

In der ersten Abhandlung versucht HORST ANTENBRINK das Sozialverhalten des Menschen betont aus der Frühzeit der Kind-Entwicklung zu verstehen: Die notwendige Aufhebung der Effekte einer "physiologischen Frühgeburt" des Menschen durch sein soziales Umfeld ereignet sich im wesentlichen in der Interaktion des jeweiligen Erziehungsstils der Bezugsperson mit dem Begabungs- und Temperamentssystem des Kindes. ANTENBRINK diskutiert unter anderem die Wirkung einiger Erziehungsstile auf bestimmte Temperamentstypen und eröffnet so interessante Verstehensmöglichkeiten für kindliches Verhalten. Dabei werden immer wieder biologische Fundierungen angesprochen, - wenn zum Beispiel das Temperament (n. EYSENCK) entweder auf ein hemmungsdominantes oder ein bahnungsdominantes Nervensystem bezogen wird. Konsequent ist in dieser Sicht auch die Gewichtung der Frühzeit der Erziehung sowie die Behauptung der relativen Stabilität der sozialen Motivation im späteren Alter und die Akzentuierung der überindividuellen Sozialorganisationen von individuellen Biographien her. - Mit diesem Beitrag wird besonders die Interaktion von Anlage- und Umweltfaktoren an einem Entwicklungsausschnitt der Kindheit deutlich.

Der zweite Beitrag von KARL JOSEF FREY zur Struktur und Genese der Zeichenfunktion stellt einen Versuch dar, drei theoretische Perspektiven miteinander zu vereinen, um dadurch die Bildung der menschlichen Sprache als hoch-hierarchisiertes Handlungsgefüge darstellen zu können. Die drei Perspektiven sind: 1. die Auffassung JEAN PIAGETs von der konstruktiven Genese allen menschlichen Erkennens, 2. die gestaltpsychologische Auffassung, daß die einem Ganzen untergeordenten Teile im Blick auf eben dieses Ganze in einem Integrationszusammenhang stehen und 3. die Auffassung MICHAEL POLANYIs von der zweistufigen (dualen) Bewußtseinsgliederung und deren Kontrolle durch den Menschen. Diese Zweistufigkeit bedeutet: Derselbe Sachverhalt (z.B. ein Werkzeug, eine Sinnesreizgrundlage, ein Wort) kann einmal im Blick auf eine den Sachverhalt übersteigende Bedeutung erfaßt werden, aber auch - abgetrennt von diesem Bedeutungsbezug - in seiner bloßen (externalen) Konfiguration. Es werden interessante Implikationen dargestellt, welche sich aus dieser dualen Erfassungsmöglichkeit der Sprache als Handlung ergeben. Darüber hinaus wird auf Leistungen hingewiesen, welche sich im Vollzug dieser dualen Erfassungsmöglichkeiten ergeben - und auf Schwierigkeiten, die besonders dem Schulkind aus einer noch unzureichenden Differenzierung der damit verbundenen Aufmerksamkeitslenkung erwachsen können. Vorgestellt werden in diesem Zusammenhang auch die Genese der sich differenzierenden Handlungshierarchien, ausgehend vom sensomotorischen Tun, über Wahrnehmungstätigkeiten, bis zur Sprechhandlung.

WOLFGANG SEHRINGER erläutert im dritten Beitrag den Entwicklungsbegriff an der These: "Konfliktarbeit ist Entwicklungsarbeit!" Damit ist vorab die Stereotype aufgelöst, daß Entwicklung nur als pathisches Geschehen zu begreifen sei; es gilt vielmehr die Entwicklung auch als Aufgabe zu sehen, in der Konfliktsituationen nach Chancen und Gefahren interpretiert werden müssen. Die Entwicklungschance des Konflikts liegt in der Überwindung der Handlungsstörung durch den Gewinn höherer Freiheitsgrade; die Entwicklungsgefährdung liegt im Verlust von Freiheitsgraden mit den Erscheinungen der Fixierung und der Regression. Der Autor bezieht seine Strukturmomente des Konflikts auf Schulsituationen. Dabei werden auch Situationsbedingungen genannt, die für eine Konfliktlösung chancenreich sind und solche, die eine Lösung verstellen. In der gleichen Weise werden auch die anderen Variablengruppen der Konfliktsituation angesprochen: die Interaktionsvariablen des Schüler-Lehrer-Konflikts (z.B. als Kommunikationsregel) und die Variablen, die das handelnde Subjekt in diesem zentralen Aspekt kennzeichnen (z.B. der Zukunftsentwurf als persönliche Einstellung). - Hinter der Darlegung des Autors steht unausgesprochen ein allgemeines Handlungsmodell, das wesentlich vom Ziel und dem zugehörigen Freiheitsgrad des Agierens bestimmt ist. Auf diese Weise gelangt der Autor zu markanten Sätzen einer sich abzeichnenden allgemeinen Konfliktpsychologie. Bei dem dabei anvisierten Entwicklungstypus handelt es sich um einen Modus von Situationsgenese, der von der Verantwortung und den Lernmöglichkeiten der Beteiligten her angesprochen wird.

Die in den bisher vorgestellten Beiträgen herangezogenen und fallspezifisch erläuterten Entwicklungsstrukturen werden im letzten Beitrag von HANS-JÜRGEN PFISTNER auf den allgemeinen Begriff gebracht. Bei der Vorstellung der Entwicklungsstruktur ist die "Genidentitätsrelation" nach KURT LEWIN der Leitbegriff. Die darauf aufbauenden Betrachtungsweisen von Entwicklung ergeben sich mit den für die Psychologie zentralen Modi des phänographischen und des funktionalen Zugangs (des Erlebens und Verhaltens). In der funktionalen Sicht (d.h. jetzt konditionalgenetisch) wird auch auf die Anlage-Umwelt-Diskussion hingewiesen. Unter dem Titel "Aussage- und Darstellungsweisen" werden Entwicklungsverläufe besonders in mathematisch-funktionaler Betrachtung vorstellig. Der Beitrag schließt mit Hinweisen auf Entwicklungsbesonderheiten und mit Skizzen von Entwicklungsmodellen, wie sie verschiedentlich verwendet werden. Die Funktion dieser Übersicht liegt in der Offenlegung der Spezifität und Kategorialität des Entwicklungsbegriffs für jede psychologische Betrachtung.

Heidelberg, im Frühjahr 1988

Der Herausgeber

Horst Antenbrink

DAS MENSCHLICHE SOZIALVERHALTEN

seine frühen ontogenetischen Entwicklungsbedingungen und -resultate

Inhalt

1. Das Betreuungsverhalten von Mitmenschen als sekundäres Triebobjekt des menschlichen Verhaltens

1.1. Die biologische Bedeutung des Verhaltensphänomens

Lebewesen sind nur bedingt autokatalytische Systeme: Sie enthalten in sich die Informationen, die die strukturelle und funktionelle Ordnung ihrer Gewebskulturen planungs- und ausführungstechnisch festlegen. Das Baumaterial einschließlich der Energie, die zur plangerechten Herstellung, Erweiterung und einer möglichst langfristigen Aufrechterhaltung ihres Organismus benötigt werden, können sie jedoch autonom und autark nicht in sich erzeugen. Sie müssen sie aus der sie umgebenden Umwelt beziehen bzw. mit deren unmittelbarer Unterstützung generieren.

Für die Beziehung der Umwelt zu biologischen Systemen gibt es eine grundlegende Alternative: Entweder bietet das äußere Milieu von sich aus den Lebewesen die benötigten Materialien an und leitet sie ihnen zu, oder sie tut dies nicht. Diese Alternative ist selbst wieder relativiert auf die fundamentale biochemische Programmierung des Stoffwechsels von Lebewesen: Wenn ihr Metabolismus die benötigten Materialien bereits in ihrem anorganischen "Rohzustand" zu bearbeiten, aus- und zu verwerten vermag - und dies ist bei dem Evolutionstypus "Pflanze" der Fall - dann erhält die Umwelt eine Zuträgerfunktion. Die Umwelt kommt zum Lebewesen; es braucht sich von sich aus nicht zu ihr hinzubemühen. Ist der Stoffwechsel - wie in der Fauna - so konzipiert, daß er die energiehaltigen Materialien primär nur in einer **organisch** schon "veredelten" Verfassung verwenden kann, dann müssen jetzt die Organismen zur Sicherung eines längerfristigen Überlebens in und an sich noch das Vermögen erhalten, sich von sich aus an die Umwelt zu wenden, um in und mit dieser "Wendung" sich die lebenswichtigen Daten und Produkte beschaffen zu können, die ihnen das äußere Milieu nunmehr von sich aus nicht anbieten und zuleiten will und kann. Während sich somit bei den Pflanzen die Lebensfunktion essentiell auf den Metabolismus begrenzen läßt, bedürfen tierische Organismen zusätzlich noch eines Instrumentariums, das ihnen eine **zielgerichtete Kontaktaufnahme** mit der Umwelt gestattet. Die Betätigung dieses "Werkzeugs" erzeugt dann jenes Phänomen, das Biologie und Psychologie als **Verhalten** bezeichnen.

Dieses Kontaktaufnahmeinstrumentarium ist alternativ einsetzbar: Als **Beschaffungswerkzeug** - im Hinblick auf solche Umweltmaterialien, die der Organismus zu seiner Selbsterhaltung benötigt, und als **Zurückweisungs-, Vermeidungs-**, ja **Vernichtungsgerät** für Informationen, die - wenn sie unvermittelt aus der Umwelt auf den Organismus einwirkten - ihn gefährden und schädigen würden. Die Umweltdaten, die bei den Gewebskulturen eines Lebewesens **direkt** eine positive oder negative Wirkung zu entfalten vermögen, sind die **primären Zielobjekte** des Verhaltens, wobei in der Psychologie die den Lebensprozeß aufrechterhaltenden Umweltmaterialien als primäre Triebobjekte oder Verstärker und die ihn gefährdenden "Reize" als primäre Schmerz- oder Strafreize bezeichnet werden.

Behaviorale Zielobjekte, die dagegen nur eine **Repräsentationsfunktion** für die Materialien besitzen, die die Gewebskulturen eines Lebewesens direkt - positiv oder negativ - tangieren, - sei es, daß sie ihm deren Erscheinen oder Verschwinden anzeigen (= Signalfunktion) oder ihm bei deren Vermittlung, Erwerb bzw. Vermeidung assistieren (= Vermittlerfunktion) - haben demgegenüber nur den Status von **sekundären** Ziel- oder Vermeidungsobjekten des Verhaltens.

1.2. Die Konzeption des Verhaltensinstrumentariums und die Regelung seines Einsatzes

Zur Verwirklichung seiner Aufgabe, der Herstellung eines Versorgungskontaktes mit dem äußeren Milieu, verfügt das Verhaltensinstrumentarium über zwei fundamentale Leistungseinheiten: das Kognitions- oder Erkenntnissystem und das Handlungssystem.

Mit Hilfe des Erkenntnissystems ist es möglich, bestimmte Gegebenheiten, Merkmale und Ereignisfolgen in der Umwelt zu registrieren. Wenn im Vollzug einer solchen kognitiven Merkmalsregistrierung und -auswertung die für das Lebewesen bedeutsamen primären und/oder sekundären Zielobjekte erfaßt werden sollen, dann müssen "vorgängig" im Erkenntnissystem bereits bestimmte "Kennzeichen" der entsprechenden Triebobjekte deponiert (= eingespeichert) worden sein. Erst der interne "Abgleich" eines aktuellen Auswertungsbefundes mit seinem kognitiven "Vorbild" (= Akt der Apperzeption) ermöglicht ein zielgerichtetes, bedeutungshaltiges Erkennen. Für die Erstellung eines aktuellen Auswertungsbefundes sind innerhalb des Erkenntnisbereiches des Verhaltens die Teilsysteme Rezeption und Perzeption zuständig; die Aufbewahrung von Erkenntnisdaten sowie die Durchführung des Bedeutung stiftenden "Abgleiches" wird im Erfahrungs- oder Apperzeptionssystem der Kognition arrangiert. Die apperzeptiven Speicher- oder Erinnerungsdaten können bereits bei der anatomisch-physiologischen Konstruktion des Erkenntnissystems in den Apperzeptionsbereich mit eingebaut worden sein - in diesem Fall gelten sie der Verhaltenswissenschaft als **angeboren** - oder aber sie werden vom Lebewesen erst "nachträglich", d.h. wenn die Erkenntnisapparatur bereits organisch fertiggestellt ist, durch den **ontogenetischen Lernprozeß** ausgearbeitet; dann sind dies **erworbene** Erkenntnisinhalte.

Mit Hilfe eines apperzipierbaren Wahrnehmungsbefundes kann dann der **Handlungsapparat** des Verhaltens, der über die Streckung und Beugung von peripher installierten Muskeln die Raum-Lage-Veränderung eines Organismus in seinem äußeren Milieu gestattet, das Lebewesen in ein faktisch-reales, praktisch-pragmatisches zielbezogenes Verhältnis zu den vorgängig kognitiv festgestellten Triebobjekten bringen und setzen, das dann abschließend zu ihrem Ergreifen bzw. Vermeiden, Zurückweisen oder Vernichten führt.

> Eine Handlung, die zielgerichtet präzise auf ein primäres Triebobjekt abgestimmt ist, gilt als **primäre Triebhandlung;** die **sekundäre Triebhandlung** ist entsprechend exakt auf ein sekundäres Triebobjekt hin relativiert und eingestellt.

Die Interaktion zwischen dem Stoffwechselgeschehen in einem Lebewesen und seinem Verhaltensinstrumentarium wird jetzt durch eine dritte fundamentale organismische Leistungseinheit geregelt, die dafür Sorge trägt, daß die kognitiven und motorischen Verhaltensteile - soweit dies nur eben möglich ist - nur dann in Tätigkeit versetzt werden, wenn tatsächlich Bedarfslagen im metabolischen Geschehen aktuell vorliegen. Dieses organismusinterne Informations- und Vermittlungssystem, das von der Psychologie als das angeborene Trieb-, Bedürfnis- oder Motivationsgefüge eines Individuums aufgefaßt wird, besteht aus einem Set von Reglern, die sowohl mit den für den Stoffwechselprozeß bedeutsamen Organen als auch mit den Verhaltensinstrumenten verbunden sind. Die entsprechenden Regler enthalten Sollwerte, die auf die optimale energetische Spannung von Gewerbsstrukturen in Stoffwechselorganen bzw. deren angemessene Versorgung mit biochemischen Substanzen (z.B. die Konzentration von Zucker, Sauerstoff, Kohlendioxyd usw. im Blut) geeicht sind. Ergeben sich in ihnen beim Ist-Soll-Wertvergleich Abweichungen, dann ist das ein Bedarfssignal, das über die Verbindungsschiene, die der Regler mit den Verhaltensgeräten unterhält, sogleich zum Weck- und Einschaltungsimpuls für Erkennen und Handeln umgemünzt und weiterverwendet wird. Bei anatomisch und physiologisch höher und komplizierter organisierten Lebewesen wird ein solches Wecksignal im Erkenntnisbereich der Verhaltensapparatur nicht unvermittelt wirksam. Vielmehr stehen hier für seine Identifizierung erst noch spezifische Meß- und Auswertungsschablonen zur Verfügung (Gefühls-, Emotions-, Affektschablonen), die aus ihm einen affektiven Wahrnehmungsbefund machen. Und erst in dieser perzeptiven Interpretationsgestalt wird ein motivationaler Einschaltimpuls tatsächlich verhaltenswirksam, d.h. das Lebewesen setzt nun sein Verhaltensrepertoire auf die Umwelt zu in Aktion und Bewegung.

Die kognitiv ausgewerteten Reglerimpulse imponieren als "Unlustgefühl", wenn ihnen Signale zugrunde liegen, die auf einer zunehmenden Abweichugn eines aktuellen Istwertes vom Sollwert beruhen. Sie treten im Erkenntnissystem als "Lustgefühl" in Erscheinung, wenn sie auf einer zunehmenden Wiederannäherung eines Istwertes an seinen Sollwert gründen.

Das organismusinterne Informations- und Vermittlungssystem der Motivation legt damit folgende drei Variablen für die Verhaltensverwendung fest: den Zeitpunkt, die Intensität und die Dauer seines Einsatzes. Der faktische behaviorale Umweltbezug des Lebewesens, seine konkrete Durchführung, Steuerung und Kontrolle ist dann die Sache der beiden genuinen Verhaltensdispositionen, der

Kognition und der Handlungsmotorik. Die präzise apperzeptive Verbindung eines durch Gefühlsschablonen ausgewerteten motivationalen Weckimpulses aus dem inneren Milieu (= **Konnotation**) mit einer auf das äußere Milieu bezogenen Erinnerungsspur, in der Merkmale eines Triebobjektes codiert sind (= **Denotation**) und einer motorischen Steuerheit für eine Triebhandlung, die eine effektive Auseinandersetzung mit dem Triebobjekt gestattet, konfundiert das Phänomen **Motiv**, wobei bei einem primären Motiv die Denotation und die motorische Steuereinheit auf ein primäres Triebobjekt und eine primäre Triebhandlung gerichtet sind und bei einem sekundären Motiv auf entsprechende sekundäre Verhaltensmarker. Der kognitiv ausgewertete Motivationsimpuls, also das affektiv-konnotative Ingredienz eines Motivs, ist immer primär.

Das Verhaltensinstrumentarium hat seinen an es motivational vermittelten Dienstleistungsauftrag erfüllt oder es hat - mit FREUD formuliert - das **Triebziel** verifiziert, wenn es **objektiv** - in der Kontaktaufnahme mit der Umwelt - das entsprechende primäre Triebobjekt "handlungsmäßig" bewältigt, so daß sich als Folge hiervon **subjektiv** in den auf die inneren motivationalen Einsatzsignale gerichteten kognitiven Auswertungsschablonen auch die Unlust- durch Lustbefunde substituieren lassen.

Eine wesentliche Bedingung für die Genese psychogen bedingter Verhaltensstörungen ist im übrigen dann gegeben, wenn im Erkenntnissystem eines Individuums die objektive und subjektive Registrierung der Verhaltenswirksamkeit nicht mehr "gleichsinnig" ausfallen bzw. durchgeführt werden.

Zum Abschluß dieser zum Verständnis der weiteren Ausführungen notwendigen Vorüberlegungen sei noch der Hinweis gestattet, daß bei höher organisierten Lebewesen Motivation und Verhalten (= Erkennen + Steuerung des Handlungsapparates) Funktionseinheiten des Zentralen Nervensystems (ZNS) sind: Das motivationale Regler- und Vermittlungssystem ist im Stamm- und Zwischenhirn untergebracht; die auf die motivationalen Aktivierungsimpulse und ihre Auswertung bezogenen Geräte sind Bestandteil des Limbischen Cortex; die für die Registrierung des äußeren Milieus programmierten Kognitionsapparate sowie die motorischen Steuerareale sind in der Großhirnrinde installiert.

1.3. Der Mensch als "physiologische Frühgeburt"

Bei Geburt der Lebewesen hat ihr Verhaltensinstrumentarium meist noch nicht seine volle Einsatzfähigkeit und Leistungsstärke erreicht. Dies ist vor allem bei biologisch höher organisierten Arten, wie z.B. den Säugern, der Fall. Das Überleben kann jetzt nur gesichert werden, wenn erwachsene Individuen, die bereits eine umfassende Verfügungsgewalt über ihre kognitiven und motorischen Verhaltensdispositionen erlangt haben, den phänotypischen Neuankömmlingen bei der zielbezogenen Kontaktaufnahme mit der Umwelt assistieren - etwa dadurch, daß sie die primären Triebobjekte so dicht an den kindlichen Organismus heranvermitteln und -transportieren, daß dieser sie mit seinen schon entwickelten und reifen Verhaltensmustern ergreifen kann. Der solchermaßen bei der primären Triebbefriedigung assistierende Artgenosse übt mithin eine Vermittlertätigkeit aus, die ihm den behavioralen Status eines sekundären Triebobjektes verleiht.

Der Umfang und die Intensität, mit der die Vermittlerfunktion eines Artgenossen in Anspruch genommen werden muß, ist abhängig von dem Ausmaß der vorgegebenen Verhaltensinsuffizienz des neuen Lebewesens. Nach dem Biologen A. PORTMANN lassen sich hier bei Säugern drei biologische Insuffizienztypen unterscheiden:

- Der Nestflüchter:
  Bei Geburt sind die beiden Subsysteme des Verhaltens - Erkennen und Handeln - anatomisch und physiologisch schon nahezu fertiggestellt; beide arbeiten vollgülitg, wobei lediglich das Handlungsinstrumentarium - entwicklungsbedingt - noch nicht seine volle muskuläre Leistungsstärke erreicht hat.

- Der primäre Nesthocker:
  Bei Geburt sind weder der kognitive noch der motorische Verhaltensteil anatomisch und physiologisch ausgereift und fertiggestellt. Beide sind nur ganz bedingt einsatzfähig.
- Der sekundäre Nesthocker:
  Bei Geburt sind die beiden Klassen von Verhaltensdispositionen **asymmetrisch** ausgereift: Das Erkenntnissystem funktioniert mit seinen zwei Leistungseinheiten Rezeption/Perzeption und Apperzeption schon recht gut. Das Handlungsvermögen ist dagegen noch in "kritischer Weise" leistungsinsuffizient. Es kann eines seiner Wesensmerkmale, die Lokomotion, noch nicht valide verifizieren, da einmal die Körpermuskulatur zum Tragen des Gesamtorganismus noch zu schwach ist, und zum anderen auch ihre Verbindung mit den motorischen Steuerzentren in der Großhirnrinde bei Geburt noch nicht adäquat geschaltet ist. Diese Reifeasymmetrie der Verhaltensgeräte hat PORTMANN dazu bewogen, den Insuffizienztypus des sekundären Nesthockers auch als **physiologische Frühgeburt** zu bezeichnen.

In der bisher bekanntgewordenen Artenvielfalt entspricht nur die postnatale Ausgangslage des Menschen der des sekundären Nesthokkers. Die hierin gesetzte Reifeasymmetrie des Verhaltens muß der Mensch ca. eineinhalb Jahre ertragen; denn erst nach dieser Zeitspanne ist beim Handlungssystem auch das Lokomotionsvermögen voll einsatzbereit.

Untersucht man jetzt die **soziale Affektion** der drei Insuffizienztypen, dann ergibt sich folgendes Bild:

Bei Nestflüchtern hat die Vermittlungstätigkeit von Artgenoosen noch die relativ geringste biologische Bedeutsamkeit und Funktionalität, da sie ja schon von Anfang an ein zielgerichtetes lokomotorisches Such- und Beschaffungsverhalten verwirklichen können, das sie von sich aus an die primären Triebobjekte heranbringt bzw. - falls sie gefährlich sind - durch eine Fluchtreaktion vermeidbar macht. Der Nestflüchter braucht nicht abzuwarten, ob und bis solche überlebenswichtigen Umweltdaten erst einmal von anderen an seinen Organismus heranvermittelt und -transportiert worden sind.

Er ist damit auch nicht so total abhängig von der behavioralen Modalität einer sozialen Vermittlertätigkeit.

Bei primären Nesthockern ist die soziale Umweltkatalyse **objektiv** eine unerläßliche Überlebensbedingung für ein Individuum. **Subjektiv** kann sich zunächst die Vermittlertätigkeit nicht im Erkenntnissystem des betreuten Lebewesens in Form der Elaboration von Erinnerungsspuren niederschlagen, die zum Erwerb enes sekundären Motivs unerläßlich sind - der Kognitionsbereich des Verhaltens arbeitet beim primären Nesthocker ja auch noch nicht angemessen. Somit bleibt für diesen Insuffizienztyp seine früh erlittene Sozialisation weitgehend apperzeptionsfrei, womit seine soziale Selbsterfahrung und -bewertung in etwa der des Nestflüchters entspricht.

Für den sekundären Nesthocker bzw. die physiologische Verhaltensfrühgeburt besitzt die soziale Vermittlerrolle ebenfalls objektiv eine radikale biologische Bedeutung und Funktionalität, wobei deren Vollzug und alle mit ihnen in Zusammenhang stehenden und sich aus ihnen ergebenden Informationen auch noch subjektiv - von dem bei Geburt schon weitgehend einsatzbereiten Erkenntnissystem des "Zöglings" - von Anfang an perzeptiv und apperzeptiv mit registriert werden können. Mithin kann der Mensch sogleich nach seiner Geburt mit dem kognitiven Aufbau des **sekundären** sozialen Motivs beginnen.

Zur Erinnerung sei nochmals darauf verwiesen, daß ein Motiv - gleichgültig, ob es einen primären oder nur einen sekundären Bezug aufweist - aus drei Funktionselementen besteht:

- Einer Denotation, die die kognitive Identifizierung der Triebobjekte in der Umwelt gestattet;
- einem motorischen Steuercode für eine Triebhandlung, die die handelnde Auseinandersetzung und Bewältigung der Triebobjekte im Sinne des Triebzieles ermöglicht und
- einer Konnotation (positiver oder negativer Gefühlsbefund), die aktuell den Zeitpunkt, die Intensität, die Dauer und auch noch die Zielrichtung (Zu- oder Abwendung) des motivational geforderten Verhaltenseinsatzes mit festlegt.

In den folgenden Abschnitten werden jetzt die Bedingungen erörtert, die den Erwerb der sozialen Motivation beim Menschen -

also sein auf den Mitmenschen gerichtetes Verhalten - steuern und beeinflussen. Es wird hierbei gezeigt, daß diese Determinanten nur eine **relative** objektive (= differentielle) Wirksamkeit zu entfalten vermögen, so daß in der Gesamtspezies denotativ und konnotativ unterschiedlich eingestellte und ausgeprägte Varianten der sozialen Motivation auftreten können, was zugleich auch ein indirekter Beweis dafür ist, daß sie den genetischen Status eines gelernten oder erworbenen Motivs besitzt.

2. Die soziale Motivation: Ihre Erwerbsbedingungen und ihre spezifischen Ausprägungsvarianten

Für die Analyse des sozial wirksamen Bedingungsgefüges empfiehlt es sich, zwischen **objektiven** und **subjektiven** Bedingungen zu unterscheiden. Als objektiv gelten alle Gegebenheiten, die tatsächlich als reale Ereignisse in der Umwelt oder am Organismus eines mit Verhaltensinstrumenten ausgerüsteten Lebenwesens auftreten und auf es einwirken. Als subjektive Bedingungen einer Verhaltensregulierung werden die apperzeptiven Befunde (Erinnerungscodes) angesehen, die das Erkenntnissystem einer Person für solche objektiv gegebenen Tatsachen faktisch im Vollzug des ontogenetischen Lernens ausbildet und dann zu deren Bestimmung, Identifikation und Interpretation verwendet. Objektive Informationslage und subjektiver Apperzeptions- und Interpretationsvollzug brauchen sich nicht unbedingt zu entsprechen - es gibt hierbei zum Beispiel dann Abweichungen, wenn für bestimmte reale Tatbestände keine oder ganz andere (= kognitiv invalide oder nur ausschnittweise gemessene) apperzeptive Auswertungsbefunde angelegt werden. Subjektives Nichterkennen bzw. Verkennen der objektiv gegebenen Sachlage sind dann die notwendige Folge.

2.1. Objektive Bedingungen mit sozialer Motivationsrelevanz

2.1.1. Die Verhaltenskonzeption des Menschen im ersten und zweiten Lebensjahr als objektive Bedingung für die Elaboration seiner sozialen Motivation

Das Lokomotionsvermögen ist noch nicht einsatzfähig. Die primären Triebobjekte lassen sich damit selbständig, in eigener Regie, noch nicht besorgen, erreichen bzw. vermeiden. Der Mensch findet sich - objektiv gesehen - in der Situation der **Hilflosigkeit,** was - reversibel aufgefaßt - die **Angewiesenheit** auf ein leistungsfähiges Verhaltenssurrogat (= Vermittlungssystem) bedeutet.

Die Hilflosigkeit ist allerdings nicht total. Es existiert einmal eine angeborene Triebhandlung, die es erlaubt, die Umwelt ganz undifferenziert und global darüber in Kenntnis zu setzen, daß im Organismus ein akuter Bedarfszustand vorliegt (= der Schreireflex, dessen Betätigung durch eine zentralnervöse Schaltung der Stimmbildungsmotorik mit den affektiven Perzeptionsschablonen bewirkt wird, die den Unlustbefund erstellen). Zum anderen wurden genetisch auch schon hoch spezifische Triebhandlungen angelegt - z.B. der Saugreflex für die Nahrungsaufnahme - die allerdings erst dann ihre zielbezogene Aktivität und Funktionalität zu entfalten vermögen, wenn die Triebobjekte schon ganz "dicht", als taktil wahrnehmbare Reize, an die die Triebhandlung ausführenden Organe heranvermittelt worden sind (= Nahsinnprogrammierung der angeborenen Triebhandlungen).

Die lokomotorisch bedingte Situation der Hilflosigkeit ändert sich für das Kleinkind objektiv erst Mitte des zweiten Lebensjahres, wenn die entsprechenden motorischen Verhaltenskompetenzen physiologisch ausgereift sind. Von jetzt ab vermag der Mensch auch in eigener Regie einen zielgerichteten Kontakt mit der Umwelt herzustellen und pragmatisch zu vollziehen. Die anfänglich gegebenen objektive Hilflosigkeit des Verhaltens geht über in die objektive Verhaltensselbständigkeit oder -autonomie; die einstmals totale biologische Bedeutsamkeit des motorischen Verhaltenssurrogates (Vermittlertätigkeit von Artgenossen), das die eigene behaviorale

Verhaltensinsuffizienz kompensieren sollte und mußte, wird - objektiv bewertet - stark relativiert.

2.1.2. Die Vermittlungsstrategie (= "Erziehungsstil") von Bezugspersonen als objektive Sozialisationsbedingung

Wegen der lokomotorischen Insuffizienz, die den Handlungsteil des menschlichen Verhaltens im ersten Lebensjahr kennzeichnet, ist die Vermittlungskompetenz von Bezugs- bzw. Betreuungspersonen in diesem Zeitraum objektiv total wirksam, omnipotent. Unter der umfassenden Kontrolle des "Sozialagenten" stehen vier fundamentale Variablen, die seine Vermittlungstätigkeit, mit der er dem Kleinkind seine noch unwirksame Lokomotionsfähigkeit kompensiert, konkret-inhaltlich ausformen und organsieren:

- die Festlegung des Zeitpunktes für die Befriedigung der primären Bedürfnisse des Zöglings;
- die Festlegung der Qualität des primären Triebobjektes;
- die Festlegung des Umfangs oder des Ausmaßes der beim Zögling zu tolerierenden Triebbefriedigung;
- die Festlegung bzw. die Forderung von "sekundären" instrumentellen Vor- oder Zusatzleistungen, die das Kind erst zu erbringen und zu erfüllen hat, ehe die Bezugsperson ihre Vermittlungsarbeit für die primären Triebobjekte aufnimmt und durchführt.

In der Art und Weise, wie eine Bezugsperson diese vier Variablen operationalisiert, d.h. in Handlungen umsetzt, die als denotatives Umweltereignis von den Erkenntnisfunktionen des Zöglings potentiell registrierbar sind, manifestiert sich ihr spezieller **Erziehungsstil.**

Für die konkrete Verwirklichung der vier Stilvariablen existiert jeweils ein bipolar strukturiertes **Operationalisierngskontinuum,** innerhalb dessen Polarität eine Betreuungsperson ihre individuelle Erziehungs- und Betreuungspraxis - unbewußt oder bewußt - definieren und realisieren muß. Diese Operationalisierungskontinua erstrecken sich zwischen einem "positiven" und einem "negativen" Pol für das Versorgungs- und Betreuungsverhalten, wobei diese Polaritäten -

und das ist wichtig festzuhalten - relativiert sind auf die **primäre** Triebbefriedigung des Zöglings.

Die Kontinua dehnen sich zwischen den folgenden Polen:

- für die Variable "Zeitpunkt":
  "Unmittelbar nach der Bedarfsbekundung" (= Auftreten des Schreireflexes) und "erst längere Zeit nach der Bedarfsbekundung",
- für die Variable "Qualität":
  "Sehr gute Eignung einer Umweltinformation als primäres Triebobjekt" und "äußerst geringe Eignung als TO";
- für die Variable "Ausmaß":
  "Gewährung einer umfassenden, starken und intensiven Triebbefriedigung" und "Gewährung einer nur geringen, schwachen Triebbefriedigung";
- für die Variable "Vor- oder Zusatzleistung":
  "Keine oder nur ganz leichte Vorleistung im Hinblick auf die kognitiven und motorischen Verhaltenskompetenzen des Kindes" und "sehr schwere Vor- und Zusatzleistung".

Bei der konkreten Ausformung dieser vierten Erziehungsstilvariablen stehen einer Bezugsperson noch zwei weitere Operationalisierungsalternativen zur Verfügung:

Sie kann, falls sie "sekundäre" instrumentelle Zusatzleistungen überhaupt verlangt, diese didaktisch **direkt** dem Zögling definieren und angeben - dann verfährt sie "gebotsorientiert": Sie teilt vorab mit, welch instrumentellen Vorleistungen sie konkret erwartet. Der Sozialagent kann solche erwarteten sekundären Verhaltensaktivitäten dem Zögling aber auch nur **indirekt** bestimmen und abfordern. Er agiert dann "verbotsorientiert": Er gibt dem Zögling an, welche Handlungen er nicht sehen will, so daß dessen Erkenntnissystem aus direkt erfahrbaren negativen Anzeigen und Anzeichen jetzt "erraten" muß, welche Handlungen als Vorleistung zu erbringen sind und eine "primäre Erfolgswahrscheinlichkeit" besitzen.

Weiterhin ist es einer Bezugsperson noch möglich, eine informative Feedback-Technik (Lob, Tadel) anzuwenden, bei der sie entweder das instrumentelle Versagen tadelt und das Gelingen unkommentiert läßt oder - umgekehrt verfahrend - das Gelingen lobt und das Scheitern unkommentiert läßt.

Die geschilderten Zusatzalternativen für die Variable "Forderung instrumenteller Vorleistungen" haben einen moderierenden Einfluß auf deren Schwierigkeitsgrad: Verbotsorientiertes Agieren mit Tadeldominanz hat eine die Anforderungen erschwerende Wirkung (vgl. STAPF & HERRMANN, 1972).

Der individuelle Erziehungsstil und damit das Vermittlungsverhalten einer Bezugsperson werden jetzt operational definiert durch die spezielle **Position,** die sie auf den einzelnen Kontinua einnehmen - ein Agieren mehr am positiven oder mehr am negativen Pol oder "in der Mitte" - und darüber hinaus noch von der **Konsequenz,** mit der ein Positionswert innerhalb der Vermittlertätigkeit einer Bezugsperson längerfristig beibehalten wird.

Ein objektiv **inkonsequentes** Vermittlungsverhalten ergibt sich unter folgenden Bedingungen:

- Bei den vier Variablen treten Polverschiebungen auf, so daß z.B. die "Qualität" und das "Ausmaß" mehr positiv, der "Zeitpunkt" und die Variable "instrumentelle Vorleistung" mehr negativ bestimmt werden.
- Bei der Variablen "instrumentelle Vorleistung" wird beim Zögling einunddieselbe "sekundäre Triebhandlung" von der Bezugsperson - ganz und gar regellos und willkürlich - einmal als gültig angemessen, ein andermal als ungültig und unangemessen für die Vermittlung primärer Triebobjekte beurteilt und mit entsprechenden Feedbackvarianten bedacht.
- Solange sich das Kleinkind noch im Reifestadium der "physiologischen Frühgeburt" befindet, betreibt eine Bezugsperson ihre Vermittlung ganz überwiegend in der Nähe der positiven Pole. Erreicht das Kind jedoch im zweiten Lebensjahr das Lokomotionsvermögen, womit es den Zustand der totalen Hilflosigkeit objektiv überwindet, dann wird der Erziehungsstil funktional geändert; er wird negativer eingestellt und operationalisiert, was sich dann

u.a. darin zeigen und dokumentieren kann, daß der Schwierigkeitsgrad von instrumentellen Vor- und Zusatzleistungen drastisch erhöht wird.

- Eine besondere Version des inkonsequenten Erziehungsverhaltens ist auch das sog. "double bind", das eine Art sozialer Beziehungsfalle darstellt. Hierbei signalisiert z.B. eine Bezugsperson dem Zögling verbal, d.h. durch den Gebrauch von Wörtern mit einer eindeutig geregelten Semantik, eine optimale, positive Vermittlungsbereitschaft. Ihr nonverbales Ausdrucksverhalten (Mimik, Gestik, Stimmodulation) gibt aber gleichzeitig ebenso unmißverständlich zu erkennen und zu verstehen, daß ihre eigentliche Verhaltensintention auf eine negative Vermittlung und Betreuung eingestellt ist.

Insgesamt gesehen ist **Inkonsequenz** eine Bedingung, die die Beziehung eines Zöglings zu seinem sozialen Katalysator objektiv erschwert.

2.1.3. Die angeborene Temperamentskonstitution eines Menschen als eine objektive organismische Moderatorbedingung für die Festlegung der Modalität der Verhaltensverwendung

Das Temperament einer Person wird von der genetisch festgelegten, ererbten neurophysiologischen "Erregungsneigung" oder "-einstellung" ihres Nervensystems bestimmt. Für die im ZNS installierten Verhaltensinstrumente (Kognition und motorische Steuerzentren) sowie das motivationale Reglersystem dokumentiert es sich in der Modalität (Sensibilität, Geschwindigkeit, Intensität, Dauer), mit der diese Geräte sich - triebzielbezogen - jeweils betriebsbereit machen und danach in Betrieb halten lassen. Zwei voneinander unabhängige "Temperamentsfaktoren", die physiologisch durch den Stoffwechsel eines der Grundelemente des Nervensystems, der Synapse, bedingt werden, managen in ihrem spezifischen Zusammenspiel die Temperamentskonstitution eines Individuums.

Faktor A bestimmt die Arbeitsdauer einer in Betrib genommenen nervösen Leistungseinheit vom Zeitpunkt ihrer Aktivierung bis zu dem ihrer **reakiven Ermüdung**, die dann ihre reflektorische Abschaltung so lange bewirkt, bis die blockierenden biochemischen Ermüdungsstoffe abgebaut und damit die Leistungseinheit sich wieder für einen erneuten Einsatz erholt hat. Sofern das ZNS einer Person im Hinblick auf diesen Temperamentsfaktor A so eingestellt ist, daß sich die reaktive Ermüdung oder Hemmung (EYSENCK, 1970) nur langsam aufbaut und - korrespondierend hierzu - die Erholungsphase (Refraktärzeit) nur kurz ist, können einmal aktivierte Verhaltenseinheiten ihre spezifische Funktionsfähigkeit und -tüchtigkeit relativ lange monoton-gleichförmig beibehalten ohne durch andere abgelöst bzw. substituiert zu werden. Für die aktuelle Verhaltensverwendung bedeutet das dann wiederum, daß zum einen die kognitive Inspektion von externen Umweltdaten und internen Motivationsimpulsen relativ lange und "ungehemmt" durchgeführt wird, und daß zum anderen - in funktionaler Abhängigkeit hiervon - das Handeln längerfristig in einundderselben Richtung durchgeführt wird. Die Psychologie bezeichnet einen solchen temperamentsmoderierten Verhaltensvollzug, bei dem das "Gleichgewicht" zwischen Kognizieren und Handeln zugunsten der Erkenntnismechanismen verschoben zu sein scheint, als **introvertiert-reflexiv.**

Besitzt dagegen der Faktor A eine umgekehrte Ausprägung - rasche reaktive Ermüdung/lange Refraktärzeit -, fallen spezielle kognitive "Reizzuwendungen" und Inspektionsakte jeweils kürzer aus, eine Neueinstellung der Kognition wird häufiger, das Handeln ändert öfter die "Richtung", wird variabler und abwechslungsreicher. Eine solche behaviorale Temperamentsmoderation, bei der das Gleichgewicht zwischen Erkennen und Handeln nunmehr zur Motorik hin verschoben zu sein scheint, gilt der Psychologie dann mehr als Ausdruck eines **extravertiert-impulsiven** Verhaltens.

Während somit der Temperamentsfaktor A die jeweilige Aktivierungsdauer von Verhaltenseinheiten und - davon abhängig - deren "materiale Beschäftigungsmodalitäten" moderiert, wird durch den Faktor B die Leichtigkeit und die Intensität bestimmt, mit denen sich behaviorale Arbeitsvorgänge im ZNS eines Individuums vollziehen. Physiologisch konfundiert wird er durch das spezifische Verhältnis, in dem nervöse Bahnungs- oder Erregungs- zu Hemmungsprozessen stehen: Dominiert das Bahnngsgeschehen das der Hemmung (Phänomen des "labilen Nervensystems"), dann sind auch die Verhaltensdispositionen leicht erregbar und auslösbar, sprechen schnell an. Sie laufen mit hoher Sensibilität und Intensität ab. So können z.B. jetzt schon objektiv geringfügige motivationale Bedarfszustände im Erkenntnissystem "subjektiv" mit einem sehr starken Unlustaffekt ausgewertet und kommentiert werden, der dann bei einer mehr introvertierten Einstellung des A-Faktors zu einer langwierigen, kognitiv-reflexiven Umweltinspektion führen kann (melancholisch-asthenische Verhaltensäußerung), während ein labiles Nervensystem in Kombination mit einer stärker extravertierten A-Programmierung dann eher häufiger impulsive motorische Verhaltenssentladungen provoziert (cholerisch-sthenische Verhaltensäußerung).

Demgegenüber bewirkt eine Hemmungsdominanz beim B-Faktor (stabiles Nervensystem) eine insgesamt trägere und schwerfälligere Verhaltensverwendung, so daß dann selbst objektiv große organismische Bedarfszustände subjektiv nur einen schwachen Einsatz der kognitiven und motorischen Verhaltensfunktionen herbeiführen können, weil eben jetzt die motivationalen Reglerimpulse, die das Verhaltensinstrumentarium spezifisch aktualisieren sollen, auf ihrem Weg "nach oben" in die kognitiven Auswertungszentren systematisch "abgebremst" und "gedämpft" werden: objektiv große Bedürftigkeit erscheint dann subjektiv nur als schwacher Unlustbefund, für dessen Aufhebung eine Verhaltensanstrengung einfach noch nicht notwendig erscheint.

Zusammenfassend ist festzuhalten:
Die genetische Grundeinstellung des Temperamentsfaktors A (reaktive Ermüdung) hat eine objektiven moderierenden Einfluß auf die subjektive Aktualisationsweise der beiden Verhaltenssysteme bei der Generierung eines zielorientierten Gesamtverhaltens.

Die genetische Grundeinstellung des Temperamentsfaktors B (Bahnungs-Hemmungs-Relation, Erregungsbildung und -ausbreitung im ZNS) nimmt Einfluß auf die externe bzw. objektive Validität des subjektiven Gebrauches, den eine Person von ihrem Verhaltensinstrumentarium macht.

Wie alle wesentlichen anatomischen und physiologischen Verhaltensdeterminanten verteilen sich auch die organischen Bedingungen der Temperamentskonstitution in der menschlichen Spezies "normal": Extreme genetische Ausprägungsvarianten, die eine starke subjektive Verhaltensverzerrung objektiv gegebener Verhaltensanlässe bewirkten, kommen relativ selten vor.

2.2. Subjektive Ausprägungsvarianten der sozialen Motivation als Funktion der individuell unterschiedlichen kognitiven Erfassung von unterschiedlich wirksamen objektiven Sozialisationsbedingungen

Insofern das menschliche Erkenntnisvermögen bereits bei Geburt funktionstüchtig ist, erfährt der Mensch seine subjektiv-differentielle **soziale Initialprägung** bereits im ersten Lebensjahr im Zustand der physiologischen Frühgeburt, also zu einem Zeitpunkt, zu dem er die primären Bedarfszustände seines Organismus allein und selbständig im Kontakt mit der Umwelt noch nicht bewältigen kann (= objektiv gegbene behaviorale Hilflosigkeit). Diese Initialprägung ist grundlegend und irreversibel. Sie bestimmt - als ständiger apperzeptiver Bezugspunkt und Bewertungsmaßstab - nach den Prinzipien des positiven Lerntransfer die weitere Elaboration seiner sozialen Motivation (Bewertung der Brauchbarkeit von Artgenossen als Vermittler primärer Triebobjekte), die auch dann noch erfolgt und fortgeführt wird, wenn im zweiten Lebensjahr die **ganze** Verhaltenskompetenz zur Verfügung steht und einsatzbereit ist. Sie legt nunmehr nämlich fest, ob, wie und wieweit die jetzt voll verfügbare physiologische Leistungsstärke des Verhaltens von einer Person - mit oder ohne soziale Katalyse - verwendet und genutzt wird. Die Irreversibilität und Unkorrigierbarkeit der frühen sozialen Grundprägung und -einstellung der Kognition werden durch das biologische Faktum begründet, daß nach der anatomischen und neurophysiologischen Behebung der zunächst vorliegenden Reifeasymmetrie zwischen den beiden Verhaltenssystemen diese dem menschlichen Erkenntnisvermögen später niemals mehr objektiv gültig und überzeugend als eine biologisch ganz "normale" Verhaltensinsuffizienz vorgestellt werden kann, an der das soziale Medium wirklich schuldlos ist.

Den subjektiven Ausprägungsvarianten des menschlichen Sozialverhaltens liegen somit früherworbene apperzeptive Datenbanken zugrunde, die mit folgender Frage zu analysieren sind:

Welche Informationen von der objektiv praktizierten Vermittlungsstrategie ihrer Bezugspersonen hat eine Person in ihrer biologischen Verfassung als physiologische Frühgeburt ganz überwiegend bei welchem von ihr kognitiv registrierten Intensitäts- und Modalitätsgrad von primären Motivationsimpulsen (Unlust-/Lustbefunde) in Relation zu welchen Informationen über ihre eigene - objektiv noch beeinträchtigte - Verhaltenskompetenz in den Apperzeptionsbereich ihres Erkenntnisvermögens aufgenommen?

Die Denotation des sozialen Motivs ist somit stets eine apperzeptive Relationsstruktur aus einer spezifischen, subjektiv-differentiell vollzogenen Fremd- und Selbstwahrnehmung. Als Konnotation ist diesem relationalen Interpretationsschema (Bewertung der Leistungsstärke des eigenen Verhaltens in Relation zur Vermittlungskompetenz von Artgenossen) dann der Gefühlsbefund gedächtmäßig verbunden, der bei der kognitiven Elaboration der Denotation dominant mit wirksam wurde und war.

2.2.1. Mögliche subjektive Ausprägungsvarianten für die soziale Initialprägung im ersten Lebensjahr und ihre Bedingungen

Die von Bezugspersonen praktizierte Vermittlungstaktik, ihr Erziehungsstil, ist die notwendige Bedingung, die Temperamentskonstitution des Zöglings die zureichende Bedingung für die kognitive Organisation seines Sozialverhaltens bzw. seiner sozialen Motivation. Die Ausführungen konzentrieren sich zunächst auf das "Notwendige".

a) Ein Vermittlungsverhalten, das ganz überwiegend an den positiven Polen der vier Erziehungsstilvariablen operiert, erhöht die Wahrscheinlichkeit dafür, daß das Erkenntnissystem des Kleinkindes den sozialen Katalysator denotativ als unerläßliche Randbedingung seiner **primären** Triebbefriedigung erfaßt und zugleich mit einem positiven Gefühlswert konnotativ versieht - denn:

- Der Unlustaffekt, der bei im Organismus auftretenden Bedarfszuständen im Erkenntnissystem erscheint, wird jeweils nur kurzfristig erfahrbar; er muß also nur kurze Zeit "ertragen" werden, und
- der soziale Vermittler erscheint denotativ, als Umweltinformation, stets gleichzeitig mit der Verkehrung des Unlustaffektes in sein Gegenteil, das Lustgefühl, das ihm gegenüber eine temporale und modale kognitive Dominanz erhält.

Die soziale Initialprägung kann jetzt ganz überwiegend auf die "Vorstellung" hin erfolgen, daß die Verhaltensverwendung für die primäre Triebregulation fundamental nur durch die katalytische Zwischenschaltung von Artgenossen möglich ist, sinnvoll wird und gelingen kann (= kognitive Annahme des "Anderen" als umfassend brauchbares und hilfreiches Vermittlungsinstrument bzw. Verhaltenssurrogat, ohne das "nichts geht").

Eine solch uneingeschränkte, positiv konnotierte Bereitschaft zur **Abhängigkeit von Anderen** bei der bedürfnisbezogenen Verwendung des Verhaltens, die der Tiefenpsychologie ERIKSON als "Urvertrauen" gekennzeichnet hat, kann in zwei Versionen auftreten:

Bei einem stärker introvertiert eingestellten Temperament, das der Kognition eine umfassendere, "eindringlichere" Inspektion von Informationszusammenhänge gestattet, ist die Situation der Hilflosigkeit, die objektiv durch das biologische Faktum der physiologischen Frühgeburt bedingt wird, kognitiv nachdrücklicher erfahrbar. Die negative Selbstwerterfahrung konfrontiert mit der positiven Fremdwerterfahrung (Vermittlertätigkeit der Bezugsperson) gibt dem Abhängigkeitsschema einen mehr passiv-asthenischen Verhaltenswert: es wird zum sekundären Motiv "Anlehnungsbedürfnis".

Eine mehr extravertiert-impulsive genetische Grundeinstellung des Temperamentsfaktors A fixiert demgegenüber das Erkenntnisvermögen stärker auf Handlungsmuster, die schon leistungsstark genug sind, um "Andere" in die Vermittlerrolle hineinzuzwingen (z.B. der "gezielte" Einsatz des Schreireflexes). Die positive Selbstwerterfahrung (= die apperzeptive Konzentration der Kognition auf das, was behavioral schon möglich ist), die eine Verfügungsgewalt über das soziale Medium signalisiert, kombiniert mit der positiven Fremdwerterfahrung, verleiht dann dem Abhängigkeitsschema einen mehr aktiv-sthenischen Verhaltenswert. Es wird zum sekundären Motiv "Machtbedürfnis".

Die vorgegebene Verhaltenskompetenz wird demnach bei Introversion mit größerer Wahrscheinlichkeit kognitiv mehr auf das insuffiziente Vermögen zur primären Bedürfnisbefriedigung hin ausgelegt (Folge: negative Selbstwahrnehmung), bei Extraversion mehr auf die Fähigkeit zur Beschaffung von "sekundären" Verhaltenssurrogten (Folge: positive Selbstwerterfahrung - unter der Voraussetzung, daß die Bezugsperson eine positive Vermittlungsstrategie ausübt).

b) Bei einer Vermittlungstaktik, die durchgängig mehr in der Nähe der negativen Pole der vier Stilvariablen verwirklich wird, erhöht sich die Wahrscheinlichkeit dafür, daß im Erkenntnissystem des Zöglings die denotativen Merkmale, die es von dem Betreuungsverhalten von Bezugspersonen registriert, ganz überwiegend mit dem Unlustaffekt assoziiert und konnotiert werden, der - von den primären Bedarfszuständen des Organismus motivational ausgelöst - durch die ungünstige soziale Vermittlungsarbeit nicht oder nur ganz unzureichend abgeschwächt und in die positive Gefühlswahrnehmung transformiert werden kann. Die kognitive Elaboration des sozialen Grundschemas der "Abhängigkeit von Anderen", in dem sich Sozialagenten denotativ und konnotativ als brauchbares und hilfreiches Verhaltenssurrogat und katalytisches Werkzeug ausweisen, ist äußerst unwahrscheinlich.

Bei einer mehr introvertierten Temperamentsprogrammierung erhöht das "Urmißtrauen" (ERIKSON) die Wahrscheinlichkeit dafür, daß die behaviorale Hilflosigkeit nun ganz massiv, d.h. ohne katalytisches Korrektiv, kognitiv registriert und als Gedächtnisbefund apperzeptiv gespeichert und manifest wird. Als Folge hiervon kann dann der gesamte Verhaltenseinsatz depressiv-asthenisch verlangsamt, gedrosselt, reduziert, ja eingestellt werden. In ihrer Gesamtheit bekommen die noch auftretenden Verhaltensrudimente das Merkmal des **Autistischen:** der kognitive und motorische Verhaltenseinsatz zielt ab auf den unmittelbaren, sozial nicht moderierten und vermittelten, Kontakt mit der Welt der Dinge, die die primären Triebobjekte enthält, die für den Organismus eigentlich bedeutsam sind.

Eine solche Verhaltenstendenz zu einem sozial nicht vermittelten, direkten "autistischen" Umweltbezug kann sich allerdings auch unter den in Punkt a) geschilderten objektiv günstigen Sozialisationsbedingungen dann einstellen, wenn das Erkenntnissystem eines Kindes - aus welchen Gründen auch immer - unfähig ist, soziale Informationen zu denotieren, d.h. für sie apperzeptive Erinnerungscodes auszubilden.

Unter den gleichen ungünstigen Sozialisationsvoraussetzungen tritt bei einer mehr extravertierten Einstellung des ZNS eher eine aggressiv-sthenische Abwendungs- und Vermeidungsreaktion gegenüber Bezugspersonen auf, von denen ja erfahrungsgemäß keine Änderung einer ungünstigen Bedarfs- und Motivationslage zu erwarten ist.

c) Eine ambivalente Konnotierung und damit verbunden eine zwiespältige "Vorstellung" von der behavioralen Brauchbarkeit sozialer Vermittler sind für das Erkenntnisvermögen eines Zöglings dann wahrscheinlich, wenn seine Bezugsperson alternativ "sozialisieren" - mal praktizieren sie den positiven, mal den negativen Erziehungsstil. Sofern die kindliche Kognition denotative Signale empfangen und aus ihnen Regeln ableiten kann, die ihr angeben, wann die positive und wann die negative Vermittlung anstehen, ist es ihr durchaus möglich, eine in sich stimmige und situatinsangemessene Beziehung zum Anderen herzustellen. Eine Motivvereinseitung und -übertreibung im Sinne der in Punkt b) beschriebenen Varianten der sozialen Initialprägung drohen jedoch, wenn Bezugspersonen ihren Stilwechsel inkonsequent durchführen, so daß das Erkenntnissystem des Kindes kein Regelgefüge generieren kann, das ihm eine Prognose darüber gestattet, wann es - in Relation zur momentanen Lagebefindlichkeit und Verhaltensäußerung - mit welchem sozialen Vermittlungsverhalten zu rechnen hat.

d) Die **objektive** Problematik der bisher vorgestellten möglichen subjektiven Ausprägungsvarianten für die soziale Initialprägung besteht darin, daß dann, wenn Sozialagenten ihre Vermittlertätigkeit sehr pointiert an die Extrempole der Variablenkontiua verlagern, sich in der Kognition des Zöglings die Wahrscheinlichk dafür erhöht, daß sie jeweils für motivational sehr massiv und intensiv ausgeformte Gefühlswerte - bei der stark positiven Vermittlungsstrategie ist es der Lustaffekt, bei der stark negativ akzentuierten Taktik der Unlustbefund - konnotative Gedächtniscodes anlegen muß. Damit gerät der Erkenntnisbereich seines Verhaltens auch apperzeptiv-vorstellungsmäßig unter starken Emotions- und Motivationsdruck, was dann auch den mit solchen Konnotationen verbundenen Denotationen eine nahezu unbedingte Verhaltenswirksamkeit und -determination verleiht, zu denen dann kognitiv kaum noch Alternativen und Korrektive ausgearbeitet und apperzeptiv verfügbar gemacht werden können (= Gefahr der denotativen und konnotativen Vereinseitung und "Koartierung" des Sozialverhaltens, denen im motorischen Handlungsteil dann eine gewisse Verhaltenshektik korrespondiert - starke Gefühlsbefunde provozieren einen schnellen und intensiven Verhaltenseinsatz!). Extreme Erziehungsstile fördern somit enge, geschlossene, einseitige, unflexible soziale Initialprägungen.

Wird demgegenüber versucht, eine "mittlere" - nicht zu positive und nicht zu negative - Vermittlungsstrategie zu praktizieren, so erhöht sich die Wahrscheinlichkeit dafür, daß die soziale Initialprägung weiter, offener, flexibler, mehrdimensionaler wird, wodurch dann auch alternative Einstellungen zum sozialen Medium möglich werden - denn: Das Erkenntnissystem speichert und apperzipiert jetzt überwiegend "gedämpfte" Unlust- und Lustbefunde. Da beide "Gefühlsnuancen" in relativer Gleichzeitigkeit mit der Betreuertätigkeit von Bezugspersonen auftreten, werden die für sie elaborierbaren Denotationen schwach ambivalent konnotiert. Die relativ "gedämpfte" Affektmarkierung, die auf diese Weise das Soziale subjektiv empfangen kann, ermöglicht dann dem solchermaßen initial geprägten Erkenntnisvermögen des Kleinkindes eine Bedingungsanalyse und Prognose über die situative Brauchbarkeit (Zuwendung zu Bezugspersonen) und Unbrauchbarkeit (Abwendung von ihnen) des Sozialen für die im Augenblick gegebene eigene Befindlichkeit, die auch objektiv stimmig und zutreffend ist.

2.2.2. Mögliche Erweiterungen und Fortsetzungen der sozialen Initialprägung nach der biologischen Behebung des Stadiums der "physiologischen Frühgeburt"

Die kognitive Initialprägung auf das Soziale, d.i. die denotative und konnotative Erfahrung, die das Erkenntnissystem des Zöglings **überwiegend** mit der Qualität und Modalität des Vermittlungsverhaltens von Bezugspersonen während der Phase der lokomotorischen Insuffizienz gemacht hat, bestimmt nachdrücklich die Taktik, in und mit der Artgenossen auch dann weiter begegnet wird, wenn die postnatale physiologische Ausreifung des gesamten Verhaltensinstrumentariums abgeschlossen ist.

Günstige Vorerfahrungen mit der sozialen Katalyse machen die Elaboration einer Vorstellung oder Einstellung unwahrscheinlich, daß die Verwendung des Verhaltens für die primäre Triebbefriedigung des Organismus auch ohne die Vorschaltung bzw. den Gebrauch eines sozialen Vermittlers möglich sei und erfolgreich sein könnte. Demzufolge wird die nunmehr erreichte "Selbstverfügbarkeit" über die gesamte Verhaltenskompetenz weiterhin genuin auf das sekundäre Triebobjekt "Artgenosse" ausgerichtet und bezogen bleiben, um über seine Vermittlertätigkeit den eigentlichen "primären" Zweck des Verhaltens zu verifizieren. Der Zugang zur "Welt der Dinge" bleibt weiterhin **mittelbar**, sozial verstellt und moderiert. Bei der behavioralen Erweiterung des Abhängigkeitsmotives mit einer mehr introvertiert-asthenischen Grundprägung (= Anlehnungsmotiv) werden die ausgereiften lokomotorischen Fertigkeiten dann ganz überwiegend für eine mehr passive soziale Nachfolge-, Anhänglichkeits- und Hingabereaktion eingesetzt, die durchaus bis hin zur Selbstaufgabe und -verleugnung gehen kann, während sie bei einer stärker extravertiert-sthenischen Initialprägung (= Machtmotiv) für den Versuch einer noch intensiveren und effizienteren Manipulation und Orientierung von Sozialagenten hin auf die eigene Bedarfslage Verwendung finden. Das Selbstwertgefühl, d.i. die Erkenntnis, daß das eigene Verhaltensinstrumentarium brauchbar und verläßlich ist, etwas taugt, findet dann seine Bestätigung nicht in der Bewältigung und Manipulation der Dinge, sondern der Menschen.

Ungünstige Vorerfahrungen, die eine "asiozale" Initialprägung der Kognition konfundiert haben, in der die Vermittlungsarbeit von Bezugspersonen als invalide erscheint, suggerieren dem Erkenntnisvermögen des Zöglings, daß er auch die biologisch vervollständigte Handlungskompetenz fundamental nur dazu benutzen kann, um allein auf sich gestellt - in eigener Regie - die Dienstleistungsfunktion des Verhaltens zu vollziehen. Sofern - bei einer introvertiert-asthenischen Einstellung des sozialen Initialschemas - der Mensch jetzt einmal mit der eigenständigen Verhaltensverwendung erfolgreich ist, kann es leicht zu einer massiven kognitiven Fixierung einer solch gelungenen "autistischen" behavioralen Aktion kommen - das Selbstwertgefühl, also die Erfahrung "Dein Verhalten ist brauchbar für eine primäre Triebbefriedigung" - restringiert und fixiert sich rasch auf eine Anzahl einmal erfolgreicher Verhaltenseinsätze: es wird kompulsiv, zwanghaft.

Die prophylaktische Version der Kompulsion ist eine umfassende übersteigerte Ordnungstendenz: Die Grunderfahrung, daß man sich bei der Verhaltensverwendung letztlich nur auf sich selbst verlassen kann ("Urmißtrauen"), provoziert nicht nur die Tendenz, einmal erfolgreiches Handeln sich so vollständig wie möglich zu merken und so oft wie möglich auf seine rasche Reaktivierbarkeit hin zu testen. Sie begünstigt auch einen sekundären Trieb, die Umwelt so systematisch kognitiv durchzustrukturieren und behavioral "anzuordnen", daß im Bedarfsfalle mit den eigenen Verhaltenskompetenzen, die ja sozial-katalytisch nicht verstärkbar sind, schnell und präzise operiert werden kann. Eine solche "vorbeugende Absicherungstendenz" - kognitiv konfundiert durch die Erfahrung der Unbrauchbarkeit von Artgenossen für die Triebobjektvermittlung - kann darüber hinaus auch noch in der Verhaltenstendenz ihren Ausdruck finden, primäre und sekundäre Triebobjekte "für schlechte Zeiten" zu horten und gehortete Schätze anschließend - aus Gründen der Sicherheit - so sparsam und egoistisch-egozentrisch wie nur möglich zu verbrauchen.

Diese introvertiert-asthenische Variante der behavioralen Fortführung des "Urmißtrauens" hat FREUD unter dem Begriff "analer Charakter" in seiner Psychoanalyse beschrieben (= Verhaltenstendenz zu Zwang, pedantischer Ordnung und Geiz).

Sofern der "mißtrauische" Introvertierte auch mit dem motorischen Kompetenzzuwachs zu keinem für sein Erkenntnisvermögen registrierbaren Verhaltenserfolg kommt, ist die apperzeptive Verstärkung der handlungsarmen, depressiven Verhaltenseinstellung wahrscheinlich.

Dagegen begünstigt eine asoziale Initialprägung mit extravertierter, impulsiv-sthenischer Grundeinstellung eine Verwendung der ausgereiften Lokomotion für Aktionen, durch die die Abwendung und Distanzierung vom sozialen Medium noch weiter verstärkt, d.i. wirkungsvoller praktiziert, werden sollen - bis hin zu Handlungen, die sich unschwer als "Rache am sozialen Katalysator für erlittene Pein" deuten lassen. Das kognitive Schema "Urmißtrauen" wird dann in psychopathisch-kriminelle Aktivitäten "veräußerlicht" und behavioral-kompetent dokumentiert. Eine mehr "spekulativ-hypothetische" Variante einer solchen "Verhaltenskriminalisierung" ergibt sich dann, wenn in solchen aggressiven Abwendungsreaktionen von Anderen, die ja zugleich auch eine Vereinsamungs- und Vereinzelungssituation schaffen, das Erkenntnissystem einer Person kein positives "Selbstbild" von der eigenen Verhaltensmächtigkeit apperzeptiv ausarbeiten kann: Die soziale Vermeidungs- und Ablehnungstendenz führt dann zur Grundlegung einer **zynischen Weltsicht** und **-auffassung**, in denen die erfahrenen Schwächen und Leistungsdefizite des eigenen Verhaltensinstrumentariums - gleichsam als hinterhältig-sublime Rache am Sozialen, das seine Vermittlungsfunktion nicht valide vollzogen und erfüllt hat - als Wesensmerkmal der erfahrbaren Wirklichkeit schlechthin aufgefaßt werden - alles ist "nichtswürdig" und verdient darum keinen Respekt.

Die in Punkt 2.2.1.-d) beschriebene Vermittlungstaktik "der Mitte" mit potentiellen affektiven Dämpfungseffekten begünstigt gegenüber den katalytischen Extremvarianten mehr eine handlungsmäßige Fortführung der ambivalenten Initialprägung, bei der das Erkenntnissystem des Zöglings noch die beste Möglichkeit erhält, einen subjektiven Eindruck von der Leistungsstärke des eigenen Verhaltensinstrumentariums zu erhalten, in dem sich seine objektiv gegebenen Arbeitsnormen und -formen valide widerspiegeln. Auf Grund des "realistischen" Selbstwertgefühls vermag dann der Mensch auch weiterhin relativ flexibel Lebenssituationen daraufhin zu bewerten, ob für ihre Bewältigung die eigenen Verhaltenskompetenz ausreicht, oder ob eine Mitverwendung des sozialen Katalysators angezeigt ist. Die soziale Motivation ist und bleibt denotativ und konnotativ schwach multi- und/oder ambivalent determiniert, d.h. die für die "extreme" Erziehungsstilverifikationen jeweils typischen einseitigen Ausprägungsvarianten kommen ge- und vermischt in **einer** sozialen Lernbiographie in "schwächerer Konturierung" gemeinsam und gleichzeitig vor - der Effekt: variables Sozialverhalten.

Bei den bisher geschilderten Fortführungsalternativen wurde von der Voraussetzung ausgegangen, daß Bezugspersonen die Vermittlungsstrategie, die sie für die Betreuung der "physiologischen Frühgeburt" (= Kleinkind im ersten Lebensjahr) gewählt haben, auch dann noch konsequent beibehalten und weiterverwenden, wenn die biologisch vorgegebene Verhaltensasymmetrie durch das postnatale Nachreifen des Lokomotionsvermögens beseitigt worden ist. Bedacht werden sollen jetzt aber auch noch gewisse progressive Prägungseffekte eines **inkonsequenten** Erziehungsverhaltens, und zwar jene Version von Inkonsequenz, bei der sich eine extrem positive Vermittlungstaktik, mit der dem Zögling begegnet wird, solange er noch als physiologische Frühgeburt verfaßt ist, in eine erheblich negativer ausgerichtete Vermittlungstaktik ändert, sobald er die Verhaltensasymmetrie physiologisch überwunden hat. Für die Kognition des Kindes wird dieser "Paradigmenwechsel" vor allem durch die wesentlich härtere, auf Überforderung gerichtete, Operationalisierung der Variablen "Forderung instrumenteller Vor- und Zusatzleistungen" erfahrbar.

Gründe für eine solche Erziehungsstiländerung können sein:
- weltanschaulich-ideologische Wertvorstellungen;
- emotionale Abkühlung, weil die kindliche Hilflosigkeit als Auslöse- oder Schlüsselreiz für das Betreuungsverhalten essentiell relativiert wird;
- auftretende Überforderung der Bezugsperson - z.B. die Geburt eines weiteren Kindes.

Für das Erkenntissystem des Zöglings, der eine ungemein positive Initialprägung auf den sozialen Katalysator aus der frühen Sozialisierungsphase mitbringt, ergeben sich jetzt apperzeptiv gravierende

Interpretations- und Auffassungsprobleme des Sozialen und seiner eigenen Verhaltenskompetenz in Relation zum Sozialen.

Die introvertierte, reflexiv-asthenische Auswertung dieser kognitiven Dissonanzerfahrung stellt den Sozialagenten frei von Schuld. Stattdessen wird die eigene Verhaltensinsuffizienz als Ursache und Auslösebedingung für das geänderte Vermittlungsverhalten der Bezugsperson apperzipiert und als ein Ereignis erfaßt, das dem sozialen Katalysator einfach keine andere Wahl als die der Bestrafung und Versagung läßt. Schuldgefühl und ständiger Zweifel an der Qualifikation des eigenen Verhaltensinstrumentariums für die primäre und sekundäre (soziale) Triebbefriedigung werden auf diese Weise grundgelegt und können in zwanghaften Verhaltensritualen, die jetzt Unterwürfigkeits-, Gehorsams- und Bittbekundungen darstellen, ihren Ausdruck finden.

Die extravertierte, impulsiv-sthenische Antwort auf den katalytischen Paradigmenwechsel von Bezugspersonen ist zunächst die aggressive Trotzhandlung und -haltung, mit denen sich der Zögling dann dem Einfluß der Bezugsperson zu entziehen versucht, wenn er "negativistisch" wird. Sofern die Machtdemonstration des Sozialagenten den Trotz unwirksam werden läßt, kann die extravertiert-impulsive kognitive Bearbeitung des zu erleidenden Erziehungsstilwechsels schließlich zu einer **hysterischen Regression** führen: Dem sozialen Katalysator werden organische Verhaltensdefizite vorgeführt und vorgespielt, die bei ihm die einstmals so positive Vermittlungs- und Betreuungsarbeit wieder auslösen und aktivieren sollen. Im Hinblick hierauf läßt sich hysterisches Verhalten unschwer als eine Inversion des Machtmotivs auffassen: Manipulation des Anderen durch gezielte Schwächedemonstration.

2.2.3. Die Temperamentskonstitution als die zureichende Bedingung für die subjektive Ausprägung der sozialen Motivation

Spezielle subjektive Ausprägungsvarianten der sozialen Motivation des menschlichen Verhaltens wurden in Abschnitt 2 bisher in erster Linie im Hinblick auf die notwendige Bedingung, die Vermittlungsstrategie von Sozialagenten, reflektiert und hierauf relativiert, wobei als verhaltensinterner, subjektiver Richtungsgeber und -moderator des Prägungsvorgangs der Temperamentsfaktor A (reaktive Ermüdungsneigung des ZNS) jedoch bereits mitbeachtet wurde.

Nunmehr soll die Temperamentskonstitution des Zöglings als die zureichende Realisationsbedingung für die Genese seiner "sozialen Triebe" nochmals gesondert erörtert werden. Der Temperamentsfaktor A legt - wie schon aufgezeigt - in Relation zu einer erfahrbaren Vermittlungsstrategie von Bezugspersonen - die Prägungsrichtung bzw. den Prägungstypus der sozialen Motivation fest. Der Temperamentsfaktor B (Erregungsneigung des ZNS, Bahnungs-/Hemmungsverhältnis) bestimmt die Intensität, Stärke und Exzentrik, mit denen die von Faktor A moderierte Richtung subjektiv, d.h. im Erkenntnissystem des Zöglings, ausgeformt, eingeprägt und fixiert wird. Je labiler (= Bahnungsdominanz) ein ZNS eingestellt ist, umso nachdrücklicher und exzentrischer erfolgt die von Faktor A "typologisch" gerichtete Elaboration sozialer Schemata. Der Grund: Eine nervöse Bahnungs- oder Erregungsdominanz führt dazu, daß auch kleinste organismische Bedarfszustände in den motivationalen Auswertungsschablonen der Kognition als starker Unlustaffekt ausgewertet werden müssen. Somit gerät ein in einem labilen ZNS installierter Erkenntnisapparat viel häufiger unter starken Motivationsdruck, als dies objektiv notwendig wäre, und das Verhaltensinstrumentarium muß öfter, intensiver, schneller und hektischer eingesetzt werden und seine Dienstleistungsfunktion vollziehen. Für ein extrem labil programmiertes Nervensystem kann damit auch ein Erziehungsstil, der objektiv dicht an den positiven Polen der Kontinua der Stilvariablen operiert, subjektiv bereits als stark negativ erfahren werden und zu den für ihn charakteristischen Ausprägungsvarianten führen.

Umgekehrt läßt ein stabiles ZNS (Hemmungsdominanz), das jeweils nur eine gedämpfte, schwache Motivationsregistrierung in den kognitiven Gefühlsschablonen gestattet, nur eine relativ wenig prägnante Ausformung und Typisierung der Prägungsrichtung für ein soziales Motiv zu. Selbst objektiv ungünstige Betreuungs- und Sozialisierungstaktiken können jetzt vom Zögling als noch durchaus positive soziale Verittlungsaktion gedeutet und bewertet werden.

M.a.W. Die differentielle moderierende Wirkung der Temperamentsfaktoren kann dazu führen, daß nahezu identische Vermittlungs- und Betreuungspraktiken bei verschiedenen Menschen ganz unterschiedliche subjektive Ausprägungsformen und -typen der sozialen Motivation bewirken, und daß umgekehrt divergierende Erziehungsstile bei Personen, die mit einer unterschiedlichen Temperamentskonstitution ausgestattet sind, ganz ähnliche subjektive soziale Verhaltensäußerungen und -aktivitäten provozieren und konservieren.

Es wurde weiter oben schon darauf hingewiesen (S. 29ff.), daß die subjektive Ausprägung der sozialen Motivation beim Menschen späterhin nicht mehr grundlegend veränderbar und korrigierbar ist. Bis ins Erwachsenenalter hinein muß damit notwendig die ontogenetisch noch zunehmende apperzeptive kognitive Interpretationskompetenz einer Person - nach den Prinzipien des positiven Lerntransfers - systematisch weiter verwendet werden zur informationellen Ausgestaltung und "Durchsublimierung" der einmal subjektiv vollzogenen sozialen Initialprägung und ihrer **frühen** apperzeptiven Fortführung, die sie gleich nach der biologischen Aufhebung der Verhaltensasymmetrie erfahren hat.

Die informationelle Qualität dieser Ausgestaltung ist im übrigen eine Funktion der vorgegebenen Leistungsstärke (Begabung) des Erkenntnissystems einer Person, so daß als zureichende Bedingung für die subjektive Ausformung der sozialen Motivation sich die folgende Konstellation ergibt: In Relation zu der notwendigen Bedingung, der objektiv realisierten Vermittlungsstrategie von Bezugspersonen, bestimmt der Temperamentsfaktor A ihre Ausprägungsrichtung (Typus), der Temperamentsfaktor B ihre Ausprägungsintensität, -exzentrik und konnotative "Mächtigkeit" und der kognitive Begabungsfaktor die apperzeptive denotative "Fülle" und Sublimation (FREUD). - Als ein bedeutsamer Indikator für die spezifische Ausformung, die eine Sozialisationsbiographie erfahren hat, kann u.a. die Modalität gelten, mit der eine Person später die Rolle und Funktion eines "sozialen Katalysators für Andere" wahrnimmt. -

Überindividuelle sozio-kulturelle Dokumente subjektiver Sozialisationsbiograhien sind dann religiöse und philosophisch-ideologische Welt-, Lebens- und Gesellschaftsanschauungen - für jede der in

Punkt 2.2.2. geschilderten subjektiven Ausprägungsvarianten der sozialen Motivation lassen sich unschwer solche ontologischen Übergeneralisierungen von postnatalen subjektiven Wirkweisen der sozialen Katalyse ausmachen (es handelt sich hier letztlich um apperzeptive Radikalisierungen und logisch-spekulative Amplifikationen und Generalisierungen, die kognitiv ungemein begabte Personen mit ihrer subjektiv elaborierten Sozialisationsbiographie vorgenommen haben) - und sog. Volks- und Nationalcharaktere, die dann entstehen können, wenn Gruppen von Individuen, die schon über Generationen zur Interaktion, Kommunikation und sozialen Katalyse "verurteilt" sind, eine annähernd gleiche Temperamentskonstitution besitzen und ihren Nachkommen dann auch noch mit einem annähernd gleichen Erziehungsstil begegnen.

3. Zusammenfassung

Der Artikel diskutiert die Ontogenese des menschlichen Sozialverhaltens als Funktion der überdauernden Wirkung, die eine spezielle Betreuungsstrategie von Bezugspersonen bei einer speziellen Temperamentskonstitution eines Menschen in dessen Erkenntnissystem bereits hinterläßt, wenn er sich noch in der biologischen Verfassung der "physiologischen Frühgeburt" befindet. Verschiedene Ausprägungsvarianten der sozialen Motivation werden aufgezeigt und kausal-analytisch reduziert bzw. abgeleitet.

Literaturverzeichnis

Erikson, E. (1972). Kindheit und Gesellschaft. Stuttgart: Klett.

Eysenck, H.J. (1970). The biological basis of personality. Springfield: Thomas.

Freud, S. (1972). Drei Abhandlungen zur Sexualtheorie. (Freud-Studienausgabe Bd. VIII). Frankfurt/M.: Fischer.

Goldstein, M.J. (1988). The Family and Psychopathology. Annual Review of Psychology, 39, 283-299.

Hofer, M. (1986). Sozialpsychologie des erzieherischen Handelns. Göttingen: Hogrefe.

Leff, J. & Vaughn, C. (Eds.). (1985). Expressed Emotion in Families. New York: Guilford.

Oerter, R. & Montada, L. (Hrsg.). (1987). Entwicklungspsychologie (2. Aufl.). München: Urban & Schwarzenberg.

Portmann, A. (1969). Biologische Fragmente einer Lehre vom Menschen. Basel: Karger.

Schaffer, R. (1982). Mütterliche Fürsorge in den ersten Lebensjahren (2. Aufl.). Stuttgart: Klett.

Schmalohr, E. (1972). Frühe Mutterentbehrung bei Mensch und Tier. München: Kindler.

Schneewind, K.A. & Herrmann, T. (Hrsg.). (1980). Erziehungsstilforschung. Bern: Huber.

Spitz, R. (1967). Vom Säugling zum Kleinkind. Stuttgart: Klett.

Stapf, K. & Hermann, R. (u.a.). (1972). Psychologie des elterlichen Erziehungsstils. Stuttgart: Klett.

Karl-Josef Frey

ZEICHEN, SPRACHE, WIRKLICHKEIT

Betrachtungen zur Struktur und Genese der Zeichenfunktion
Implikationen für Unterricht und Erziehung

Inhalt

1. Einleitung: Die Erfindung der Wirklichkeit

Die aktive Teilnahme des Kindes an der Konstruktion seines Weltbildes steht heute außer Zweifel. Das Ergebnis dieser bemerkenswerten Leistung ist nicht etwa die Abbildung des Realen, sondern die verblüffende Transformation des Vorgefundenen. Das heißt, die Erkenntnis des Kindes, welche aus der Ordnung seines Handelns hervorgegangen ist und auf diese Ordnung zurückwirkt, geht immer über das Vorgegebene hinaus. Regelmäßigkeiten, Ordnungsprinzipien, verallgemeinerbare Gestaltmuster, sowie relevante Strukturmerkmale werden im Umgang mit den Dingen und Sachverhalten abstrahiert und in sogenannten Schemata, an die das Vorgegebene assimiliert wird, kristallisiert. Je differenzierter und integrierter die Schemata sind, desto reicher und kohärenter gestaltet sich die so konstruierte Wirklichkeit.

Nirgends zeigt sich dieser Konstruktionsaspekt eindringlicher als in der menschlichen Sprache. Sinnlich wahrgenommene, in sich selbst völlig belanglose Klang-, Schall- und Tonfallmodulationen, die als vorgefundene Sachverhalte in ihrer Dürftigkeit kaum zu übertreffen sind, erwecken mit geradezu magischer Macht inhaltsreiche Bilder, ausdrucksstarke Sinnbilder, überzeugende Gleichnisse und Deutungen von anderen Sachverhalten, die, obwohl im gewöhnlichen Sinne nicht vorhanden, in ihrer Wirklichkeitsnähe die sensorisch und materiell dinghaft existierenden Lautungen in den Schatten stellen.

> Tief beeindruckt von den formenden Kräften des menschlichen Geistes stellte William JAMES (1881) vor etwa hundert Jahren in einer Ansprache vor seinen Kollegen an der Harvard Universität die Frage nach der "wirklichen" Welt. "Das vorstellende Vermögen," so legte er dar, "verfolgt ausschließlich Zwecke und Ziele, welche innerhalb der Eindrücke, die uns die Sinnesorgane liefern, nicht existieren, sondern allein durch unsere emotionale und praktische Subjektivität festgelegt sind. Denn die Inhalte der Welt erreichen jeden von uns in einer Ordnung, die so fremd ist in Bezug auf unsere subjektiven Interessen, daß wir uns dies auch bei größter Anstrengung unserer Einbildungskraft kaum vorzustellen vermögen. Wir müssen diese Ordnung vollständig zerbrechen. Und dadurch, daß wir aus ihr Aspekte herauslösen, welche uns betreffen, und diese mit anderen, weit entfernten Teilen verbinden, von denen wir sagen, daß sie "da-

zugehören", sind wir in der Lage, bestimmte Verlaufsformen und Tendenzen auszumachen, bestimmte Gefahren vorauszusehen und uns darauf einzurichten, um uns dort der Einfachheit und Harmonie zu erfreuen, wo Chaos war.

Wir besitzen weder Organ noch Vermögen, die Ordnung des uns Vorgegebenen zu würdigen. Die äußere, wirkende Welt, so wie sie in diesem Augenblick Bestand hat, ist doch nichts als die Totalität allen gegenwärtig Seienden und aller gegenwärtigen Ereignisse zusammengenommen. Doch ist es uns möglich, eine solche Summe zu erfassen? Können wir uns vorstellen, was ein einziger Zeitpunkt, ein einziger Schnitt durch das zeitliche Sein, an Zuständen enthält? Während ich hier zu ihnen spreche und die Fliegen summen, fängt an der Mündung des Amazonas eine Möwe einen Fisch, ein Baum stürzt krachend in die Schluchten der Adirondackwildnis, ein Mann niest in Deutschland, ein Pferd stirbt in der Tartarei, und in Frankreich werden Zwillinge geboren. Was bedeutet all dies? Webt die Gleichzeitigkeit dieser Ereignisse und einer Million anderer Zustände, die nicht weniger zusammenhanglos die Bühne des Lebens füllen, ein vereinendes Band des Faßlichen durch sie hindurch, um daraus eine Einheit zu bilden, die wir unsere Welt nennen? Nein! Und doch stellt gerade eine solche brodelnde Gleichzeitigkeit und nichts anderes die wirkende Ordnung der Welt dar. Es ist dies eine Ordnung, mit der wir nichts weiter zu tun haben möchten, als uns von ihr so schnell wie möglich zu entfernen.

Wie ich sagte, wir zerbrechen diese vorgegebene Ordnung: wir zerbrechen sie in Geschichte, wir zerbrechen sie in Kunst, wir zerbrechen sie in Wissenschaft; und nun erst beginnen wir uns heimisch zu fühlen. Wir teilen weiter, und zehntausend neue, verschiedene Ordnungen entstehen; und davon greifen wir **eine** heraus und tun so, als ob der Rest nicht existierte. Wir entdecken in ihnen Beziehungen, welche den Sinnen niemals gegeben sind, - mathematische Gleichungen, Tangenten, Quadrate, Wurzeln und logarithmische Funktionen, - und von all diesen Beziehungen und einer unendlichen Zahl anderer behaupten wir, daß einige wenige wesentlich und gesetzgebend seien, und wir ignorieren das verbleibende Heer an anderen Relationen. Es besteht kein Zweifel darüber: diese Beziehungen sind wesentlich; aber wesentlich nur auf Grund unserer Zwecke und Ziele. Die anderen nicht einbezogenen Beziehungen sind aber deshalb nicht weniger existent und real. Doch es ist unser Ziel, die Sachverhalte einfach und klar zu erfassen und sie vorauszusehen. Sind aber nicht einfache und klare Auffassung, sowie Voraussicht subjektive Ziele, schlicht und simpel? Es sind ebenso die Ziele der Tätigkeit, die wir Wissenschaft nennen. Aber das Wunder der Wunder, ein Wunder noch immer nicht erschöpfend geklärt durch irgendeine Philosophie, ist dieses: daß sich die äußere, gegebene Ordnung zur geistigen Umgestaltung so gut eignet. Denn sie erweist sich als formbar und bildsam hinsichtlich vieler unserer wissenschaftlichen, unserer ästhetischen und unserer praktischen Ziele und Zwecke." (JAMES, 1881)

2. Strukturale Aspekte der Zeichenfunktion

2.1. Der duale Aufbau des menschlichen Wissens und Wirkens

2.1.1. In der Sprache

Diese Formbarkeit der gegebenen Ordnung, von der William JAMES (1890) spricht, wäre freilich ohne Belang, gäbe es nicht das menschliche Konstruktionsvermögen, von dem wir ausgegangen sind. Kein Konstruktionsinstrument vermag indes im Aufbau der persönlichen und kollektiven Wirklichkeiten mehr und Wunderbareres zu leisten, als die Sprache des Menschen. Dies wollen wir zunächst kurz verdeutlichen.

Immer wieder begegnet man der stillschweigenden Annahme, daß alles, was im konkreten Bereich des Lebens liegt, - das stofflich Vorhandene, das Berührbare, das Sichtbare, das Hörbare - das Wesen der "wirklichen" Realität darstelle und daher in unserem Bewußtsein einen höchsten Stellenwert besitze. Gleichzeitig ist mit dieser stofflichen Priorisierung eine Einstellung verbunden, welche den geistigen Inhalten einen niedereren Wirklichkeitsstatus zuschreibt. "It is only in the mind" stellt eine weitverbreitete und sehr beliebte Sprechweise im angelsächsischen Sprachraum dar. Betrachtet man jedoch die Struktur des Funktionierens von Sprache, dann will es scheinen, daß durch die Erfindung der Sprache die dem Laien vertraute Wirklichkeitsordnung auf den Kopf gestellt wird: Das stofflich Gegebene, das sensorisch vorhandene Zeichen, welches man als "unmittelbar" auf den Organismus einwirkend begreift, verblaßt, tritt zurück, gewinnt im Zweiklang des Zeichenhaften Sekundär-Status; das "nur" Vorgestellte dagegen, das man als "mittelbar" begreift, weil es vom direkt Gegebenen vermittelt wird, erfährt im Bewußtsein des Individuums einen solch ausgeprägten Grad an Hervorhebung und Figurierung, daß eigentlich Anlaß dazu bestünde, diese so sehr vom Stofflichen geprägte Wirklichkeitsauffassung des Laien zu erschüttern.

Das Vermögen des Menschen, im Umgang mit der Sprache das Bewußtsein vom Laut selbst wegzulenken, nur um die Aufmerksamkeit des Sprechenden/Hörenden umso intensiver auf die konzipierten Sachverhalte zu konzentrieren, kann in der Tat so virtuos sein, daß die dadurch evozierte Wirklichkeitsdichte die Intensität normaler Erlebnisformen sogar übersteigen kann. So vermag, zum Beispiel, der in Margaret Mitchells Roman **Vom Winde Verweht** einherschreitende Rhett Butler, der unabhängige und robuste Held dieses klassischen Werkes, einer interessierten Leserin wirklicher und vertrauter erscheinen, als der rechtschaffene Nachbarsohn aus Fleisch und Blut von nebenan. Daß karge, simple Druckerschwärzegebilde die einzige Grundlage solch intensiv erlebter Leibhaftigkeit darstellen, will uns nicht recht einleuchten; denn der in unserem Bewußtsein "ganz oben" erscheinende Romanheld - nach landläufiger Meinung ist er "only in the mind" - bildet einen einzigartigen Kontrast zu den in unserem Bewußtsein kaum über die Oberfläche auftauchenden Laut- und Schriftfolgen, - die ja doch zur Gänze im sinnlich-stofflichen Raum liegen.

Es empfiehlt sich, dieses Beispiel als Ausgangspunkt zur Grundlegung allgemeiner Gesichtspunkte zu verwenden, um zu einer tieferen Erkenntnis der eigenartigen Struktur des Wissens zu gelangen, der sich die Sprache bedient. Michael POLANYI, der Wissenschaftsphilosoph, hat in einem ganz anderen Zusammenhang mit Nachdruck auf die Besonderheit dieser Bewußtseinsstruktur hingewiesen (**Personal Knowledge**, 1958). Um die komplexen Verhältnisse dieser Struktur besser verdeutlichen zu können, führte POLANYI zwei neuartige Fachausdrücke ein, nämlich "subsidiary awareness" (subsidiäre Bewußtheit) und "focal awareness" (fokale Bewußtheit). Diese beiden Begriffe werden auch in unseren Überlegungen zur gegebenen Zeit ihren Platz finden. Zuerst aber wollen wir uns darauf besinnen, welche allgemeinen Strukturmerkmale unserem Sprachbeispiel zugrunde liegen.

Man erkennt als erstes die duale Form der Wissensstruktur: Die eine Wissenskomponente, welche im stofflichen Zeichenaspekt (im Signifikator) fixiert ist, tritt nur so weit in den Horizont des Bewußtseins des Individuums, daß der Bewußtheitsgrad ausreicht, der zweiten Wissenskomponente, die im Bedeutungsaspekt (im Signifikat) konzentriert ist, dazu zu verhelfen, ins Zentrum der Aufmerksamkeit des Individuums zu treten. Das heißt nichts anderes, als daß eine deutliche Differenzierung innerhalb des Bewußtseins des Sprechers/Hörers vorliegen muß, welche, auf Grund ihrer Ausgeprägtheit, eines beachtlichen Maßes an Integrierungsvermögen bedarf.

Als zweites erkennen wir das Vorliegen eines Gefälles, einer vektorialen Qualität, eines Richtungsprinzips, auf welches schon vor über hundert Jahren Franz BRENTANO in seinem Werk **Psychologie vom empirischen Standpunkt** (1874) aufmerksam gemacht hat. Dort spricht er von der Intentionalität, einer besonderen Eigenschaft, welche alle seelisch-geistigen Zustände kennzeichnet. Man könnte sagen, daß das Individuum beim Sprechen/Hören **vom** proximalen, sensorisch-stofflichen Wissensaspekt **weg, hin zum** distalen, konzeptuell-geistigen Wissensaspekt achtet. Es sei hier schon vermerkt, daß diese Richtungseigenschaft alle praktischen Handlungen und geistigen Operationen prägt und nur über eine ganzheitliche Erfassung psychologischer Sachverhalte überhaupt in Erscheinung treten kann.

2.1.2. Im Umgang mit den Dingen: Instrumentelles Handeln

Es gehört sicherlich zu den erstaunlichsten Fähigkeiten des Geistes, eine derartige Bewußtseinsdifferenzierung bilden zu können. Stehen einander doch zwei logisch sich gegenseitig ausschließende Bewußtheitsformen gegenüber, die, psychologisch gesehen, das Prinzip der Komplementarität erfüllen: **eine** Bewußtheitsform, die stilles Wissen bewirkt zugunsten einer anderen Bewußtheitsform, und diese **andere** Bewußtheitsform, welche explizites, im Brennpunkt der Aufmerksamkeit stehendes Wissen bildet. Erst durch die Integration beider Bewußtheitsformen erscheint Sinn.

Betrachtet man das weite Feld menschlicher Fertigkeiten, so erweist sich, daß die duale Struktur nicht nur den zeichenhaften "Kennens"-Prozessen eigen ist, sondern darüber hinaus auch den praktischen Handlungen des menschlichen "Könnens" zugrunde liegt. Wir denken hier im besonderen an die alles menschliche Tun umfassende, fundamentale Differenzierung und Integrierung von Mittel und Zweck. Es bedarf keiner besonderen Betonung, daß diese Unterscheidung eine geistige Leistung allerersten Grades darstellt. Nicht ohne Grund spricht Jean PIAGET (1969), der große Entwicklungspsychologe, vom "ersten, im eigentlichen Sinne intelligenten Handeln des Kindes," sobald es ihm gelingt, Mittel-Zweck-Strukturen bilden zu können. Es versteht sich von selbst, daß diese Differenzierung/Integrierung mit zunehmender Reifung und wachsenden Erfahrungen des Kindes immer besser und immer weiter ausgedehnt wird.

Das bewußtseinsmäßige Zurücktreten des Inhalts des proximalen Strukturgliedes zugunsten des im Brennpunkt der Aufmerksamkeit stehenden Inhalts des distalen Strukturgliedes erfolgt bei der Ausübung jeglicher Tätigkeit, die von Werkzeugen Gebrauch macht. So empfindet, zum Beispiel, der tüchtige Bildhauer die ferner liegenden Kontaktstellen zwischen dem empfindungslosen Meißel und dem empfindungslosen Steinbrocken, den er bearbeitet, viel intensiver und in völlig anderer Weise, als die unmittelbaren Berühungsstellen, die durch die Einwirkung des Meißels an der Handfläche entstehen. Die Eigenart solchen Könnens ist so fundamental, und der Grad dieses Vermögens ist so vollendet, daß wir es wagen, auf engstem Raum in geschoßartigen Vehikeln mit geradezu traumwandlerischer Ruhe über Autostraßen hinzujagen. Und doch reichen die Nervenstränge keines der Autofahrer bis in den Lack ihres Gefährts, sondern enden am Sitz. So wie die Stoßkraft des Interesses beim Pianisten nicht etwa den einzelnen Notenwerten oder den einzelnen Anschlägen gilt, sondern vielmehr der Melodie und dem Fluß der Bewegung, so zentriert sich unser Bewußtsein bei jeder Fertigkeit auf die distalen Zielwerte des Tuns.

Th. ERISMANN (1962), der über das Werden der Wahrnehmung und ihren Wahrheitswert berichtet, versucht mit der Beschreibung eines Sondenversuchs auf dieselbe Problematik auf niederer Stufe hinzuweisen. "Der Sondenversuch, bei dem mit einer Sonde (einem mehr oder weniger langen Stab) ein Gegenstand auf seine Beschaffenheit bei geschlossenen Augen 'abgetastet' wird, läßt die Aufmerksamkeit so sehr auf eben der Gestalt und den Formen, der Lage, Größe, Härte usw. des betasteten Gegenstandes konzentriert sein, daß wir uns im Moment des Tastens gar nicht klar machen, daß es doch nur Hand- und Fingerempfindungen sind, welche uns dabei unmittelbar gegeben sind und wir erst aus ihnen, auf Grund unserer früheren Erfahrung, auf die Beschaffenheit des betasteten Gegenstandes schließen. Der Übergang von der Hand zum Außenwelt-Gegenstand und seiner Beschaffenheit erfolgt so rasch und selbstverständlich, daß nur sein Ergebnis und nicht dieser Schritt von der Haut- und Bewegungsempfindung zum Außenwelt-Gegenstand selbst beachtet wird. Besonders drastisch wird der Versuch, wenn der betastete Gegenstand hinter unserem Rücken liegt und wir ihn über die Schulter hinweg mit einer Sonde untersuchen: Dann ist unsere ganze Aufmerksamkeit und mit ihr auch unser Tast-Wahrnehmungsfeld, **hinter** unserem Rücken gelegen, während die die längere Sonde (z.B. Spazierstocklänge) haltende Hand und alle in ihr sich abspielenden Empfindungen **vor** der Schulter liegen." (Band III, S. 56)

2.1.3. In der Wahrnehmung

Nachdem es uns gelungen ist, sowohl in der Sprache wie auch in der menschlichen Handlung die Wirksamkeit derselben dualen Erkenntnisstruktur aufzuzeigen, ist anzunehmen, daß sie ebenso den Wahrnehmungsprozessen zugrunde liegt. In der Tat dienten Wahrnehmungsphänomene im besonderen seit der Geburt der Gestaltpsychologie der Veranschaulichung von Prinzipien, die das Wirken einer dualen Bewußtseinsstruktur implizieren. Es ist einigermaßen erstaunlich, daß keiner der führenden Gestaltpsychologen ausdrücklich auf die Operation einer solchen Funktion hingewiesen hat. Sie kommt aber eindeutig in der Unterscheidung zwischen Figur und Grund und in der Entdeckung der Gestaltgesetze zum Ausdruck. Dabei dient dieselbe Reizgrundlage - ähnlich wie bei unserem Musikbeispiel - als Ausgangspunkt für die Gabelung in zwei einander komplementär gegenüberstehende Bewußtseinsgebilde: hier der der Gewahrwerdung nun völlig entzogene, von Gestaltungsprozessen durchwirkte Proximalreiz-Inhalt, dort das im wahrsten Sinne des Wortes hervorgehobene Produkt dieser Verarbeitung, der figurierte und objektivierte Distalreiz-Inhalt. Die Verschiedenheit der Wirklichkeitsebenen, die in der Sprache so deutlich zum Ausdruck kommt, wo der stoffliche Zeichenaspekt (die Lautfolge) dem vorgestellten Bedeutungsaspekt (dem Sinn) gegenübersteht, findet sich auch hier, jedoch in schwächerer Form: in der Nicht-Übereinstimmung zwischen Proximal- und Distalreiz. Wolfgang KÖHLER (1916) hat diesen Tatbestand mit bewundernswerter Schärfe in der Verwerfung der "Konstanz-Hypothese" zum Ausdruck gebracht.

Diese Hypothese - eigentlich ein Postulat der klassischen Physik, daß sich Ursache und Wirkung gleichen - besagt, daß die durch die Wahrnehmungsprozesse zustandekommenden Phänomene nichts anderes darstellten als mentale Duplikate der physikalisch gegenwärtigen Gegenstände. KÖHLER hat mit der Zurückweisung dieses Postulats dem Tatbestand der im Verhältnis Proximalreiz-zu-Distalreiz zum Ausdruck kommenden Dualität Rechnung getragen. Freilich hatten schon WUNDT (1894) und HELMHOLTZ (1878) die eigenartige Nichtübereinstimmung zwischen Proximalreiz und Distalreiz bemerkt. HELMHOLTZ hat in der Tat in einer Rede vor Hörern der Berliner Universität darauf hingewiesen, daß die Empfindungen (Proximalreize) nichts anderes als Signale seien, ähnlich wie Wörter, die für die wahrgenommenen Objekte (Distalreize) stellvertretend stünden. Dennoch hat er unverdrossen an einer physikalistischen Kausaltheorie festgehalten und sogenannte "unbewußte Schlüsse", d.h. aus der vorhergegangenen Erfahrung abgeleitete Korrekturprozesse zwischen die Empfindungen und die Wahrnehmungen geschaltet. Erst durch KÖHLERs entscheidenden Schritt, konstruktive Organisationsprozesse, die ihren Ort im Organismus hatten, an der Gestaltung der Wirklichkeit teilnehmen zu lassen, konnte sich die historische Wende zu einer psychologischen Neukonzeption vollziehen: die Hinwendung zu einer kognitiven Fassung.

Es entbehrt nicht einer gewissen Ironie des Schicksals, daß Wolfgang KÖHLER durch sein Festhalten an einem physikalistischen

Modell (Theorie des Isomorphismus, nach der physikalisch wirkende Feldprozesse im Gehirn, auf Grund von selbstregulativen Ausgleichskräften, sich selbst gleichförmig in den Phänomenen abbildeten) die ganze Tragweite seiner Ablehnung der Konstanzhypothese nicht erkannte. Erst Jean PIAGET (1969), der eigenartigerweise den gestaltpsychologischen Erkenntnissen kritisch gegenüberstand (PIAGET, 1950), zog daraus uneingeschränkt die Konsequenzen und stellte das Resultat der kognitiven Konstruktionsprozesse, nämlich das Weltbild des Individuums, in das Zentrum seiner genetischen Theorie.

In ähnlicher Weise geht Michael POLANYI (1958), dessen Auffassungen neben den Konzeptionen von Jean PIAGET für unsere Betrachtungen von grundlegender Bedeutung sind, über KÖHLER hinaus. Auch er weist die isomorphen Gleichgewichtszustände zwischen Gehirn und Phänomen zurück. An Stelle dessen befürwortet er das auch unseren Betrachtungen zugrunde liegende Konzept der aktiven Formung des Erlebnisses und der Erkenntnisse durch stillschweigende Differenzierungs- und Integrationskräfte, deren ausdrückliches Ziel die Fertigung und Festigung ausgeglichenen Wissens, kohärenten Sinngehalts sind.

2.1.4. Die Dualität des Bewußtseins

Daß die duale Struktur des menschlichen Tuns und Wissens, die wir als Mittel-Zweck-Relation, als Teil-Ganzheits-Beziehung, als Figur-Grund-Verhältnis und als Differenzierung zwischen dem Zeichen und dem Bezeichneten nachgewiesen haben, ihren Ursprung in der Bifurkation der Bewußtseinsprozesse hat, liegt nahe. In der Tat finden wir, daß alle menschlichen Handlungen und Operationen von dieser "Abständigkeit", "Richtungsvalenz" und "Stufigkeit" geprägt sind, die wir an Hand der Beispiele immer wieder vorgefunden haben. Eine integrierte Zweiheit ist nicht zu übersehen. Schon vor längerer Zeit haben vor allem phänomenologisch ausgerichtete Philosophen, wie Edmund HUSSERL (1913) und Aron GURWITSCH (1940) auf eine solche Dualität als Grundlage der Intentionalität der Bewußtseinserscheinungen hingewiesen. HUSSERLs Unterscheidung zwischen "hyletischen Gegebenheiten" und "noetischen Formen" entspricht in etwa der BRENTANOschen Unterscheidung zwischen "physischen Phänomenen" und "psychischen Phänomenen" (1874), oder Carl STUMPFs Unterscheidung zwischen "Funktionen" und "Phänomenen" (1906). Diese Unterscheidungen lassen sich in der schon oben erwähnten von Michael POLANYI eingeführten Gliederung des Bewußtseins in Zustände der "subsidiären Bewußtheit" und in Zustände der "fokalen Bewußtheit" vereinen. Denn alle Inhalte der subsidiären, der unterstützenden Art, zeichnen sich im Verhältnis zu den Inhalten, welche der fokalen Bewußtheit zufallen, durch ihre "Durchsichtigkeit", ihre "Selbstaufgabe", ihre "Zeigegeste", ihre "konkrete, oft materiale Partikularität" aus. Im Gegensatz dazu finden wir die Inhalte, welche im zweiten Paarglied des Bewußtseins zur Geltung kommen, von Sinn und Bedeutung erfüllt, ganz im Zentrum unserer Aufmerksamkeit.

Der Gebrauch der POLANYIschen Terminologie empfiehlt sich für unsere Betrachtungen deshalb im besonderen, weil sie sich weniger auf die im Erleben erscheinenden Phänomene selbst bezieht, sondern auf deren Erscheinungsweisen. Die begriffliche Erfassung dieser Erscheinungsweisen, deren Genese und der besonderen Art, wie Kinder mit diesen Erscheinungsweisen umzugehen vermögen, kann, wie sich zeigen wird, mit der Unterscheidung zwischen subsidiären und fokalen Bewußtseinsaspekten am besten verwirklicht werden.

2.2. Subsidiäre, fokale Erfassungsweisen

2.2.1. Ein Beispiel

Um den Unterschied zwischen der subsidiären und fokalen Erfassungsweise ohne Verzug auf den Punkt zu bringen, werden wir zwei Aussagen miteinander vergleichen: (1) Der Wissenschaftler las den Text mit großem Interesse. (2) Der Graphiker betrachtete den Text mit großem Interesse. Im ersten Fall geht es offensichtlich um das Erschließen von Sinn aus Schriftzeichen. Dabei spielen die Formen der Schriftzeichen nur insoweit eine Rolle, wie sie zur Sinn-Erweckung verhelfen. Die Rolle der Sprachzeichen ist "subsidiär", unterstützend, etwas anderem zur Existenz verhelfend. Im zweiten Satz dagegen kommt zum Ausdruck, daß ein Künstler, der die Kunst des Schaffens von Schriftformen beherrscht, den Text "fokal" in den Brennpunkt seines Interesses bringt, sozusagen "für sich selbst" sprechen läßt. Diese Umkehr der Zuwendungskontrolle von der subsidiären zur fokalen Erfassungsweise desselben Gegenstandes bringt es mit sich, daß dessen Erscheinungsweise sich vollkommen ändert. Es entsteht sogar nicht selten der Eindruck, es handle sich um zwei verschiedene Gegenstände. Dies läßt sich in vergnüglicher Form an einem Satz demonstrieren, den der oben in (1) genannte Wissenschaftler an den in (2) erwähnten Graphiker richtet: "Bitte, fertigen Sie mir ein Firmenschild an, auf dem der Name meines Kollegen Pfeifer und mein Name (Schmidt) stehen. Aber stellen Sie sicher, daß 'PFEIFER UND SCHMIDT' so auf dem Schild erscheinen, daß zwischen "Pfeifer und und und und und Schmidt" jeweils vier Zentimeter Abstand herrschen." Was die fünf einander folgenden 'und' anbetrifft, so bildet diese Reihe erfassungstypisch zwei Gruppen von sehr unterschiedlicher, ja gegensätzlicher Bedeutung. Das erste, dritte und fünfte 'und' werden **subsidiär** erfaßt. Sie sind von einer Art negativer Aufmerksamkeit geprägt, d.h. von einer Erfassungsweise, welche das Vorhandensein der gegenständlichen, äußeren Wortfigur gegenüber der Artikulierung der durch die Wortfigur geweckten Wortbedeutung bewußtseinsmäßig bis zum Verschwinden mindert. Im Gegensatz dazu werden das zweite und vierte 'und' **fokal** erfaßt. Der äußere, gegenständliche Aspekt der Wortfigur selbst tritt gesondert, d.h. ungeachtet der korrespondierenden, inneren Wortbedeutung, ungemindert in das Zentraum der Aufmerksamkeit.

Die wissenschaftstheoretischen Konsequenzen des diesem einfachen Sprachbeispiel zugrunde liegenden Prinzips der Lenkung und des Zusammenwirkens eines dualisierten Erfassungsvermögens, welches die menschliche Intelligenz prägt, wurden von Michael POLANYI (1958) zum ersten Mal voll erkannt. Obwohl uns hier die wissenschaftstheoretischen Fragen nicht beschäftigen werden, lohnt es sich, POLANYIs allgemeine Definition dieses doppelten Erfassungsvermögens für unsere Betrachtungen über Zeichen, Sprache, Wirklichkeit nutzbar zu machen.

2.2.2. Allgemeine Definition

> In der Torchbook-Ausgabe des genannten Werkes **Personal Knowledge** (1964) heißt es: "Wenn wir uns einer Sache (A) bewußt werden, nur um unsere Aufmerksamkeit auf etwas anderes (B) richten zu können, dann sind wir uns des A lediglich auf eine subsidiäre Art bewußt. Die Sache B, auf die wir uns somit konzentrieren, ist dann die Bedeutung von A. Der fokale Gegenstand B ist immer identifizierbar, während Dinge der Kategorie A, deren wir uns subsidiär bewußt sind, möglicherweise nicht identifizierbar sind. Die zwei Arten der Bewußtheit schließen einander gegenseitig aus: Wenn wir unsere Aufmerksamkeit auf etwas hinlenken, das uns bisher subsidiär bewußt war, verliert es seine vorhergehende Bedeutung. Dies ist, kurz gesagt, die Struktur des stillschweigenden Wissens."

POLANYI sieht sich auf Grund dieser allem expliziten Wissen innewohnenden Eigenschaft des zwangsläufigen Rückbezugs auf eine Dimension des nicht formalisierbaren, persönlichen, stillschweigenden Wissens veranlaßt, den exklusiven Objektivitätsanspruch der wissenschaftsgläubigen Gesellschaftsformen zurückzuweisen, den Anspruch nämlich, daß allein die Verfahren der kritischen Vernunft letztlich gültige Erkenntnisse lieferten und so die Möglichkeit der vollständigen, unpersönlichen Formalisierung und Mechanisierung des menschlichen Wissens eröffneten. Dieses Ideal des strengen Objektivismus hält POLANYI für absurd, und er plädiert dementsprechend für eine Revision der heute allgemein geltenden wissenschaftlichen Postulate. Im Gegensatz zu dieser erkenntniskritischen, philosophischen Perspektive, sind unsere Betrachtungen ausschließlich zeichenpsychologischer Art. Unser Interesse gilt nicht in erster Linie dem durch die duale Bewußtseinsform konstituierten Dasein und Wissen, sondern vielmehr der genetischen Konstituierung dieser Bewußtseinsfunktion selbst. Dabei integrieren wir in unsere Theorie die von Jean PIAGET und Bärbel INHELDER (1973) erarbeiteten entwicklungs-epistemologischen Erkenntnisse. Die Übereinstimmung zwischen PIAGET und POLANYI liegt in deren gemeinsamer Auffassung, daß alles Wissen die aktive Teilnahme des Individuums an der Umgestaltung des Gegebenen einschließt. Dementsprechend konvergieren ihre unterschiedlichen Ansätze in der Erkenntnis, daß alles Wissen tief in der Person des Wissenden wurzelt. Diese Ansicht teilen wir ganz.

2.3. Der Wert der Differenzierungsfunktion

2.3.1. Differenzierte Zeichenbildung und reflektive Aufmerksamkeit

PIAGET und INHELDER (1973) nehmen an, daß am Ende der sensomotorischen Periode, zwischen dem 18. und 24. Monat, eine für die geistige Entwicklung des Kindes grundlegende Funktion auftritt, nämlich, "daß man etwas (irgendetwas 'Bezeichnetes': Gegenstand, Ereignis, Begriffsschema) mit Hilfe eines differenzierten 'Zeichens', das nur gerade dieser Vorstellung dient, abbilden kann: Sprache, inneres Bild, symbolische Geste usw.. Nach Head und den Spezialisten für Sprachstörungen nennt man diese vorstellungserzeugende Funktion im allgemeinen 'symbolisch'" (S. 61). Wir werden später noch einmal auf die grundlegende Unterscheidung zwischen "undifferenzierten" und "differenzierten" Zeichen eingehen, möchten aber schon hier eine Klärung des Unterschieds versuchen.

Alle Tätigkeiten lebender Wesen implizieren eine Dualität zwischen einem Aspekt des "Bezeichneten", d.h. einem Inhalt, auf den sich die über Schemata gesteuerten Handlungen beziehen, und einem "Zeichen", welches das Bezeichnete evoziert. Es bedarf keines besonderen Scharfsinns zu erkennen, daß der gewaltige Heerstrom des Lebendigen, der sich durch den Korridor der Zeit seit vielen Jahrmillionen in ständig wandelnder, reicherer Form einem ihm unbekannten Ziel entgegenwälzt, dem Wesen des Zeichenhaften alles verdankt: Kampf und Ruhe, Sieg und Niederlage, Leben und Tod. Dabei handelt es sich innerhalb des Pflanzen- und Tierreichs fast ausschließlich um den Einsatz von "undifferenzierten" Zeichen, so vielfältig und kunstvoll die Mechanismen im einzelnen Falle auch sind. Als undifferenzierte Zeichen gelten "Anzeichen" und "Signale", seien sie unkonditionierter oder konditionierter Art. Sie werden immer als etwas erfaßt, das von dem, was sie bezeichnen, nicht grundsätzlich verschieden ist, d.h. als pars pro toto, als Aspekt (Farbe, Form, Geruch), als wirklicher Teil (sichtbarer Teil eines versteckten Tieres z.B.), als zeitlich Vorangehendes (die Glocke läutet zum Essen), oder als Ergebnis eines kausalen Vorgangs. Erst in dem Augenblick, wo das Zeichen nicht mehr Teil des Bezeichneten ist, wo ein vom Bezeichneten abgetrennter, differenzierter Gegenstand oder Sachverhalt, welcher gerade der Evozierung dieses Bezeichneten gilt, ins Spiel kommt, kann man von "differenziertem" Zeichen sprechen. PIAGET (1969) spricht in Bezug auf diesen Fortschritt vom Anzeichen zum Symbol, d.h. vom Zeichen, welches Teil der Sache ist, zum Zeichen, "das sich auf Elemente bezieht, die im gegebenen Zeitpunkt nicht wahrnehmbar", aber dafür vorstellbar sind, von einer "Revolution kopernikanischen Ausmaßes".

Die Bildung dieser Differenzierungsfunktion, die freilich immer, wie PFISTNER (1970) betont, eine Integrierungsfunktion impliziert, reicht, unseres Erachtens, jedoch über die Zeichenbeziehung hinaus. Um diese Zeichenbeziehung in ihrer Differenziertheit für das Kind in fortschreitendem Maße fruchtbar zu machen, bedarf es gleichzeitig der Differenzierung einer anderen Funktion, auf die PIAGET und INHELDER (1973) nicht ausdrücklich eingehen. Wir meinen die Aufmerksamkeitsfunktion. Es kann nämlich nicht bezweifelt werden, daß dem Menschen daraus ein wesentlicher Vorteil über das Tier erwächst, daß er in der Lage ist, seine Aufmerksamkeit nicht nur weitgehend selbst zu steuern, sondern auch auf Aspekte hinzulenken, die diese primäre, den Außenweltgeschehnissen zugewandte Aufmerksamkeit betreffen. Wir nennen diese Art sekundärer Aufmerksamkeit von nun an "reflektive Aufmerksamkeit", weil wir damit zum Ausdruck bringen wollen, daß Aufmerksamkeitsoperationen niedereren Ranges auf höherer Ebene reflektiert werden und somit unter die Organisationskontrolle dieser nächsthöheren Ebene gelangen. Damit würde die von PIAGET und INHELDER (1969) beschriebene "reflektive Abstraktion" von der hier beschriebenen "reflektiven Aufmerksamkeit" flankiert werden; denn erst so gelangen wir zu einer angemessenen Erklärung der erstaunlichen Wendigkeit im Gebrauch differenzierter Zeichen, die wir mit fortschreitender Entwicklung beim Kinde beobachten.

Die von innen gesteuerte, gezielte Aufmerksamkeitskontrolle über die eigenen Bewußtseinsprozesse bedeutet gleichzeitig eine neue Art von Kontrolle über die Welt. Es ist dies allerdings eine Eroberung, deren Gelingen nur sehr langsam vorankommt und wohl nie ganz abgeschlossen ist.

2.3.2. Die subsidiär-fokale Differenzierung und ihr Gewinn

Die duale, subsidiär-fokale Erfassungsweise von Sachverhalten bildet ursprünglich, besonders im Rahmen animalischer Intelligenz, eine zweigliedrige Struktur von irreversibler, verhältnismäßig starrer Form. Im Anzeichengebrauch wird dies besonders deutlich. Für den PAVLOVschen Hund (Pavlov, 1972) bedeutet das Läuten der Glokke, daß es Futter gibt; und nicht umgekehrt. Das Klingeln des Telephons drückt aus, daß jemand mich sprechen will. Das Pfeifen des Teekessels heißt, daß das Wasser kocht. Die schwarze Binde um den Arm eines Menschen bedeutet, daß jemand in der Familie gestorben ist. Der Fleck auf der Tischdecke zeigt mir an, daß sie benutzt wurde. Das gepunktete Fliegenpilzdach weist mich auf die Giftigkeit des Pilzes hin. Der Pfiff des Schiedsrichters deutet an, daß das Spiel unterbrochen werden muß. In jedem Fall zeigt das erste Glied von sich selbst weg auf den Inhalt des zweiten Gliedes hin, der in das Zentrum unserer Aufmerksamkeit rückt. Die Beziehung ist weder trennbar noch umkehrbar.

Erst wenn die Ausdehnung der Differenzierungsfunktion von Zeichenoperationen auf Aufmerksamkeitsoperationen stattgefunden hat und die Möglichkeit reflektiver Aufmerksamkeitssteuerung gegeben ist, beginnt sich die Starrheit des Verhältnisses der zwei Bewußtheitsformen zu lösen, und es kann eine Richtungsschwenkung stattfinden. Das heißt, Bewußtseinsinhalte subsidiärer Art können zusätzlich fokalisiert und Bewußtseinsinhalte fokaler Art können subsidisiert werden.

Wie schon erwähnt, erscheint derselbe Sachverhalt, je nach der Art der Erfassung, subsidiär oder fokal, als sehr ungleiche Gegenstände. Ein Wort wie "Haschet", fokalisiert, mutet unverstanden und fremdartig an. Doch subsidiär erfaßt, im alten Lied: "Haschet, haschet, hascht die Freude, wo sie weilt", gewinnt es seine vertraute, verständliche Gestalt wieder zurück. Ein berühmter amerikanischer Seiltänzer vertraute uns einmal an, daß er augenblicklich vom Seil fallen würde, wenn er anstelle seines Zieles die Bewegungen seiner Beine beachtete. Diese Schwenkung von der Phänomensicht zur Funktionssicht muß aber nicht immer abträglich sein. Die großen technischen Erfindungen unserer Zeitepoche können beredtes Zeugnis vom Gewinn solcher Aufmerksamkeits-Schwenkung geben.

Bevor wir auf diese Feststellung näher eingehen können, müssen wir uns noch einmal die Struktur der Erkenntnisart vergegenwärtigen, die POLANYI "stillschweigendes Wissen" (tacit knowing) nennt. Dieses ist immer geprägt von zwei Konstituenten, d.h. von zwei ihre jeweiligen Inhalte prägenden Bewußtseinszuständen. Die subsidiär geprägte Inhaltskomponente zeichnet sich dadurch aus, daß ihre Integration in die durch stillschweigende Bewußtseinsprozesse hergestellte Wissensstruktur ganz und gar auf die fokal geprägte Inhaltskomponente ausgerichtet ist, also keine abgegrenzte oder eigenständige Bewußtseinsexistenz besitzt. Denn ihre Bewußtseinsfunktion besteht ja gerade darin, subsidiär tätig zu sein, d.h. sich selbst zurückzustellen, um der fokalen Konstituente zur eigenständigen Bewußtseinsexistenz zu verhelfen. Die fokal geprägte Inhaltskomponente hingegen zeichnet sich dementsprechend durch Sonderung, Deutlichkeit, Unterschiedenheit und Bestimmtheit aus.

Jedem ist dieser Tatbestand aus der Erfahrung zur Genüge bekannt, wie folgendes Beispiel zeigt. Ein Buch enthält Seiten mit Druckerschwärze-Gebilden, deren subsidiärer Status offensichtlich ist. Diese Gebilde werden beim Lesen durch stillschweigende Wissensprozesse auf eine höhere Ebene transformiert, und sie erscheinen dort als neuartige, fokale Phänomene: als Wörter. Würden wir hier unsere Beschreibung beenden, dann ließe sich sagen: "Was soll das Buch? Soweit ich beim Durchblättern feststellen kann, enthält es nichts als eine Anhäufung von Wörtern. Und dazu eine Ansammlung von mir längst **bekannten** Wörtern. Daraus kann ich nichts Neues entnehmen." Setzen wir aber unsere Erkundung fort und bringen die so fokalisierten Wörter durch eine Aufmerksamkeitsschwenkung in den subsidiären Bewußtheitszustand, dann erstehen, erweckt durch das den grammatischen Gestaltungskräften innewohnende Wissen, wie Phoenix aus der Asche, die bunte Schar sinnfälliger Vorstellungsbilder, die uns als "Inhalt" erbauen.

Das hier beschriebene und veranschaulichte Kräftespiel zwischen subsidiären und fokalen Bewußtheitszuständen und deren Steuerung durch reflektive Aufmerksamkeitsoperationen ist beim sachkundigen, lesefertigen Erwachsenen weitgehend automatisiert und wird selbst stillschweigend reguliert von innewohnendem Wissen. Ganz anders ist die Situation für den Lernenden, den Anfänger, und vor allem für das sich entwickelnde Kind. Noch ist es wegen der unvollständigen Differenzierung der subsidiär-fokalen Bewußtseinszustände, und wegen der damit verbundenen Schwierigkeit der Kontrolle der Aufmerksamkeitsprozesse nicht in der Lage, dem notwendigen Perspektivenwechsel gerecht zu werden. Darüber hinaus liegt für das Kind die größte Schwierigkeit darin, daß eine erfolgte Aufmerksamkeitsschwenkung denselben Sachverhalt in einem ganz anderen Licht erscheinen läßt. Dies zeigt sich vor allem beim Lösen einer Textaufgabe im Rechnen, wo dauernd von Ebene zu Ebene, von Prozeß zu Gebilde und von Gebilde zu Prozeß, kurz, von subsidiärem zu fokalem und von fokalem zu subsidiärem Zustand gewechselt werden muß. Ein Kind, das zum Beispiel behauptet, daß ein Eis sechzig Pfennige gekostet habe, wenn man mit einer Mark bezahlt und vierzig Pfennige zurückerhalten habe, - aber dann hinzufügt: "Das stimmt zwar, aber nur weil ich falsch gerechnet habe", dokumentiert die angesprochene Verwirrung. Auf unsere Frage begründet das Kind seine Bemerkung so: "Auf dem Ladentisch liegen meine Mark und die vierzig Pfennige vom Kaufmann; und nirgends liegen sechzig Pfennige. Die erhält man nämlich nur dadurch, daß man die vierzig Pfennige von der Mark abzieht. Aber das ist falsch, weil ich ja die vierzig Pfennige erhalten habe: - also "**plus**"!" Hier erkennt man, daß das Kind noch so sehr im Selbstbezug verhaftet ist, daß die notwendige Fokalisierung des Gesichtspunkts des Kaufmanns, der ja die vierzig Pfennige weggibt, - also "**minus**", und die gleichzeitige Subsidisierung des eigenen Standpunkts nur schemenhaft-intuitiv gelingen.

Ähnliche Probleme haben Erfinder, die Sachverhalte subsidiärer Art fokalisieren müssen, um deren Funktionen und Strukturmerkmale erschließen oder herstellen zu können. Als Beispiel soll uns die wichtigste aller menschlichen Erfindungen dienen: die Erfindung der Lautschrift. Die Jahrtausende lang subsidiär erfaßten Sprechlaute wurden zu irgendeinem Zeitpunkt vom Menschen fokalisiert. Die Fokalisierung der bisher im Hintergrund stehenden, an den Körper gefesselten, flüchtigen Laute bedeutete eine völlig neue Erfassungsweise der Lautfolgen: Sie präsentierten sich nun als isolierte, selbständige Gebilde, zu denen man sich über visuell subsidisierte Schriftzeichen Zugang verschaffen konnte. Damit waren sowohl die unwiederbringbare, flüchtige Existenzform der Laute, wie auch ihre Gebundenheit an den Körper des Sprechers überwunden. Die Objektivierung war schrittweise von (1) der reflektiven Abspaltung des Lautflusses von der Bedeutung, über (2) die Transskribierung dieses Lautflusses auf eine materiale, vom Sprechenden unabhängige Basis, zur (3) freien Verfügbarkeit des Materials, auf welchem die Schriftzeichen fixiert wurden, vorangeschritten.

Modelliert an diesem entscheidenden "Kunstgriff", weitete sich nach Tausenden von Jahren, als automatisierte Bewegungsabläufe künstlich erzeugt werden konnten, diese "techne" auf faszinierende Weise aus: Ton, Film, Funk und Fernsehen entstanden. In allen Fällen blieb der Grundplan derselbe, nämlich der der Verschriftung der Sprachlaute: Es erfolgte zuerst eine Fokalisierung der gewöhnlich nur in der subsidiären Erfassung gegebenen Sinnesreize; damit verbunden eine Fokalisierung der subsidiär repräsentierten Funktionsweise der Sinnesorgane; und als zweites die Erfindung von Apparaturen, die (1) die durch Fokalisierung gewonnenen, objektivierten Reizmodulationen auf körperfremde, transportable Trägerbasen (Schallplatte, Tonband) phänomengerecht als feste Gebilde abspeicherten (sog. Aufnahmegeräte), und (2) die im Umkehrverfahren die festen Gebilde der Trägerbasen in sensorisch und phänomenal angemessene Reizprozesse zurückverwandelten (sog. Wiedergabegeräte). Im Falle der Schrift war die Konstruktion der künstlichen Apparaturen (1) und (2) deshalb nicht notwendig, weil der menschliche Organismus die Umwandlung von Prozessen in Gebilde und von Gebilden in Prozesse auf Grund eigener "ihm innewohnende", reversibler Operationen (auf die wir im Laufe unserer Betrachtungen noch zurückkommen werden) vollziehen kann.

Es ist in diesem Zusammenhang, betrachtet aus entwicklungsgeschichtlicher Perspektive, bemerkenswert, daß die zweitletzte Phase der menschlichen Ingenuität, nämlich die Schaffung von "sensorischen" Maschinen - die jüngste Phase ist die Erfindung von "senso-motorischen" Apparaturen - so lange auf sich warten ließ, nachdem es seit Jahrtausenden "motorische" Erweiterungen der menschlichen Körperbegrenztheit gibt. Den Grund für das relativ späte Erscheinen der sensorisch ausgerichteten "Medien" sehen wir darin, daß der Grad der Bewußtseins-Unterschwelligkeit der **sensorischen** Subsidiarität um ein Vielfaches größer ist, als die Intensität des subsidiären Zurücktretens **motorischer** Prozesse. Denn motorische Tätigkeiten liegen den Dingen der Außenwelt nicht nur näher als sensorische Tätigkeiten, sondern suggerieren dem Handelnden auch, aktiv tätig zu sein, während sensorische Tätigkeiten ihrer Natur nach den Eindruck "rezeptorischer", d.h. passiver Betätigung erwecken. Im letzten Fall bereitet die Fokalisierung größere Schwierigkeiten, weil das Gewahrwerden der "Gegen-ständlichkeit" schwerer fällt.

Im Zusammenhang mit dem hier angedeuteten Schwierigkeitsgrad, reflektive Aufmerksamkeitsoperationen zu invertieren, möchten wir darauf hinweisen, daß die subsidiäre Bewußtheitsform nicht gleichgesetzt werden darf mit dem Unbewußten oder dem Vorbewußten. Sie kann alle Grade von Bewußtsein annehmen, eine Tatsache, welche besonders für die Sprachentwicklung und den Sprachgebrauch von großer Wichtigkeit ist. Denn im Bereich der menschlichen Sprache erfahren subsidiäre Erfassungsprozesse eine besonders ausgeprägte Wandlung von nichtbewußter zu bewußter Steuerung. So lernen Kinder schon sehr früh phonematisch und grammatisch zu sprechen, ohne sich der subsidiär erfaßten Laute oder grammatischen Regeln bewußt zu sein. Doch schon einige Jahre später kann damit begonnen werden, den Kindern zur zunehmend bewußteren Kontrolle über die subsidiären Erfassungsprozesse zu verhelfen. Besonders im schriftlichen Umgang mit der Sprache, vor allem durch den Aufsatzunterricht, kann in steigendem Maße eine hohe Meisterschaft in der bewußten Steuerung subsidiärer Vorgänge erreicht werden. Die Tatsache, daß man mit Sprache über Sprache sprechen kann, ist beredtestes Zeugnis dafür, daß Sprache eine Handlung darstellt, die als subsidiärer Prozeß und als fokal erfaßtes Gebilde dem Bewußtsein gleichermaßen zugänglich ist.

2.4. Sprache als äußere und innere Handlung

2.4.1. Allgemeine Gesichtspunkte

Die menschliche Sprache ist Werkzeug, Gebilde und Handlung in einem. Als Werkzeug ist sie Mittlerin zwischen Individuum und Individuum, sowie zwischen Individuum und Welt; als Gebilde ist sie Inhalt, der in die Tätigkeiten und die Gedanken des Menschen einfließt und diese ausrichtet; und als Handlung ist sie gliedernde und vereinende Instanz des Denkens und Tuns. Verschiedene Wissenschaftler betonen, je nach ihrer Ausrichtung und nach ihrem Erkenntnisziel, verschiedene der drei Aspekte mehr oder weniger. Dennoch bilden sie eine fest verwobene Einheit.

Karl BÜHLER (1934) hat in seinem Organonmodell die dreifache Werkzeugfunktion der Sprache herausgestellt: (1) Sprache als Werkzeug zur Darstellung von Gefühlen und Bewertungen (Ausdrucksfunktion), (2) Sprache als Werkzeug zur Darstellung von Appellen an andere Menschen (Appellfunktion) und (3) Sprache als Werkzeug zur Darstellung von sich darstellenden Sachverhalten. Obwohl Karl BÜHLER die dritte Werkzeugfunktion in seinem Werk fast beiläufig neben die erste und zweite Funktion stellt, bringt er deren überragende Bedeutung implizite in seiner ganzen Sprachtheorie zum Ausdruck. So wählte er als Untertitel seines bahnbrechenden Werkes **Sprachtheorie** (1934) den vielsagenden Zusatz: **Die Darstellungsfunktion der Sprache.** Er bezeichnete die dritte Werkzeugfunktion demgemäß "Darstellungsfunktion". Daß es sich dabei um die Darstellung einer Darstellung handelt, hat er nicht ausdrücklich erwähnt. Doch liegt dieser Wesenszug, wie sich noch zeigen wird, in der Natur der reflektiven Objektivierung. Der tiefere Grund für die Sonderstellung der Darstellungsfunktion, d.h. der Funktion, welche sich nicht auf Gefühle, nicht auf den Appell an andere, sondern auf Gegenständliches richtet, liegt in dem Vermögen des Menschen, einen differenzierten Objektbegriff bilden zu können.

Das heißt, die konzeptuelle Absonderung des Gegenstandes vom subjektiven Tun erlaubt die Erfassung der Wirklichkeit auch aus dem Blickwinkel des Gegenstandes selbst. Dieser Blickwinkel bringt folgenden Vorteil: Ein Gegenstand, der von meiner subjektiven Aktivität differenziert ist, kann von meinen persönlichen Regungen nicht in die Irre geführt werden. Zwar kann ich mich im Akt des Wahrnehmens oder Interpretierens des Gegenstandes durchaus täuschen, aber der Gegenstand selbst bleibt von dieser Täuschung unberührt; er ist wie er ist, ganz unpersönlich, sei er nun passend oder unpassend für meine Belange.

Wir halten diese Einsicht für wesentlich, nicht nur weil sie die Sonderstellung der Darstellungsfunktion erklärt, sondern weil sie darüber hinaus verständlich macht, warum die menschliche Sprache Konzeptionen oder Vorstellungsinhalte, kurz, isolierte Gebilde evoziert, an denen sich Handlungen orientieren. So spricht Leo WEISGERBER (1955), für den die Sprache als Gebilde im Mittelpunkt des Interesses steht, vom "Worten der Welt". Seine inhaltsbezogene Sprachbetrachtung, die er als "Suche nach dem verlorenen Geist in der Sprache" versteht, versucht "geistige Gegenstände", d.h. Sprachgestalten, die wie Wahrnehmungsgestalten in einem Feld Figurstatus gewinnen, einer "sprachlichen Zwischenwelt" zuzuordnen, "die weder in der Welt der Sachen noch in der Welt der Vorstellungen ausreichend begründet ist, sondern aus der sprachlichen Verarbeitung von Anstößen aus beiden Bereichen gewonnen ist". Auch Walter PORZIG neigt in seinem faszinierenden Werk **Das Wunder der Sprache** (1971) dieser Ansicht zu. Wie wir später zu zeigen versuchen, kann diese Auffassung jedoch von uns nicht voll geteilt werden, weil wir, wie PIAGET, die Sprache nur als eine Manifestation unter anderen Manifestationen der Symbolfunktion, wiewohl eine der wichtigsten, betrachten. Die nicht-diskursiven, d.h. die präsentativen Formen menschlicher Symbolisierung, wie sie in der Kunst, Religion, Mythos, Sakrament, Musik, Sport und Theater zum Ausdruck kommen, besitzen eine nicht mindere Macht über die menschlichen Vorstellungen und Handlungen, auch wenn dabei ihre Beziehung zur Sprache nicht unterschätzt werden darf. Susanne LANGER hat diese Problematik in ihrem bahnbrechenden Werk **Philosophie auf neuem Wege: Das Symbol im Denken, im Ri-**

tus und in der Kunst (1965) mit großem Scharfsinn zum Ausdruck gebracht.

Doch noch ein dritter Grund veranlaßt uns, die oben entwickelte Einsicht, daß die Bildung eines vom Subjekt differenzierten Objektbegriffs von fundamentaler Wichtigkeit sei, im Zusammenhang mit unseren Betrachtungen zu betonen: das Wesen der Handlungsstruktur.

2.4.2. Die genetische Grundlage der menschlichen Handlungsstruktur

Jean PIAGET hat in seinem Buch **Die Konstruktion der Wirklichkeit beim Kinde** (1937) mit großer logischer Schärfe die Entwicklung des Objektbegriffs, oder wie er auch sagt, des Begriffs der Objektpermanenz dargestellt und diese geistige Konstruktion, die etwa zwischen dem achtzehnten und vierundzwanzigsten Lebensmonat zum ersten Abschluß kommt, als eine der wichtigsten Errungenschaften des Menschen bezeichnet. Die Bildung der Symbolfunktion, d.h. das Vermögen, differenzierte Zeichen zu gebrauchen, hängt unmittelbar davon ab.

> John H. FLAVELL, einer der besten Piaget-Interpreten, äußert sich dazu in seinem Buch **Kognitive Entwicklung** (1979) so: "Für jemanden, der heute ein Lehrbuch über kognitive Entwicklung schreibt, ist es fast undenkbar, daß er es unterläßt, etwas über die Genese des Piaget'schen Objektbegriffs zu sagen. Vor allem muß gesagt werden, daß dieser Begriff absolut fundamental und grundlegend ist. Wenn man einen Begriff nennen müßte, der auf jeden Fall hinsichtlich eines kohärenten und rationalen geistigen Lebens vorhanden sein müßte, der keinesfalls fehlen dürfte, dann wäre es der Objektbegriff. Man stelle sich einmal vor, wie das Leben aussähe, wenn man nicht überzeugt wäre, daß die Gegenstände auch dann weiterexistierten, wenn sie das Gesichtsfeld verlassen haben. Schlimmer noch, man stelle sich vor, wie es wäre, wenn **niemand** dies glaubte!" (S. 61)

Es folgt aus der Logik dieser Errungenschaft, daß Hand in Hand mit ihr die vorstellungsmäßige Differenzierung zwischen Objekt und subjektivem Tun erfolgt. Das heißt, das Kind erfaßt das Erscheinen eines Gegenstandes nicht mehr als das von ihm selbst produzierte Ergebnis seines Tuns, z.B. seines Greifens, Wahrnehmens, Fühlens, Vorstellens, Wünschens oder Erinnerns, sondern als etwas, das in sich selbst eine Identität und eine Permanenz besitzt, welche das Tun des Kindes überdauert. Diese vorstellungsmäßige Separation zwischen Gegenstand und subjektivem Tun, d.h. die Bildung des fundamentalen Gliederungsschemas "Objekt - Akt", an das von nun an das Gegebene assimiliert werden wird, bildet auch die Voraussetzung für die gedankliche Herauslösung einer dritten und letzten fundamentalen Konstituente jeden Handelns: die Bildung des Subjektbegriffs. Denn erst wenn diese fundamentale Dreigliedrigkeit vorhanden ist, kann eine noch feinere Differenzierung der Handlungsstruktur erfolgen, eine Differenzierung, die in einem instruktiven Modell von Hans-Jürgen PFISTNER in seinem neuesten Buch **Handlungsfreiheit und Systemnotwendigkeit** (1987) in ausgereifter und umfassender Form vorgestellt wird. Die gleichzeitig stattfindende "Integrierung" der differenzierten Handlungsaspekte des Was, Wie, Wer, Wozu, Warum, Wann, Wo, Worum und Womit (vgl. PFISTNER, 1987, S. 236) erlaubt allerdings erst den Gewinn der Kohärenz und der Ausgeglichenheit, die menschliche Handlungen auszeichnen.

Es ist unsere Absicht, in den vorliegenden Betrachtungen nachzuweisen, daß die dreigliedrige Struktur der menschlichen Handlung, wie sie im dreigliedrigen Schema "Objekt-Tun-Subjekt" zum Ausdruck kommt, als Fundament für die menschliche Sprache dient, so daß auf höherer, reflektiver Ebene dasselbe dreigliedrige Schema wiedererscheint. Die Vermutung, daß die Sprachoperation nichts weniger sei, als eine innere, die äußere Handlungsform enthaltende Handlung, wurde von Hans-Jürgen PFISTNER (1985) unterstrichen. Bevor wir den Versuch eines solchen Nachweises unternehmen können, müssen wir erst die Natur der äußeren Handlung, welche das Sprachphänomen nicht berührt, untersuchen.

2.4.3. Die Natur der äußeren Handlung

Wir betrachten zuerst die einfachste Handlung. Tun ist immer gerichtet. Seine Richtung ist das Ziel. Im einfachsten Falle ist das Ziel eines Akteurs die Erreichung eines Objekts. Ist das Objekt erreicht, dann kommt die Handlung erst einmal zum Stillstand. Dieser Doppelaspekt der Richtung (gegen) und des Abschlusses (stehen bleiben) bringt das deutsche Wort "Gegen-stand" sehr gut zum Ausdruck. Das praktische Tun ist seinem Wesen nach Wirken und Erleiden, Angreifen und Widerstehen. Indem wir auf etwas einwirken, erleben wir mit dieser Einwirkung gleichzeitig den Widerstand, welchen uns das Objekt entgegenbringt. So sind es tatsächlich zwei Richtungen, die wir gleichzeitig erfassen beim Umgang mit den Dingen: eine Richtung von uns auf den Gegenstand hin - und eine andere, die sich auf Grund des Widerstandes des Objekts gegen unsere Einwirkung auf es, gegen uns richtet. Kein Lebewesen entgeht dieser Grunderfahrung. Es ist diese Grunderfahrung, behaupten wir, die Erfahrung des gleichzeitigen von uns aus gesteuerten Tuns und uns entgegenwirkenden Gegen-Tuns vom Objekt her, im Zeitpunkt und Ort der Berührung, welche die erste Differenzierung fordert: die Grenze zwischen aktiv und passiv, innen und außen, relevant und irrelevant, Bezeichnendem und Bezeichnetem. Daß diese Demarkationslinie eine doppelte ist, selbst beim Tier, kann jeder nachprüfen, der sich an den Werkzeuggebrauch erinnert. Wie wir anfangs beschrieben haben, liegen beim instrumentalen Einsatz zwei Grenzen vor: die Grenze am Sinnesorgan (der Meißel drückt gegen meine Handfläche) und die Grenze am bearbeiteten Gegenstand (die Meißelspitze drückt gegen den zu formenden Stein). Nur letztere Grenze erscheint im Brennpunkt meiner Aufmerksamkeit (fokale Wahrnehmung). Die Grenze am Sinnesorgan hingegen wird anders erfaßt (subsidiäre Wahrnehmung), nämlich "im Hinblick auf" die Distalgrenze. Auf diese Art "verlängern" Lebewesen die Funktion ihrer Körper und gewinnen den wichtigen Richtungsbegriff. Das neue Moment in der menschlichen Handlung ist, wie wir schon oben betont haben, das Vermögen der reflektiven Aufmerksamkeit: die Kunst, diese doppelte Aufmerksamkeit selbst durch geeignete Operationen der Aufmerksamkeit beeinflussen zu können.

Kurzum, das praktische Tun ist seinem Wesen nach Wirken und Erleiden, und Dingqualität findet sich dort, wo Wirkung auf Gegenwirkung trifft. Daß im menschlichen Tun der Punkt der Wirkung und Gegenwirkung auch zwischen Sinnesorgan und Gegenstand fokal erfahren werden kann, ist ein Indiz für den Vollzug einer umfassenden Differenzierung zwischen Subjekt und Objekt. Damit sind zwei Perspektivenwechsel möglich, die für die Bildung der menschlichen Sprache wesentlich sind. Zum einen kann der Gegenstand aus dem Blickwinkel des Subjekts und zum andern kann das Subjekt aus dem Blickwinkel des Gegenstandes erfaßt werden. Je nach Erfassung, kehren sich Wirken und Erleiden um. Die Grundlage ist geschaffen für die Objektivierung des Persönlichen und gleichzeitig für die Beseelung des Gegenständlichen.

2.4.4. Sprache als äußere Handlung

Es versteht sich von selbst, daß die äußere Sprechtätigkeit den gleichen Gesetzmäßigkeiten unterworfen ist, denen alle positiven Tätigkeiten des Menschen unterworfen sind: Händewaschen, Bergsteigen, Schreibmaschinenschreiben, Gehen, Atmen oder Kochen. Innervationsprozesse müssen gesteuert werden, motorisch-sensorische Kreisreaktionen müssen an die entsprechenden Schemata assimiliert werden, und selbstregulative Abläufe müssen in Gang gesetzt werden. Und dennoch finden wir, wenn wir die Sprechhandlung näher betrachten, einen wichtigen Unterschied. Während die positiven Tätigkeiten von der oben genannten Art eine Charakteristik besitzen, die wir als "Stoffabhängigkeit" verstehen, besitzt die Sprechtägigkeit keine solche Eigenschaft. Anders ausgedrückt, die positiven Tätigkeiten beziehen sich auf den praktischen Umgang mit den Dingen und werden im Prozeß der "Widerständigkeit", welche die Dinge ihm entgegensetzen, modifiziert. PIAGET nennt diesen Aspekt der Formung der Handlung den "akkommodativen" oder auch den "figurativen" Aspekt. Man kann nun mit Recht fragen, wie denn das Sprechen sich formt, welche "Widerständigkeit" ihm zur Verfügung steht. Die Antwort ist nicht ganz einfach, wenn man übersieht, daß zur Sprachtätigkeit nicht nur das "Sprechen", sondern auch das "Verstehen" gehört. Denn lange bevor das Kind das Sprechen beherrscht, ist es ein Meister des Verstehens. Dies wiederum, weil es im persönlichen, konkreten Bedeutungsaustausch von vorne herein als **Teilnehmer** und als **Partner** "seinen Mann oder seine Frau steht". Das Streben nach immer differenzierterem Wissen und Verstehen, das Streben nach Prägnanz, wie die Gestaltpsychologen sagen würden, das Streben nach Kohärenz, nach Organisation wie PIAGET sagen würde, das Markieren von Horizonten, wie PFISTNER (1987) sagt, ist von allem Anfang an beim Kinde vorhanden. Das heißt, die "Stoffgleichgültigkeit" der äußeren Sprache besteht nur in Bezug auf den Umgang mit material-stofflichen Dingen, nicht aber in Bezug auf den Stoff, aus dem Bedeutungen und Vorstellungsbilder von Lauten gemacht sind. Denn es ist nicht allein der Sinn, der die Dynamik der spontanen Sprechäußerungen zügelt, sondern auch die Lautbildform, welche das Kind im Prozeß der Nachahmung immer besser trifft. Auch hier muß wieder unterschieden werden zwischen "hörendem" (im Sinne des Verstehens auf sensorischer Ebene) und "sprechendem" Aspekt, und man muß erkennen, daß auch im Imitationsakt das Verstehen dem Reproduzieren vorausläuft.

Wir ersehen aus dieser Betrachtung, daß die treuherzige Auffassung, Bedeutungen und Laute seien "assoziationaler" Natur, unzutreffend ist. Vielmehr spielt hier von allem Anfang an die immer wieder von uns ins Gespräch gebrachte Subsidiär-Fokal-Struktur des menschlichen Bewußtseins in Begleitung mit der Differenzierungsfunktion die Hauptrolle. Die äußere Sprachhandlung wird grundsätzlich an unsere subsidiäre Aufmerksamkeitsform assimiliert, um dadurch auf der höheren Ebene, die wir die geistige nennen, als Bedeutung in den Brennpunkt der fokalen Aufmerksamkeitsform zu rücken. Denn letzten Endes ist es die Bedeutung einer Handlung, die ihre äußere Durchführung rechtfertigt. Nicht anders ist es im rein stofflichen Bereich beim Werkzeuggebrauch. Wie der stählerne Meißel sich in den Handteller und der begleitende Hammer sich in die Faust des Meisterbildhauers einfügen müssen, hängt in erster Linie vom **Erfolg** der Handlung am distalen Ende des Meißels ab, wo sich der ungeformte Marmorblock zur Statue bildet.

Einen schlagenden Beweis für die Richtigkeit unserer Interpretation sehen wir in der Phonembildung. Phoneme sind bedeutungsunterscheidende Merkmale des stofflich kontinuierlichen Lautstroms. Es sind Diskontinuität schaffende Merkmale, die selbst keine Bedeutung besitzen. Das heißt, daß sie nur dort geschaffen werden können, wo Bedeutungsunterschiede von einem Individuum erfaßt werden können. In sich selbst sind sie somit völlig nichtig. Um sie zu finden, muß der (eine ihm unbekannte Sprache erforschende) Linguist, welcher die phonematische Struktur der fremden Sprache aufdecken will, einen "native speaker/understander" befragen, ob die oder jene Minimalveränderung in der Aussprache eines Lautbildes in letzterem eine unterschiedliche Bedeutung erwecke oder nicht. Diese für behavioristisch ausgerichtete Sprachwissenschaftler, wie BLOOMFIELD (1935), "sehr ärgerliche Tatsache" (weil der auf objektive Zugangsweisen eingeschworene Behaviorist sich auf "subjekt-immanente" Aussagen eines ihm fremden Informanten voll und ganz verlassen muß) hat schon ganze Buchreihen voll apologetischer Geistesenergien verschlungen. Umsonst. Denn Phoneme sind keine stofflich-materialen Gebilde, und man kann sie daher auch bei allergrößtem Eifer des Suchens im Stofflichen nicht finden. Sie ordnen sich ein in die lange Reihe von Vorstellungsgebilden, wie Gestalten, Schemata, Spielregeln, Sozialgesetze, Riten, mathematische Operatoren und andere symbolische Wesenseinheiten. Diese Tatsache darf allerdings nicht davon ablenken, daß, obgleich diese Gebilde selbst keine materiale Identität besitzen, sie dennoch keineswegs unabhängig von materialen Zuständen sind. Eine Behauptung des Gegenteils käme der absurden Auffassung gleich, nur weil das Grün des Salatblatts, als subjektiv erlebtes Phänomen, nicht im Salatblatt selbst residiert, oder die bestechende Bergsteige-Qualität, die mein Auto bei Bergfahrten aufweist, nicht im Auto selbst vorfindbar ist, die Grünheit des Salatblattes nichts mit dem Salat, oder die bestechende Bergsteige-Qualität nichts mit meinem Auto zu tun hätten.

Kurzum, als äußere Handlung hat die Sprache keinen Bestand in sich selbst. Sie ist vielmehr aufgrund ihrer Verankerung in den Bewußtseinsstrukturen fest verkoppelt mit dem menschlichen Erkenntnisvermögen. Denn als **äußere** Handlung bildet sich Sprache nur in Übereinstimmung mit der Leistung, die sie als **innere** Handlung zu erbringen vermag.

2.4.5. Sprache als innere Handlung: Drei Leistungen

1. In der Sprache manifestieren sich zwei gegenläufige Tendenzen, die wir als komplementäre Aspekte eines sich im Gleichgewicht befindlichen Zustandes begreifen. Es sind dies (1) das Streben nach nüchterner **Gegenständlichkeit** auf der einen Seite und (2) die Neigung zur **Belebung** auf der anderen Seite. Diese Gleichgewichtung ist sinnvoll, liegt sie doch auch den praktischen Handlungen des Menschen zugrunde. Es ist immer ein Mensch, ein lebendiges Subjekt, welches in der Tätigkeit handelnd auf ein Objekt, auf einen bestimmten Sachverhalt, ausgerichtet ist. Hier lebendiger Ursprung, dort gegenständliche Welt, und dazwischen der vermittelnde Umgang. Ob dieser Umgang mit den Dingen als nüchterner Vorgang oder als gezielte, lebendige Tätigkeit erfaßt wird, hängt vom Abstraktionsvermögen des Individuums und von dessen Interesse an einer "Versachlichung" ab. Genetisch primär und auffassungsfunktional vorrangig ist zweifellos die "belebte" Erfassung der Welt. Dies bezeugen nicht nur der von uns empfundene "Animismus" früherer Kulturstufen, sondern ebenso die bekannte animistische Weltsicht des Kindes.

> Schon im Jahre 1905 hat Heinrich GOMPERZ in seiner **Weltanschauungslehre** (Band 1, S. 54-57) auf die Eigenart dieses Tatbestands mit folgenden Worten hingewiesen: "Für die Praxis ist das Ding vor allem ein Wirksames und Brauchbares, d.h. etwas, das spontan einiges tut und anderes sich gefallen läßt: also ein Lebendiges. ... Für die Praxis ist ein Ding von Interesse insofern, als es durch seine Wirksamkeiten und Brauchbarkeiten unser Verhalten ihm gegenüber bedingt. Es ist also auch nur dieses bestimmte Ding, insofern es durch diese bestimmten Wirksamkeiten und Brauchbarkeiten uns ein bestimmtes Verhalten ihm gegenüber auferlegt: sei es ein Verzehren oder Fliehen, ein Aufsuchen oder ein verschiedenartiges Nutzen. So wie aber dieses unser bestimmtes Verhalten, Wirken und Brauchen den Dingen gegenüber den spezifischen Charakter **unserer** Lebendigkeit

> ausmacht, so macht auch dieses bestimmte Gegenverhalten, Gegenwirken und Gegenbrauchen des Dinges uns gegenüber **seine** besondere Lebendigkeit aus; und nur dieser spezifische Charakter seiner Lebendigkeit macht es für uns zu diesem bestimmten Ding. Diese spezifische Vitalität des Dinges uns gegenüber (sein Beißen oder Ernähren, Erleuchten oder Beschatten, Drücken oder Weichen) und unsere spezifische Reaktion dem Ding gegenüber (unser Fliehen oder Haschen, Aufsuchen oder Pflegen, Stemmen oder Verfolgen) sind also auf diesem Standpunkte Wechselbegriffe und erschöpfen in ihrer gegenseitigen Bestimmtheit die Bedeutung des Dinges in der Praxis."

Die Gefahr der gelegentlichen Ausuferung dieser der menschlichen Handlung innewohnenden Belebungstendenz kann nicht von der Hand gewiesen werden. Dennoch erfährt diese Neigung im allgemeinen ihre natürliche Begrenzung durch die der Handlung gleichermaßen inhärente Objektivierungstendenz, die das Kind in zunehmendem Maße seit der Bildung des Objektbegriffs ständig ausweitet. Das Gegenteil, nämlich den höchsten Grad extremer Objektivierung, treffen wir in der physikalisch-kausalen Auffassung der Naturwissenschaften an. Davon kann auch die eigenartig anmutende Tatsache nicht ablenken, daß die völlig von animistischen Zügen gereinigten Ergebnisse allein den subjektiven Zielen und Wünschen des Menschen dienen.

Die beträchtliche Steigerung dieser der Handlung innewohnenden Gegentendenzen der Belebung des Gegenständlichen und der Vergegenständlichung des Seelischen durch den entsprechenden Sprachgebrauch ist wohlbekannt. Man kann sich in der Tat fragen, ob nicht erst die mit der Erhebung der Handlungsstruktur auf die "gereinigte" Ebene der Sprache und des Denkens einhergehende Differenzierung diesen Doppelaspekt zugänglich macht.

Es wird manchmal behauptet - besonders von Behavioristen, die in ihrem Drang nach Versachlichung selbst das menschliche Handeln als "nüchternes Verhalten" verstanden wissen wollen (vgl. FREY, 1986) -, daß die wissenschaftliche Sprache von ihren animistischen Restelementen purifiziert werden müsse, weil sie erst dadurch der inneren Natur der Dinge gerecht werden könne. Wir halten diese Auffassung für irrig, weil sie, just durch die gemachte Annahme, der inneren Natur der "Sache" Sprache selbst nicht gerecht wird. Denn lebendige Sprache, wie auch lebendiges Handeln, ist als Prozeß nie losgelöst vom lebendigen Subjekt. Dies zeigt sich besonders drastisch in der unserer Sprache eigenen Charakteristik, unbelebten Gegenständen die bestimmten Artikel "der", "die" oder "das" beizuordnen, die ja geschlechtsspezifische Bedeutung besitzen. Auch könnten wir uns niemals eine natürliche Sprache vorstellen, die nicht Vorgänge der unbelebten Natur grundsätzlich in die Kategorien menschlicher Tätigkeiten kleidete: Wir sehen, wie die Funken über den Flammen des Lagerfeuers "tanzen", wie die "Zungen" des Feuerbrandes am Dachgebälk "lecken". Uns ist, als ob der Mond einen zarten, schimmernden Lichtschleier über die "schlafende" Landschaft "gebreitet" hätte. Die Wolken "jagen drohend" am Himmel dahin. Die Feldkanonen "bellen". Die Umstände "zwingen mich". Der Knopf "will" nicht halten. Die Sache "soll für sich sprechen", und Einwände können mich nicht "berühren". Diese vom Wesen der praktischen Handlung geprägte Weltsicht, welche die Sprache fast reliefartig zum Ausdruck bringt, birgt freilich, sowohl für den Laien, wie für den Wissenschaftler, eine gewisse Gefahr der Mißinterpretation, wenn es darum geht, wie z.B. bei Frederic VESTERs Schrift: **Denken, Lernen, Vergessen,** die der phänomenalen Weltsicht vermeintlich zugrunde liegenden **funktionalen** Zusammenhänge zu beschreiben und zu erklären (VESTER, 1978).

2. Wir haben die Differenzierung und Vereinung der zwei grundlegenden Handlungsaspekte der Versachlichung und der Belebung in der Sprache beschrieben. Wir gehen nun einen Schritt weiter und richten unsere Aufmerksamkeit auf ein noch umfassenderes Verhältnis: das Verhältnis zwischen **Individuum** und **Welt.** PIAGET hat dieses fundamentale Verhältnis sehr treffend folgendermaßen beschrieben: "Indem Intelligenz Welt ordnet, ordnet sie sich selbst." Das heißt, im günstigsten Falle bilden die differenzierten Funktionen der Adaptation und der Organisation, oder anders ausgedrückt, der Fremdregulierung und der Selbstregulierung, eine ausgleichende Einheit. Wir finden diesen einheitlichen Doppelbezug zum "Außen" und zum "Innen" in besonders vollkommener Form in der Wahrnehmung. Wie Max WERTHEIMER (1933), Wolfgang KÖHLER (1929) und Wolfgang METZGER (1975) im Detail beschrieben haben, resul-

tieren selbstregulative, formale Gestaltungsprozesse, deren subsidiären Status wir oben hervorhoben, in der fokalen Erscheinung einer geordneten Anschauung, die, stofflich gefüllt, sich als "Welt" präsentiert. Auch die Sprache besitzt diesen der Wahrnehmungsfunktion eigenen dualen Aspekt der anschaulichen Erfassung stofflicher Inhalte einerseits, und der diese Inhalte zu einem kohärenten Ganzen zusammenschließenden Kräfte andererseits. Auch Sprache kann, wie Wahrnehmung, nur im Einklang mit sich selbst zum Einklang mit der Welt gelangen.

Tatsächlich finden wir in der Sprache zwei grundsätzlich verschiedene Wortarten vor, die, wie wir wissen, das Kind in unterschiedlicher Weise assimiliert. Es sind die unter der Bezeichnung "Stoff-Wörter" und "Pivot-Wörter" bekannt gewordenen Klassen. Während die Wortart der ersten Kategorie stoffliche, anschauliche Inhalte, die das "Außen" betreffen, repräsentiert, finden sich in der Klasse der Pivot-Wörter nur sogenannte "Funktoren", Formwörter, welche auf die Regelung der inneren Wortordnung spezialisiert sind. Die meisten Stoff-Wörter verraten selbst auf höchster Abstraktionsstufe noch ihre auf die äußere Welt hin definierte sinnlich-empirische Herkunft. Einige wenige Beispiele dieses Tatbestands müssen genügen: "über-flüssig", "spitz-findig", "mündig", "Ur-teil", "Zeug-nis", "Ge-setz", "ver-wahren", "er-fahren", "auf-heben". Die Funktoren hingegen, seien sie präpositionaler oder konjunktionaler Art (nichtsdestoweniger, aber, dagegen, noch, denn, und, ob, denn), entziehen sich im allgemeinen eines anschaulichen Zugriffes.

Bei den sich diametral entgegenstehenden Funktionen, welche die zwei Wortklassen erfüllen: hier Evokationen von äußeren, zwischen Subjekt und Umwelt bestehenden Beziehungen, - dort Evokationen von inneren Beziehungen, welche die genannten Beziehungen auf einer höheren Stufe ordnen, ist man überrascht, daß die Integration der beiden Funktionen im allgemeinen so problemlos, fast spielerisch gelingt. Freilich, eine gemeinsame Basis besteht: Alle Wörter, ob zur Kategorie der Stoffwörter oder zu der Gruppe der Formwörter gehörend, verweisen auf **formale** Wesenszüge. Während dies für die Funktoren sofort offensichtlich ist, bedarf der Nachweis bei den Stoffwörtern einer kurzen Erläuterung. Wenn jemand über einen sagt, er sei "aufgeregt wie ein Huhn", dann ist es, als zeige er mit Hilfe dieses Bildes hinaus auf zwei außersprachliche Zustände, die beide **formähnliche** Wesenszüge tragen. Dabei zeigt der nur in der Vorstellung erweckte außersprachliche Zustand (aufgeregtes Huhn) wie ein Finger hinaus auf die gemeinte Person und verleiht ihr dadurch auf eine sehr elegante Art einen Grad an Prägnanz, der das Maß der Schärfe der äußeren Zustände um ein Vielfaches übertrifft.

Wir sehen: Die sich an der Wahrnehmung ausrichtende Sprache verleiht den perzeptuell gewonnenen Inhalten ein "konzeptuelles" Gesicht und erweitert so nicht nur den begrenzten Raum des Hier und Jetzt, sondern schafft zusätzlich eine Ebene der Operationen, die in ihrer Flexibilität und reichen Formungskraft unübertroffen sind: die Ebene der Konzeptionen.

3. Endlich müssen wir noch auf eine dritte Gegensätzlichkeit hinweisen, die für die innere Struktur der Sprache maßgeblich und für die einmalige Leistung, welche sie erbringen kann, von entscheidender Bedeutung ist. Wir meinen ihre Zwei-Klassen-Eigenschaft, welche (1) in **Wortwahl** (Wortschatz) und (2) im **Satzbau** (Grammatik) zum Ausdruck kommt.

> Karl BÜHLER (1934) bringt diese Unterscheidung auf den Punkt, indem er sagt: "Da gibt es eine erste Klasse von Sprachgebilden und zugehörigen Setzungen, die so verfahren, als gälte es, die Welt in Fetzen zu zerschneiden oder in Klassen von Dingen, Vorgängen usw. aufzugliedern oder in abstrakte Momente aufzulösen und jedem von ihnen ein Zeichen zuzuordnen, während die zweite Klasse darauf Bedacht nimmt, einer Durchkonstruktion derselben Welt (des Darzustellenden) nach Relationen die zeichenmäßigen Mittel bereitzustellen. Das sind, darstellungstheoretisch gesehen, zwei durchaus zu trennende Schritte und Weisen des Vorgehens. Darüber muß vollkommene Klarheit geschaffen werden, und keiner soll sich täuschen lassen durch das psychologische Faktum einer glatten und reibungslosen Kooperation bei der Verwendung dieser zwei Klassen von Sprachgebilden." (S. 73)

PIAGET und INHELDER (1969) sprechen im Zusammenhang mit der Bildung logisch-mathematischer Strukturen von einer ähnlichen Unterscheidung. Sie gehen nämlich von zwei grundsätzlich verschiedenen Erfahrungswerten aus: (1) von Erfahrungen, die, durch "direkte Abstraktion" gewonnen, die Dinge selbst betreffen: ihre Eigenschaften und Merkmale; und (2) von Erfahrungen, die, durch "reflektive Abstraktion" gewonnen, den **Umgang** mit den Dingen betreffen: die Koordinationen, die notwendig sind, damit kohärente Handlungen und sinnvolles Verstehen vollzogen werden können. Auch hier finden wir das BÜHLERsche Zweiheitsmoment der Aufgliederung einerseits und der Durchkonstruktion andererseits. Die Gegenüberstellung der Wortwahl und des Satzbaus darf allerdings nicht so verstanden werden, als handle es sich um zwei separate Zustände. Vielmehr stellen sie "Vorgehensweisen" in Bezug auf ein und denselben Sachverhalt dar. Diese Vorgehensweisen, welche sich in der Wortwahl und im Satzbau manifestieren, ergänzen und bedingen sich gegenseitig, vollziehen sich immer gleichzeitig, und ihre Beziehung zueinander ist dieselbe wie das Verhältnis, das die Subsidiär-Fokal-Relation kennzeichnet.

Wie wir im ersten Teil unserer Betrachtungen gesehen haben, resultiert die Integration von Einzelmerkmalen auf der subsidiären Ebene in der Fokalisierung eines Phänomens, dessen Wirklichkeitsstatus ein anderer, ein höherer ist, als der der summierten Einzelmerkmale. So ergibt sich z.B. aus der Integration der einzelnen Wörter ein Satzsinn. Damit eine solche Integration stattfinden kann, müssen zwei Voraussetzungen erfüllt sein: (1) Es muß ein Ordnungsrahmen, eine gegliederte Grundlage, ein Koordinatensystem vorliegen, in das die einzelnen Merkmale eingetragen werden können. (2) Die Auswahl der Einzelmerkmale muß "synsemantisch" sein, d.h. sie müssen untereinander "verträglich" sein. So wären z.B. die Worte "blond" und "Bleistift" nicht kompatibel, denn man kann sich unter "blonden Bleistiften" nichts Sinnvolles vorstellen. Auch ein Wort wie "G6fä4rt" kann nicht bestehen, da Buchstaben und Zahlen innerhalb von Wörtern Sinnloses ergeben. Freilich darf man nie vergessen, daß diese "Verträglichkeit" der Einzelmerkmale das Resultat der Übereinstimmung zwischen (1) und (2) ist. So wäre es z.B. leicht, einen Rahmen von Geheimschriften zu schaffen, innerhalb dessen sowohl der Ausdruck "blonder Bleistift", wie auch das Wort "G6fä4rt" sinnvoll wären. Das Kind, das am Anfang des Sprechenlernens steht, assimiliert demnach, ohne daß ihm dieses bewußt wird, gleichzeitig auf zwei Ordnungsebenen: (1) auf der

Ebene des Rahmens, der Grundlage (z.B. "die Situation ist gefährlich", oder "draußen ist es kalt") und (2) auf der Ebene der der Situation angemessenen Tätigkeiten. Da des Kindes Bestreben von vornherein dahin geht, Sinn zu schaffen, Verständnis zu wecken und verstehen zu können, werden natürlich auf jeder der zwei Ebenen nur solche Regelmäßigkeiten und solche Merkmale abstrahiert, die zu einer sinnvollen Interpretation führen. Daß die implizite Differenzierung dieser zwei Ebenen für das Kind unter Umständen mit großen Schwierigkeiten und Fehlverstehen oder Fehlverhalten verbunden ist, leuchtet ein.

Grundsätzlich ist die Unterscheidung dieser zwei Ordnungsebenen die unverzichtbare Voraussetzung für jedwede symbolische Handlung, auch für die nichtsprachliche. So wählt z.B. der Schauspieler Friedrich Schmidt als Ordnungsrahmen die Bühne und den Inhalt des Schiller'schen Wallenstein, und er erscheint dem Zuschauer auf höherer Ebene, eben als die Verkörperung von Wallenstein, und nicht als Friedrich Schmidt. Auch das Kind, das in die Schule eintritt, muß erst lernen, daß es in diesem neuen Rahmen, neu erfaßt wird und sozusagen zum Repräsentanten seiner ganzen Familie werden kann. Erst wenn das Kind wieder zu Hause ist, oder wenn der Vorhang nach dem letzten Akt gefallen ist, treten Kind und Schauspieler wieder ein in den Rahmen normaler Verhältnisse: Das Kind ist wieder nur es selbst, und Friedrich Schmidt nimmt als er selbst, und nicht als Wallenstein, die stürmischen Ovationen seines Publikums entgegen. Es gibt noch viele Beispiele dieser Art: Notenblatt - Noten; Computerprogramm - Tastendrucksequenzen; Längen- und Breitengradmarkierung der Landkarte - eingetragene Orte; Spielregeln - Spielzüge der Spieler; Kriegserklärung - Kriegshandlungen; Malfläche und Skizze - eingetragene Farbtupfer. Kurzum, die Zwei-Klassen-Natur der menschlichen Sprache, die sich in der Unterscheidung "Grammatik" - "Wortschatz" niederschlägt, findet sich auch im außersprachlichen Bereich. Und dennoch ist ihre Wirkung nirgends größer als in der Sprache. Dies wollen wir zum Schluß noch erläutern.

Als erstes erkennen wir, daß der Ordnungsrahmen der Sprache durch die Beziehung, welche die Wortkategorien zueinander bilden, hergestellt wird. Da die Wortkategorien selbst, anders als dies bei außersprachlichen Symbolisierungsoperationen der Fall ist, nicht ausdrücklich benannt sind (das Wort "gewölbt" z.B. drückt nicht selbst aus, daß es als Eigenschaftswort oder als Prädikat fungiert), muß der Sprachbenutzer neben der Bedeutung des Wortes die Kategorie seiner Zugehörigkeit bestimmen. Diese Bestimmung fällt in dem Augenblick leicht, wo das Kind als Ordnungsrahmen der Sprache die gewohnte Handlungsgliederung entdeckt: Ein Akteur (Subjekt) - tut (Prädikat) - etwas (Objekt). Indem die Syntax diese dreigliedrige Grundform der Handlung mitbringt, führt sie alles mit sich, was zum Aufbau eines Satzsinnes mit Hilfe der Wortwahl notwendig ist. Eine Gebundenheit an örtliche Umstände der Sprechsituation fällt weg. Diese Erlösung aus dem Hier und Jetzt, bringt allerdings notgedrungen Bindungen neuer Art mit sich, die hauptsächlich mit der Beherrschung der Sprachregeln zu tun haben.

Karl BÜHLER (1934) vergleicht diese Befreiung des Satzsinnes vom Situationsfeld, in dem sich der Sprecher befindet, mit der Befreiung, die ein Gemälde gewinnt, welches eine bestimmte Landschaft darstellt, in der es sich nicht befindet. Denn das Gemälde enthalte nicht nur die Landschaft selbst, sondern trage ihr Umfeld mit sich, das Licht nämlich und die Matrix, in der die Landschaft zur Erscheinung gelange.

> "Denn der Meister des Pinsels setzt in seinem Gebilde selbstherrlich Licht, Schatten und alle anderen Effekte genau dorthin, wo er sie braucht. Ob dann das Standortlicht von links oder von rechts her einfällt, stört ihn nicht. Der Maler ist physisch eingeschränkt in seinen Darstellungsmitteln, hat nur die zweidimensionale Leinwand zur Verfügung und kann auf ihr weder reale Tiefen, noch wirkliche Lichteffekte wie Glanz und Leuchten, aufsitzende Reflexe oder reale Schatten anbringen. Doch gerade aus dieser Beschränkung entspringt die wahre Freiheit des Malers im imaginären Raum und dessen Ausmessung, in der imaginären Lichtordnung und den Effekten aus ihr." (BÜHLER, 1934, S. 371)

Und noch eine weitere Wirkung ergibt sich aus der Natur der Sprache, begriffen als innere Handlung. Während Erfahrungen und Handlungen, wie wir ihnen im alltäglichen Umgang mit den Dingen begegnen, eine Art von "Mischung" darstellen, eine Mischung aus Ordnung und Zufall, oder eine Mischung von klaren Zielen und unklaren Ergebnissen, lassen sich mit Hilfe der Sprache, dank ihrer fast strengen Formalisierung, annähernd "reine" Erlebnisse und Handlungen generieren. Kein Wunder, daß ideologisch motivierte Texte oft eine Wirklichkeit meinen, die in den "gemischten" Alltag so gar nicht passen will.

Grundsätzlich bezieht sich die menschliche Sprache, wie wir noch näher ausführen werden, nicht auf die Dinge in unserer real gegebenen Welt, d.h. nicht in erster Linie. In erster Linie erweckt sie nämlich "Auffassungen", d.h. gedankliche Bilder oder Muster, die, gewonnen durch direkte und vor allem "reflektierte" Abstraktionen, eine Prägnanz und Schärfe besitzen, welche nur extreme Lebenssituationen oder extreme menschliche Leistungen auszeichnen. Erst die Auffassungen wiederum beziehen sich auf die Dinge selbst, denen wir da draußen begegnen. So wird durch die Entwicklung der Sprache im Laufe der Zeit das ursprüngliche Verhältnis von äußerer Handlung zu innerer Handlung umgekehrt: Die Auffassungen, welche der Mensch mit der Hilfe der Sprache erfindet, bestimmen sein Tun.

3. Genetische Aspekte der Zeichenfunktion

3.1. Vom Index zum Symbol: die Progression der Zeichenfunktion

Wenn der kindliche Geist in der Eroberung der Welt so weit vorangekommen ist, daß die globale Eindrucksverschmelzung überwunden ist, daß Gegenstände als dauerhaft erlebt werden, auch wenn sie nicht im Bereich des sinnlichen Zugangs liegen; daß neben dem permanenten Objekt das handelnde Ich und die zielgerichtete Tätigkeit als gesonderte Instanzen erfaßt werden, dann sind die wichtigsten Voraussetzungen für die Erscheinung der Sprache geschaffen. Denn ohne die praktische Verfügbarkeit über dieses während der sensomotorischen Periode gewonnene Gliederungsfundament, welches, wie wir sahen, sich in der Satzstruktur wiederfindet, könnte kein sprachlicher Fortschritt stattfinden.

Eine weitere Voraussetzung für die Entfaltung des Sprachvermögens stellt, wie PIAGET und INHELDER betonen, die Bildung der symbolischen Funktion dar. Ihr Erscheinen ist, wie wir oben erwähnt haben, unmittelbar mit der Konstruktion des Objektbegriffs verbunden.

> "Die sensomotorischen Mechanismen kennen keine Vorstellungen und Verhaltensweisen, die ein Verlangen nach einem nicht gegenwärtigen Gegenstand beinhalten. ... Im Laufe des zweiten Lebensjahres tritt jedoch ein Komplex von Verhaltensweisen auf, die den vorstellungsmäßigen Hinweis auf einen nicht vorhandenen Gegenstand oder ein nicht stattfindendes Ereignis beinhaltet und der folglich den Aufbau oder die Verwendung von differenzierten Zeichen voraussetzt; denn diese müssen sich auf Elemente beziehen können, die im gegebenen Zeitpunkt nicht wahrnehmbar sind, aber auch auf solche, die da sind." (PIAGET & INHELDER, 1973, S. 62)

Aus diesem Zitat lassen sich zwei wesentliche Erkenntnisse für unsere Betrachtung ableiten: (1) Die differenzierte Doppelrolle des Zeichens (Bezug auf Elemente, die nicht wahrnehmbar sind, und auf Elemente, die da sind) besteht von Anfang an; und (2) die differenzierte Doppelrolle resultiert aus dem Vermögen des Kindes, dasselbe Objekt, nämlich das Zeichen (z.B. eine Nachahmungsgeste, mit deren Hilfe lange nachdem das Verhalten einer anderen Person stattgefunden hatte, ein Vorstellungsbild jenes Verhaltens erweckt wird), in zwei verschiedenen Bewußtheitsformen zu vereinen. Aus der Sicht des Wissenschaftlers ausgedrückt: Die eine Bewußtheitsform bringt den Verweis auf eine Bedeutung hervor (das vor Stunden stattgefundene Verhalten der anderen Person); und die andere Bewußtheitsform legt die Existenz des Zeichens per se fest (die verzögerte Nachahmungsgeste selbst). Freilich gelingt es dem Kinde erst viel später, gewöhnlich zwischen dem fünften und siebten Lebensjahr, durch reflektive Aufmerksamkeitsoperationen, d.h. durch gezielte "Fokalschwenkung" auf das Zeichen hin, **beide** "Ansichts-Formen" zu gewinnen.

Indem die Zeichenfunktion in dieser Weise vom "Anzeichen"-Status (indexikalischer Zeichengebrauch im Sinne einer pars-pro-toto-haften, undifferenzierten Funktion, der für die gesamte sensomotorische Periode gilt) zum "Symbol"-Status vorangekommen ist, hat das Kind die Distanz eines ganzen Schöpfungstages überquert. Denn während es vorher einfach auf die Dinge reagierte, seinen Handlungen also eine zweigliedrige Relation "Zeichen - Bezeichnetes" zugrunde lag, ändert sich nun die Erkenntnisweise in dramatischer Form: Aus Dingen, auf die man vorher nur reagiert hat, werden durch die Einwirkung des Wissens, "gewußte" Dinge, das heißt reflektierbare "Objekte des Wissens". Die Beziehung ist dreigliedrig geworden: Zeichen - Wissensauffassung - Bezeichnetes.

Durch diese erstaunliche Entfaltung gewinnt das Kind einen völlig neuen Zugriff auf die Welt: Die Erfindung der Wirklichkeit hat begonnen. Daß damit die sichere, vollständig ausgeglichene Daseinsweise der sensomotorischen Periode, welche das Kind in fast zweijähriger Arbeit aufgebaut hatte, verlassen werden muß und eine sehr viel weniger stabile, gefahrvollere Existenz beginnt - denn das ständig anwachsende Wissen über die physikalische Welt muß nun, reflektiert an Konzeptionen, erhöht, geläutert, vereinfacht, geklärt, gewortet, mit diesen symbolischen Formen in Einklang gebracht werden -, daß mit der Erlösung aus dem Hier und Jetzt gleichzeitig eine neuzuverkraftende Bindung an neue Grundlagen erfolgt, leuchtet ein. Und dies ist die Chance für alle Erzieher: die verkörperte Manifestation des Entwicklungsprozesses selbst im Kinde zu erfahren, den erstaunlichen Weg aus der "Infantilität" zur geistigen "Mündigkeit" zu verfolgen und daraus die angemessenen Schlüsse zu ziehen.

Der Sprung von der Anzeichenfunktion zur Symbolfunktion kommt in Helen KELLERs **The Story of My Life** (1936) mit vollendeter Frische zum Ausdruck.

> Eines Tages machte Helen mit ihrer Lehrerin einen Ausflug. Sie war inzwischen fast fünf Jahre alt geworden, ohne jemals wieder sehen oder hören zu können. Helen hatte von Miss Sullivan eine lange Schulung im Gebrauch von assoziativ erlernten Zeichen, Fingerbewegungen, erhalten, die sie spielerisch beherrschte. Nun, da der Tag so schön war, spazierten Helen und Miss Sullivan hinaus in die Landschaft. Helen Keller erzählt: "Sie brachte mir den Hut, und ich wußte, daß ich in den warmen Sonnenschein hinausgehen würde. Dieser Gedanke, wenn man eine wortlose Empfindung

überhaupt so nennen darf, ließ mich vor Vergnügen hüpfen und springen. Wir gingen den Pfad zum Brunnenhaus hinunter, angezogen vom Duft des Geißblattes, mit dem es überwachsen war. Jemand pumpte gerade Wasser, und meine Lehrerin hielt meine Hand unter den Strahl. Als der kühle Strom über meine Hand floß, schrieb sie in die andere das Wort Wasser, erst langsam dann schnell. Ich hielt still. Meine ganze Aufmerksamkeit konzentrierte sich auf die Bewegung ihrer Finger. Plötzlich empfand ich ein nebelhaftes Bewußtsein wie von etwas Vergessenem - den Schauer eines wiederkehrenden Gedankens, und irgendwie offenbarte sich mir das Mysterium der Sprache. Da wußte ich auf einmal, daß W-a-s-s-e-r jenes wunderbare kühle Etwas meinte, welches mir über die Hand floß. Dieses lebendige Wort erweckte meine Seele, schenkte ihr Licht, Hoffnung, Freude und machte sie frei! Es gab zwar noch Schranken, aber sie ließen sich mit der Zeit beseitigen. Ich verließ das Brunnenhaus voller Lerneifer. Jedes Ding hatte einen Namen, und jeder Name gebar einen neuen Gedanken. Als wir nach Hause zurückkehrten, schien jedes Ding, das ich berührte, vor Leben zu erzittern. Das rührte daher, daß ich alles mit dem seltsamen, neuen Sehvermögen sah, das mir zuteil geworden war." (S. 23/24)

Helen KELLERs neugewonnenes Vermögen, Zeichen nicht mehr nur als Mittel des Tätigwerdens zu gebrauchen, sondern sie nun als Instrument des Denkens und des Wissens einsetzen zu können, impliziert den Vollzug einer völlig neuartigen Aufmerksamkeitsoperation, nämlich das Lenken der Aufmerksamkeit auf die Beziehung, die zwischen dem Innewerden des Zeichens und dessen Bedeutung besteht, d.h. auf einen Zusammenhang, den wir "begrifflich" nennen. Damit beziehen sich die Sprachzeichen nicht mehr auf die Situationen oder Gegenstände als solche (wie dies z.B. beim Hund noch der Fall ist, welcher bei der Nennung des Namens seines Herrn überall herumblickt, um seinen Herrn zu finden), sondern vielmehr auf die allgemeinen Wesenszüge, die aus den Zerlegungen einer Gegenständlichkeit im Hinblick auf menschliche Gesichtspunkte und Zwecke gewonnen wurden (wie dies z.B. beim Hundebesitzer der Fall ist, welcher bei der Nennung des Namens seines Hundes nicht nach ihm zu suchen beginnt, sondern, je nach seiner Auffassung, fragt, was mit 'Maxi' sei, oder vielleicht über Maxi lacht). Dabei sind die begrifflichen Zerlegungen grundsätzlich nicht in der Sache selbst begründet, es sei denn, daß Aufmerksamkeitsoperationen eine sachlich orientierte Gliederung bestimmten. Auch ein "Unkraut" ist ein Kraut; nur dessen Beziehung zum Menschen ist eine besondere. Das Wetter mit seinem bestimmten Charakter bleibt dasselbe, ob ich es nun als "schön" oder als "garstig" empfinde. "Zwei Kugeln Eis, bitte!" Das Eis als Gegenstand steht seiner Maßeinheit völlig gleichgültig gegenüber, nicht aber der Mensch, der es verkauft. Der begriffliche Aufbau symbolischen Zeichengebrauchs kommt mit besonderer Deutlichkeit immer dann zum Ausdruck, wenn dieselbe sprachliche Einheit (Aufschrift im Speisewagen der Eisenbahn: "Hier kommt die Wurst zum Zug!" oder Autobahnlosung auf großen Schildern: "Sie fahren mit Abstand am besten!") verschiedene Bedeutungen erweckt, je nachdem sie begrifflich verschieden fundiert wird (Konzipierung des Eisenbahn-Sachverhalts als konkrete oder abstrakte Angelegenheit; und Erfassung des Autobahn-Slogans entweder als "Lob" oder als "Mahnung").

Der Vollzug dieser differenzierten, reflektiven Aufmerksamkeitsoperation, d.h. die Steuerung der Aufmerksamkeit weg vom sensorisch gegebenen Gegenstand, hin zum Verhältnis, welches zwischen dem gegebenen Gegenstand und dem Zusammenhang besteht, in dem er erfaßt wird, nimmt bis zu seiner vollen Verwirklichung einen relativ langen Zeitraum der geistigen Entwicklung des Kindes in Anspruch. Wir haben oben schon darauf hingewiesen, daß erst dementsprechend spät die voll reversible Aufmerksamkeitsschwenkung vom subsidiären Bewußtheitszustand zur fokalen Erfassung desselben Sachverhalts stattfinden kann. So gelingt z.B. die Fokalisierung der Sprachlaute selbst, d.h. deren Erfassung als Morpheme, oder gar als Phoneme, welche in sich selbst bar jeder Bedeutung sind, erst etwa um das fünfte bis siebte Lebensjahr. Das Hauptproblem beim Lesenlernen besteht für das Kind darin, daß die Lautungen, die, wie wir wissen, sowohl subsidiär wie auch fokal erfaßt werden müssen, damit sie als Schriftlaute Bedeutung erlangen können, in zwei völlig verschiedenen Gestalten erscheinen: einmal als Bedeutungsinhalt und dann als sensorischer Gegenstand. Artur KERN hat in seinem neuesten Beitrag zum Lesenlernen (1986) dieser Schwierigkeit mit großem Geschick und Scharfsinn Rechnung getragen, indem er beide Erscheinungsweisen gleichzeitig erwirkt, und zwar durch Hervorhebung der Anfangslaute bei Reimwörtern (Fisch-Tisch), die ikonisch vermittelt werden. Dadurch wird die schwierige Aufmerksamkeitsverlagerung vom Wort-Laut zum Wort-Sinn und umgekehrt fast spielerisch hergestellt und dementsprechend gefördert (SORGER, 1988).

Grundsätzlich muß davon ausgegangen werden, daß das Kind nur langsam und mit großer Anstrengung die Steuerung der reflektiven Operationen gewinnt. Es ist selbstverständlich, daß sein Umgang mit "Konzeptionen", welcher ihm aus der Bildung der symbolischen Funktion erwächst, noch bestimmt ist von der Logik der sensomotorischen Periode, die es einerseits vollständig beherrscht und andererseits transzendiert hat. Das heißt, es überrascht nicht, daß das voroperationale Kind im Umgang mit Konzeptionen so verfährt, als handle es sich dabei um Gegenstände. Fragt man ein vierjähriges Kind, warum ein Schwein "Schwein" genannt werde, so antwortet es gewöhnlich: "Weil es so schmutzig ist". Das Wort "Boxkampf" enthält selbst die brutale Gewalt, welche durch den gemeinten Sachverhalt zum Ausdruck kommt. Das Wort "Zug" wird zuweilen "als zu kurz" bezeichnet, oder "als sehr lang", wenn ein Vergleich des Lautes "Zug" mit seinem Sinngehalt durchgeführt wird.

3.2. Der genetische Grundplan des kindlichen Weltbildes

Erst im Lichte einer ganzheitlichen Erfassung erweist sich der genetische Grundplan des kindlichen Weltbildes als folgerichtig und als verständlich. Indem dieser Grundplan den Grundsätzen der Hierarchisierung, der Prägnanz, des Fortschreitens vom Einfachen und schwach Gegliederten zum Komplexen und vollständig Durchgegliederten, vom Fragmentarischen zum Integrierten folgt, gewinnt das semiotische Moment mit fortschreitender Differenzierung eine in zunehmendem Maße den Charakter des Ganzen bestimmende Rolle. Mit dem Auftreten der symbolischen Funktion um das zweite Lebensjahr herum bildet sich, wie wir schon betont haben, ein neuer, zentraler Drehpunkt des gesamten Erfassens: das Vermögen der symbolischen Transformation von Erfahrungen. Susanne K.

LANGER, die große Gelehrte und Schülerin von Ernst CASSIRER und Alfred North WHITEHEAD, hat in ihrem wichtigsten Werk **Philosophy in a New Key** (1957) das Bedürfnis des Menschen nach symbolischer Transformation, welches sich im Ritual, in der Kunst, im Lachen, im Weinen, im Aberglauben, im wissenschaftlichen Ingenium und vor allem in der Sprache ausdrückt, als menschlichen Tätigkeitsdrang "sui generis" gekennzeichnet, der jenseits aller praktischen und sozialen Zwecke liegt. Dieser These entsprechen auch unsere Ausführungen weitgehend.

Schon gleich zu Anfang unserer Betrachtungen haben wir auf die eigenartige Umkehrung des "normalen", praktisch ausgerichteten Wirklichkeitsverhältnisses durch Sprache hingewiesen. Dies läßt sich nun für die gesamte menschliche "Ideation" durch folgende Erkenntnis von neuem nachweisen. Im animalischen Lebensbereich, wo Zeichen nur den Status von Anzeichen besitzen, dienen "wissensanaloge" Repräsentationen von gegebenen Umweltvariablen (geweckt durch sogenannte Auslösereize zum Zwecke bestimmter Reaktionen des Organismus) ausschließlich dem an die Umwelt angepaßten Verhalten des Organismus, haben demnach reinen Mittel-Charakter. Menschliche Wissensrepräsentationen hingegen besitzen eigenen Handlungsstatus, wenn dies im Interesse des Schaffenden liegt; sie bilden Endzwecke, zu deren Verwirklichung der Mensch (wie z.B. bei der Herstellung von Erlebnissen, die durch künstliche Mittel - Filmapparate, Tonbandgeräte, Bücher, Bilder - zustandegebracht werden) praktische Handlungsmuster in den Dienst phänotroper Zielsetzungen zwingt.

Welche innere Logik liegt dieser Entwicklung von der Priorisierung des konkreten äußeren Gegenstandes und der damit verbundenen empraktischen Handlung zur schließlichen Priorisierung des durch reflektive Abstraktion gewonnenen Gegenstandes und der damit verbundenen symbolischen Transformation der Erfahrung zugrunde? Heinz WERNER hat in seinem ausgezeichneten Werk **Einführung in die Entwicklungspsychologie** (1953) eine Antwort auf diese Frage gegeben, die uns ein gut Stück voranbringen kann.

> WERNER spricht zuerst vom Wesen der Entwicklung und zitiert Goethe, der, "als ein Mann, der das Wesentliche der Dinge in reiner Anschauung zu begreifen verstand, die Idee

> der organischen Gestaltung prägnant herausstellte. Für ihn ist das Wesen der Entwicklung biologischer Gestalten gekennzeichnet durch die Tatsache der Differenzierung der organischen Teile und ihrer Subordination unter das Ganze eines Organismus. 'Je vollkommener', sagt Goethe in den einleitenden Worten zur Morphologie, 'je vollkommener das Geschöpf wird, desto unähnlicher werden die Teile einander. In jenem Falle ist das Ganze den Teilen mehr oder weniger gleich, in diesem das Ganze den Teilen unähnlich. Je ähnlicher die einzelnen Teile einander sind, desto weniger sind sie einander subordiniert. Die Subordination der Teile deutet auf ein vollkommeneres Geschöpf.'" (S. 29) Später ergänzt WERNER diese Erkenntnis (welche sich, wie wir wissen, gerade in der Sprache ganz ausgeprägt bestätigt; denn nichts könnte heterogener und zugleich subordinierter sein, als der Wort-Laut und der Wort-Sinn) durch die Annahme "analoger Funktionen". "Daß wir mittels konkret-perzeptueller Funktionen eine Leistung vollbringen, welche sich immerhin als Denken charakterisieren läßt, beweist eine Fähigkeit der Psyche, die wir in Anlehnung an entsprechende Erscheinungen der Biologie als "Funktionsanalogie" bezeichnen. Man ist auf biologischem Gebiet längst zu der Erkenntnis gekommen, daß Leistungen und Leistungsorgane nicht identisch sein müssen. D.h., die Entwicklung kann so erfolgen, daß eine bestimmte Leistung sich immer neuer Organe bedient. Man nehme das bekannte Beispiel eines Organwechsels bei der Atmung: Kiemenatmung und Lungenatmung. Muscheln besitzen Kiemen, die so geartet sind, daß sie gleichzeitig das Atemwasser und mit diesem die Nahrung aufnehmen. Die Kiemenatmung kann uns gleichzeitig insofern als Beispiel einer primitiveren Form der Atmung überhaupt dienen, als sie gegenüber der Lungenatmung charakterisiert ist durch eine Undifferenziertheit der Atmungs- und Nährfunktionen. Analoge geistige Prozesse, wie oben bemerkt worden ist, sind definierbar als Prozesse, die auf Leistungen gleicher Art abzielen, aber in genetisch übereinanderliegenden Schichten verschiedene Funktionsgruppen einschließen." (S. 152).

Diese Ausführungen Heinz WERNERs formalisieren und verallgemeinern eine Erscheinung, die wir in den Mittelpunkt unserer Betrachtungen zur Sprachstruktur gestellt haben: die Funktionsanalogie zwischen Handlungsfundierung und Sprachfundierung. PIAGETs (1972) Thesen: (1) "Jede Entwicklung geht von einer Struktur aus und mündet in eine Struktur" und umgekehrt: (2) "Jede Struktur hat eine Genese" unterstreichen gleichermaßen unsere Auffassung vom genetischen Grundplan, der allen unseren hier angestellten Überlegungen zugrunde liegt: Es geschieht nichts auf einer höheren Ebene der Entwicklung, was nicht in analoger Form, aber auf einem niedereren Niveau schon vorbereitet worden wäre und dort fest verankert bliebe. Dabei bestimmen die höheren Funktionen die niederen insofern, als sie letztere in Leistungszusammenhänge eingliedern, die nur den höheren Funktionen eigen sind. Anders ausgedrückt, jede höhere Funktion, welche eine neue Leistung des Organismus herstellt, bedarf der genetischen und strukturalen Fundierung durch analoge niederere Funktionen, die, trotz Integrierung in höhere Zusammenhänge, nicht verschwinden, - wohl aber eine Umdeutung im Ganzen erfahren. So bleibt z.B. für jeden Inhalt, den ein Satz zum Ausdruck bringt, eine äußere Handlungskomponente mitbestimmend: Der Satz muß sensomotorisch hergestellt, er muß im Hier und Jetzt gesprochen oder geschrieben werden, sei auch seine Bedeutung, die er enthält, noch so abstrakter, allgemeiner oder transzendentaler Natur.

Diese fundamentale Erkenntnis, daß kein noch so fern in die verdünnte Funktionshöhe entrücktes geistiges Gebilde sich so weit von seiner Einbindung in die Erd-Ebene zu lösen vermag, daß es nicht im dynamischen Kraftfeld organischen Tuns verankert bliebe, ist ein Wissen, das leicht übersehen wird. Diese Vernachlässigung kann zu völlig falschen Vorstellungen des Wissenschaftlers oder Erziehers über das Weltbild des Kindes führen, und sie muß daher wenigstens andeutungsweise erörtert werden. Denn die sach- oder gebilde-orientierte Einstellung des Lehrers, zum Nachteil einer genetischen Sicht, ist inzwischen in unseren vom wissenschaftlichen Fachwissen der Experten durchdrungenen Lehrbemühungen so einseitig geworden, daß ein Wort der Klärung des struktural-genetischen Verhältnisses, welches für das kindliche Weltbild bestimmend ist, nicht länger hinausgeschoben werden kann.

Der tiefere Grund für die naive Vorliebe des Wissenschaftlers, den eher statischen Strukturmerkmalen, wie sie in "Fest-Stellungen" und in der Substantivierung von Prozessen (z.B. "die Zahl") zum Ausdruck kommen, einen höheren Wirklichkeitsrang zuzusprechen, als den dynamischen Merkmalen, wie sie sich im Procedere zeigen, liegt zweifellos darin, daß prozessuale Vorgänge gewöhnlich subsidiär, d.h. im Hinblick auf den im fokalen Bewußtheitszustand erfaßten Sachverhalt, wahrgenommen werden. Somit gewinnt die der Vergegenständlichung innewohnende Struktur gegenüber den Gestaltungsgesetzen, welche den organischen Prozessen inhärent sind, eine besondere Hervorhebung.

Es ist diese Akzentuierung der Struktur des fertigen Gedankeninhalts, die für den Wissenschaftler und den wissenschaftlich ausgebildeten Erzieher zur Gefahrenquelle wird in der Suche nach dem genetischen Grundplan, der das kindliche Weltbild fundiert. Denn eine fälschliche Gleichsetzung von (1) analytisch-beschreibenden und (2) genetisch-zeitlichen Gliederungsprinzipien bietet sich an und kann zu einer folgenschweren Verwechslung zwischen organischen und mechanischen Erklärungsgrundsätzen führen. Wir wollen dies an einem einfachen Beispiel verdeutlichen. Die beschreibende Analyse der Struktur "Lied" ist zweifellos durch die Gliederung: Text-Melodie gekennzeichnet. Wüßte man nicht, daß Kinder, im natürlichen Umgang mit Liedern, diese als Ganzes erlernten, so läge mindestens die Versuchung nahe, anzunehmen, daß ein Kind erst den Text, dann die Melodie (oder umgekehrt) und schließlich beides zusammengesetzt übe. Der Versuchung, Gebilde- oder Inhaltsanalysen mit rein beschreibender Bedeutung in zeitliche Werdens-Folgen umzumünzen, erliegen indes nicht nur die Assoziationisten, auch wenn gerade sie die Paradebeispiele dieses Ebenenfehlers liefern. Die Verwechslung des **Struktur**begriffs mit dem **Konstruktions**begriff (beides: "Aufbau") liegt freilich für den Wissenschaftler nahe, weil beide Male eine "Reduktion" auf das Elementare erfolgt, wobei nicht unterschieden wird zwischen den Bedeutungen des "Einfachen" und des "Früheren". Wie GOMPERZ (1905) schon in anderem Zusammenhang bemerkte, wird dieser "Unfug" dadurch begünstigt, daß eine solche Übertragung in manchen Fällen das Richtige trifft. So lassen sich z.B. Puppen sowohl analytisch-beschreibend wie auch genetisch-zeitlich in dieselben mechanisch-additiven Teile aufgliedern: in Rumpf, Arme, Beine, Kopf, Augen, Nase, Mund, Hände, Füße, Arme, Finger, Zehen. Der Grieche Empedokles sah "einsam umherirrende Glieder", die sich zu Organismen, anfänglich in monströsen Formen, zusammenschlossen. Wie verhängnisvoll sich diese Spielart der "psychological fallacy" (JAMES, 1890) auf Erziehung und Unterricht auswirken kann, wird überall dort deutlich, wo, über eine Struktur-Analyse des aufgebauten, geistigen Gegenstandes hinausgehend, den genetisch-organismischen Prinzipien nicht Rechnung getragen wird, die diesem Aufbau zugrunde liegen.

Daß die Ableitung der subsidiär gesteuerten, genetischen Gliederungsprinzipien über die Aufgliederung des fokal erscheinenden, fertigen Vorstellungsprodukts schlechthin nicht möglich ist, darf nicht davon ablenken, daß eine beschreibende Analyse des erstellten Gebildes eine unverzichtbare Voraussetzung bildet zur Entdeckung der genetischen Ordnungsgesetze. Denn Leistungsfunktionen lassen sich nur im Hinblick auf die Leistungen verstehen, die sie erbringen. Doch müssen darüber hinaus der Fokalisierung dienende empirische Studien des gewöhnlich subsidiär wahrgenommenen Entwicklungprozesses, wie Jean PIAGET und Bärbel INHELDER dies demonstriert haben, unternommen werden, damit so im Schnittpunkt zweier Erfassungsweisen, (1) der Simultan-Erfasung des fertigen Produkts und (2) der Sukzessiv-Erfassung des sich bildenden Produkts, eine ausgeglichene Erkenntnis gewonnen werden kann.

Betrachtet man den "Aufbau" des kindlichen Weltbildes in diesem doppelten struktural-genetischen Sinn, und versteht man die tiefer liegende Ebene der Genese als Unterbau, die höher liegende Ebene der fertigen Struktur aber als Oberbau, dann läßt sich der genetische Grundplan des kindlichen Weltbildes mit einem Grundsatz ausdrücken, der von Roman JAKOBSON in seiner bedeutsamen Schrift **Kindersprache, Aphasie und Lautgesetze** (1944) stammt, und den er das Prinzip des Sprachwandels nennt: "Dieser Grundsatz ist bis zur Banalität einfach: man kann weder den Überbau errichten, ohne den entsprechenden Unterbau geschaffen zu haben, noch den Unterbau ohne den Überbau aufheben."

So bleibt diese gegenseitige Durchdringung des strukturalen und des genetischen Aufbaus mit der ihr eigenen Abhebung von Ebenen und Wissenserfassungen bestimmend für alle organismischen Einheiten, seien dies niedere oder höhere Lebewesen, seien dies Sprache oder kindliches Weltbild, weil der Grundplan derselbe ist. "Alles wahrhaft Einigende", sagt HUSSERL (1913) "sind die Verhältnisse der Fundierung".

3.3. Das kindliche Weltbild im Wandel durch Sprache

Im Wandel durch Sprache erfährt das kindliche Weltbild eine dramatische Wendung. Diese Wendung manifestiert sich in einem doppelten Sinne: hier die befreiende Erlösung aus den Fesseln des Unmittelbaren, dort die mit jeder Erlösung einhergehende Pflicht zur Erlernung der mit den Gesetzen der neuen Fundierung verbundenen Einschränkungen. Susanne LANGER (1957), die den Befreiungsaspekt betont, meint dazu, daß die Sprache die bedeutendste und zugleich geheimnisvollste Hervorbringung des menschlichen Geistes sei, denn zwischen dem deutlichsten Liebes- und Zornes- oder Warnruf eines Tieres und dem belanglosesten Menschenwort liege eine Distanz, die Äonen von Zeiträumen gleichkomme. Umso erstaunlicher muß es erscheinen, daß nicht nur die Sprechlaute selbst keinerlei äußere Merkmale besitzen, die sie als Träger von Sinn ausweisen könnten, sondern daß auch das Kind selbst oder dessen Erzieher nur gelegentlich etwas von jenem "Sprachsprung" bemerken. Dieser zeigt sich jedoch sofort im Vergleich mit den Leistungen der unglücklichen Kinder, deren intellektuelle oder lauttechnische Kräfte gestört sind. Von den enormen Schwierigkeiten, auf die der Taubstumme im Umgang mit der Normalsprache trifft, berichtet in eindrucksvoller Weise Clemens SCHUY (1955). Die Bedeutung solcher uns selbstverständlichen Wendungen wie "nein, das ist ja herrlich!" oder "warum denn nur?" bleiben dem Gehörlosen, der in jeder sonstigen Beziehung keine Funktionsschädigungen erlitten hat, oft zeitlebens verschlossen. Denn was sollen die Wörtchen "ja" und "nein" in dieser Kombination, oder das Wort "nur" am Ende der Frage?

Lange bevor die Sprache vom Kinde gezielt dazu benützt werden kann, fremde Handlungen, Gefühle, Wahrnehmungen, Einstellungen, Gedanken und Aufmerksamkeitsoperationen zu steuern, haben, wie wir wissen, zwei fundamentale Ereignisse die Bühne zum Auftritt der Sprache bereitet: (1) die Konstruktion des Objektbegriffs und (2) die Bildung der vorstellungserzeugenden Funktion. Nach allem, was bisher von uns vorgebracht wurde, wäre es Torheit zu glauben, separat existierende, objektive Laut-Bewegungs-Muster würden vom Kinde verbunden mit separat existierenden Vorstellungen, so daß Sprache zustandekäme. Nichts dergleichen geschieht. Vielmehr findet eine völlige Umorientierung des Kindes statt. Während bisher die Zustände und Gegenstände der unmittelbaren Sachwelt im Zentrum der Aufmerksamkeit des Kindes standen, rückt nun die Vorstellung in den Brennpunkt des kindlichen Interesses. Während vorher der handelnde Umgang mit den Dingen die Grundlage für alle Kenntnis bildete, sind es nun die Operationen, welche die Vorstellungen aufeinander und auf die Gegenstände beziehen, die zu einer neuen Kenntnis führen, zu einem Vorstadium der Erkenntnis. Aus den Vorbegriffen werden Begriffe, und aus den Begriffen werden schließlich Konzeptionen. Diese Konzeptionen, die MERLEAU-PONTY (1968) "ideatorische Entwürfe" nennt, erhalten eine immer übermächtigere Stellung im Leben des heranwachsenden Kindes, bis sie im Erwachsenen eine beispiellose Herrschaft über all sein Tun und Denken gewinnen. Je mehr das Kind die Zustände der gegenständlichen Welt und das gesamte sensorische Potential seinen Konzeptionen dienstbar macht, desto größere Kontrolle gewinnt es über die Sprache. Denn Sprache berührt nicht in erster Linie Dinge, sondern vor allem die menschlichen Ideen, die Auffassungen, die Menschen von den Dingen haben. Wenn Menschen miteinander reden, beeinflussen sie sich gegenseitig in ihren Konzeptionen, und sie bedienen sich dazu der gezielten Auswahl und Kombination von Wörtern. Daß diese Wörter Aspekte der Dinge und Aspekte der Tätigkeiten, sowie Aspekte der Subjekte gleichzeitig enthalten, haben wir schon ausführlich betont. Auch haben wir schon mehrmals auf die Subsidiär-Fokal-Erfassung der Sprachlaut-Sprachbedeutungs-Gliederung hingewiesen. Ebenso haben wir die Schwierigkeit erwähnt, die das Kind hat, reflektive Aufmerksamkeitsoperationen durchzuführen. Besonders schwer ist für das Kind, seine fokale Erfassungsweise auf einen Sachverhalt zu richten, der bisher subsidiär erfaßt wurde, wie z.B. der Wort-Laut. Alle diese Betrachtungen münden in einer zentralen Frage: Wenn schon Sprachlaute und Sprachbedeutungen dem Kinde nicht separat zur Verfügung stehen und keinerlei Ableitungsmöglichkeit der einen von den anderen besteht, wie vermag es das Kind, eine gegenseitige Passung dergestalt zu vollziehen, daß ein koordinatives Verhältnis zwischen Lautung und Konzeption zustandekommt? Ohne diese korrelative Beziehung zwischen der materiell-sensorisch gegebenen

Lautung und dem ganz in der geistigen Sphäre residierenden "ideatorischen Entwurf" wäre in der Tat die von Susanne LANGER gepriesene "symbolische Transformation der menschlichen Erfahrung" nicht möglich.

Bevor wir die spezifisch auf die Sprache zugeschnittene Frage beantworten können, wo abstrakte Verhältnisse eine Erklärung erschweren, wollen wir uns einem außersprachlichen Beispiel zuwenden, wo die Zusammenhänge leichter durchschaubar sind, sich aber prinzipiell nicht von den sprachlichen unterscheiden. Als erstes muß betont werden, daß ursprünglich überhaupt keine in den Sachverhalten selbst begründete Trennung zwischen Mittel und Zweck, auf die Sprache bezogen: zwischen Sprachlaut und Sprachbedeutung, besteht. Diese Trennung oder Gliederung ergibt sich allein aus der dem menschlichen Bewußtsein eigenen Bifurkation der Erfassungsweisen (der Subsidiär-Fokal-Beziehung) des Tuns. Allgemein ausgedrückt, könnte man folgendes Postulat formulieren: Im Umgang mit den Dingen und mit zunehmendem Erfolg gliedert sich das Handlungsfeld des Menschen auf Grund der dualen Bewußtseinsform in zwei Erfassungsbereiche: in einen fokal erfaßten Figurbereich und in einen subsidiär erfaßten grundhaften Bereich, wobei letzterer so auf den ersteren bezogen sein muß, daß er diesen "erfüllt". Oder: Die Ausführung einer Handlung muß den Entwurf der Handlung erfüllen, damit sich eine subsidiär-fokale Gliederung des Handlungsfeldes ergibt. Ein Beispiel soll diese Aussage näher erläutern. Ein Kind übt sich in der Kunst des Fahrradfahrens und beherrscht mit zunehmendem Erfolg sein Gefährt immer besser. Bald steuert es sein Fahrrad durch die Landschaft, ohne seine besondere Aufmerksamkeit länger auf die Handhabung des Fahrrads richten zu müssen. Das heißt, mit zunehmendem Erfolg führt die Lerngenese zur "werkzeugmäßigen", oder subsidiären Erfassung des Fahrrads, so daß die fokale Erfassung der durchquerten Landschaft ungestört stattfinden kann. Während beim ersten Umgang mit dem Fahrrad für das lernende Kind noch keine Trennung zwischen fahrradspezifischen und landschaftsspezifischen Wissens- und Könnenskomponenten bestand, vollzieht das Kind jetzt eine zweigliedrige Erfassung dieser Wirklichkeit. Genauso ist die Trennung zwischen Sprachlautung und Sprachbedeutung das Resultat einer Genese, in der mit zunehmendem Erfolg die subsidiär erfaßten Sprachlaute die fokal erfaßten Bedeutungen immer besser erfüllen. Dabei bezieht das Kind in die subsidiäre Erfassung nicht nur die Sprache selbst mit ein, sondern auch das außersprachliche Wissen, welches es aus vergangenen, erfolgreichen Koordinationen gewonnen hat (vgl. G.A. MILLER & P.M. GILDEA, 1987). Die reflektierte Trennung der subsidiär und fokal erfaßten Bereiche kann allerdings erst dann erfolgen, wenn das Kind in der Lage ist, seine reflektiven Aufmerksamkeitsoperationen, auf die wir wiederholt hingewiesen haben, gezielt auf das Verhältnis, das zwischen Lautung und Bedeutung besteht, hinzulenken. Dies ist im allgemeinen vor dem fünften Lebensjahr nicht möglich.

Die Vorteile, die das fokale Verfügen über eine aus der subsidiären Erfassung stammenden Lautung für das Kind mit sich bringt, sind enorm. So lassen sich aus dem Lautstrom im Hinblick auf bestimmte gedanklich konstante Verhältnisse bestimmte Lautmuster herauslösen. Diese nennen wir Wörter. Umgekehrt lassen sich Versuche anstellen, bestimmte Wörter zu verbinden, um so zu erfahren, welche neuen Bedeutungen nun in der fokalen Erfassung erscheinen. "Er schlug den Räuber auf den Kopf und den Weg nach Mannheim ein" ist ein Satz, der dem von der Sprache faszinierten Kinde viel Überraschung und Anregung bieten kann. Auch Sätze, wie "Wenn hinter Fliegen Fliegen fliegen, fliegen Fliegen Fliegen nach" bereiten dem Kinde großes Vergnügen. Da sich die Sprache in erster Linie auf unsere Konzeptionen richtet und nicht auf die Gegenstände selbst, gelingt es der Sprache, Beziehungen zu benennen, wie "ob", "aber", "umsonst", die aus Denkoperationen stammen und dementsprechend unanschaulich sind. Auch kann Sprache, die ja die Manifestation der subsidiären Prozesse ist, die je tiefer sie reichen, desto weniger dem fokalen Zugriff zugänglich sind, unsere innerlichsten Gefühle zum Ausdruck bringen. Gerade Kinder erfahren dadurch eine besondere Bereicherung. Endlich darf nicht unerwähnt bleiben, daß erst durch die Sprache die Negation, die Entschuldigung, die Umkehrung, die Logik möglich werden. Denn dadurch daß Sprache auf sich selbst anwendbar ist, erhalten wir schließlich Zugang zur tiefsten Quelle allen Lebens, zu den Ordnungsgesetzen selbst. Wenn das Kind auf dem Wege zu diesem

Ziel auch noch vielen Verwechslungen und Verwirrungen und Einschränkungen unterworfen ist, - die Sprache macht es frei.

4. Zusammenfassende Bemerkungen mit Hinweisen auf Implikationen

Die Seinseinheit des Handelnden und Wissenden hat Theodor ERISMANN (1924, 1965) wiederholt in seinen Schriften betont. In der Tat besteht für den Psychologen und den Pädagogen immer wieder die doppelte Gefahr, entweder die Prozesse der psychischen Funktionen in Isolation ohne Einschluß der handelnden Person zu erfassen, oder die untersuchten Prozesse so aufzufassen, als wären sie, über ihre Funktion hinaus, selbst wissend oder handelnd. Die hier vorgelegten Betrachtungen zur Struktur und Genese der Zeichenfunktion beim Kinde sollen beiden Versuchungen widerstehen. Schon HUSSERL (1900, 1901, 1954) forderte von der Psychologie die Anerkennung des menschlichen Bewußtseins als einheitliche, aktiv gerichtete Kraft (operative Intentionalität), deren duale Struktur (Unterscheidung zwischen "bedeutungsgebenden" und "bedeutungserfüllenden" Akten) die Grundlage für die Einheit des Wissens bilde. Dieser Forderung konnten wir durch den Nachweis gerecht werden, daß Genese und Struktur der Zeichenfunktion, sowie Zeichen und Bezeichnetes der im Handeln vorgeprägten Mittel-Zweck-Beziehung entsprechen. Die in diesem Verhältnis implizierte Grund-Figur-Relation, oder in POLANYIs Begriff: Subsidiär-Fokal-Gliederung, wurde in der Sprache wiedererkannt. Dabei unterstrichen wir den glücklichen Umstand, daß in der Sprache **mittelbare**, d.h. subsidiär gegebene Wissenszustände (die in seelischen Bereichen, unterhalb der Sprache liegend, dem expliziten Wissen nicht zugänglich sind) in materiale Laut- oder Schriftform gegossen sind, und daß gleichzeitig durch den Gebrauch von Sprache völlig immaterielle, nichtsensorische, der allgemeinen Inspektion nicht zugängliche, konzeptuelle Zustände **unmittelbar**, d.h. fokal erfaßbar werden. Daß dabei mittelbare und unmittelbare Aspekte, genetisch betrachtet, in einem völlig untrennbaren Gliederungsverhältnis zueinander stehen, im Nachhinein aber durch eine strukturale Analyse getrennt erfaßt werden können, ist für den Psychologen von besonderem epistemischen Reiz.

Aus dieser für die Sprache geltende "Umkehrung" der sogenannten "normalen" Verhältnisse, wie sie in der praktischen Handlung zum Ausdruck kommen, wo materiale Zustände fokal und kenntnishafte Zustände subsidiär erfaßt werden, schlossen wir auf "reflektive" Aufmerksamkeitsoperationen, die notwendigerweise vorhanden sein müssen, damit die Leistungen, welche der Mensch mit Hilfe der Sprache erbringt, erklärt werden können. Das höchste und wichtigste Ergebnis dieser reflektiven Steuerung der Aufmerksamkeitsoperationen sahen wir in der Möglichkeit der vollständigen Schwenkung der Aufmerksamkeit, wobei ein bestimmter Sachverhalt oder Prozeß, welcher bisher subsidiär erfaßt wurde, d.h. nur im Hinblick auf einen anderen Sachverhalt oder Prozeß existentielle Geltung hatte, nun auch der fokalen Erfassung zugänglich wird. Wir haben dies an der Möglichkeit der doppelten Erfassung eines Wortes, einmal als Bedeutungsträger (subsidiäre Erfassung) und dann als sinnleere Wort-Lautierung (fokale Erfassung) erläutert. Doch es darf als gesichert gelten, daß die volle Schwenkung der Aufmerksamkeit bei jeglicher lernhaften Durchdringung irgendwelcher Sachverhalte notwendig ist, und damit innerhalb des formalen Unterrichts eine hohe Bedeutung besitzt. Da jedoch, wie schon POLANYI (1958) betont, derselbe Gegenstand unter den beiden Betrachtungsweisen verschieden erscheint, einmal vertraut, dann fremd, gilt es, die Konsequenzen zu untersuchen, welche dieser "Fokalschwenk" für das lernende Kind impliziert.

Vom entwicklungspsychologischen Standpunkt aus muß angenommen werden, daß die Mobilität in der Beherrschung dieser Aufmerksamkeitswendung beim Kinde genauso allmählich und stetig zunimmt, wie dies in Bezug auf andere kognitiven Leistungen Walter BREUNIG (1964, 1967, 1973) immer wieder in seinen zahlreichen Untersuchungen nachgewiesen hat. Die kognitiven Beschränkungen, denen das Kind während seiner ganzen Entwicklung ausgesetzt ist, kommen in diesen Studien überzeugend zum Ausdruck. So weigern sich Kinder z.B. oft, ein und dasselbe Stäbchen, welches als mittellanges zwischen einem langen und einem kurzen Stäbchen liegt, als **gleichzeitig** länger und kürzer zu erfassen. Um wieviel schwerer und unwahrscheinlicher in ihrer Lösbarkeit gestaltet sich indes für das Kind die Aufgabe, ein und denselben Sachverhalt, sei er dinglicher, sprachlicher oder mathematischer Art, unter zwei gegensätzlichen Erfassungsweisen zu integrieren, die ihm den Eindruck vermitteln, es handle sich um zwei verschiedene Sachverhalte. Dazu kommt, daß der Sachverhalt in der einen Erfassungsweise vertraut, und in der anderen fremd erscheint.

Zum Schluß kann, bei allem Respekt vor begabten Experten, welche die Aufmerksamkeitswendung beherrschen, nicht ausgeschlossen werden, daß gerade jene oft die Begrenzungen unserer Kinder in dieser Hinsicht nicht voll erkennen. Daß wir Unterrichtsfächer und Schüler lehren, darf nie vergessen werden.

Literaturverzeichnis

Bloomfield, L. (1935). Language. New York: Holt, Rinehart & Winston.

Brentano, F. (1874). Psychologie vom empirischen Standpunkt. Leipzig: F. Meier.

Breunig, W. (1964). Schuleintrittsalter und Reifedifferenzierung. Freiburg i.Br.: Herder.

Breunig, W. (Hrsg.). (1967). Gestaltauffassung und Gestaltwiedergabe im Kindesalter. Weinheim: Beltz.

Breunig, W. (Hrsg.). (1973). Das Zeitproblem im Lernprozeß. München: Ehrenwirth.

Breunig, W. & Frey, K.J. (1986). Kognitive Grundbedingungen im Leselernprozeß. In K. Meiers (Hrsg.), Fibeln und erster Leseunterricht (Beiträge zur Reform der Grundschule). Frankfurt/M.: Arbeitskreis Grundschule e.V.

Bühler, K. (1934). Sprachtheorie. Die Darstellungsfunktion der Sprache. Jena: Gustav Fischer.

Erismann, Th. (1924). Die Eigenart des Geistigen. Leipzig: Quelle und Meyer.

Erismann, Th. (1962). Allgemeine Psychologie. Teil III: Experimentelle Psychologie. Erster Teil. Berlin: Walter de Gruyter & Co.

Flavell, J. (1979). Kognitive Entwicklung. Stuttgart: Klett-Cotta.

Frey, K.J. (1986). Verschiedene Arten des Lernens. In W. Sehringer (Hrsg.), Lernwelten und Instruktionsformen (S. 86-206). Frankfurt/M.: Peter Lang.

Gomperz, H. (1905). Weltanschauungslehre. Erster Band: Methodologie. Jena und Leipzig: Eugen Diederichs.

Gurwitsch, A. (1940). On the intentionality of consciousness. IN M. Farber (Hrsg.), Philosophical essays in memory of Edmund Husserl (S. 65-83). Cambridge, Mass.: Harvard University Press.

Helmholtz, H.v. (1878). Die Tatsachen der Wahrnehmung (Rede zur Stiftungsfeier der Friedrich-Wilhelm-Universität zu Berlin). In H.v. Helmholtz (1903), Vorträge und Reden (Zweiter Band). Braunschweig: Friedrich Vieweg und Sohn.

Husserl, E. (1900). Logische Untersuchungen (Band I). Halle: Anton Schmidt.

Husserl, E. (1901). Logische Untersuchungen (Band II). Halle: Anton Schmidt.

Husserl, E. (1913). Ideen zu einer reinen Phänomenologie und phänomenologischen Philosophie. Halle: Anton Schmidt.

Husserl, E. (1954). Die Krisis der europäischen Wissenschaften und die transzendentale Phänomenologie. Den Haag: Mouton.

Jakobson, R. (1944). Kindersprache, Aphasie und allgemeine Lautgesetze. Upsala: Almquist & Wiksell.

James, W. (1881). Reflex, action and theism. Unitarian Review, November, 58-98.

James, W. (1890). The principles of psychology. New York: Henry Holt & Co.

Keller, H. (1936). The story of my life. New York: Doubleday.

Kern, A. (1986). Bilderheft. Lesetechnik (Lehrerheft). Offenburg: Mildenberger.

Köhler, W. (1916). Über unbemerkte Empfindungen und Urteilstäuschungen. Zeitschrift für Psychologie, 66, 61-80.

Köhler, W. (1929). Gestalt Psychology. New York: Liveright.

Langer, S.K. (1957). Philosophy in a new key. Cambridge, Mass.: Harvard University Press.

Langer, S.K. (1965). Philosophie auf neuem Wege. Frankfurt/M.: S. Fischer Verlag.

Merleau-Ponty, M. (1968). The visible and the invisible. Evanston: Northwestern University Press.

Metzger, W. (1975). Psychologie (5. Aufl.). Darmstadt: Steinkopff.

Miller, G.A. & Gildea, P.M. (1987). How children learn words. Scientific American, (September), 86-91.

Pavlov, J.P. (1972). Die bedingten Reflexe. München: Kindler.

Pfistner, H.-J. (1970). Pädagogische Psychologie. Koblenz/München: Krieger/Ehrenwirth.

Pfistner, H.-J. (1987). Handlungsfreiheit und Systemnotwendigkeit. Göttingen: Hogrefe.

Piaget, J. (1937). La construction du rêel chez l'enfant. Paris: Presses Universitaires de France. Neuchatel: Delachaux.

Piaget, J. (1969). Das Erwachen der Intelligenz beim Kinde. Stuttgart: Klett.

Piaget, J. (1972). Theorien und Methoden der modernen Erziehung. Wien: Fritz Molden.

Piaget, J. & Inhelder, B. (1969). The gaps in empiricism. In A. Koestler & J.R. Smythies (Hrsg.) Beyond reductionism. The Alpach Symposium 1968 (S. 118-160). Boston: Beacon Press.

Piaget, J. & Inhelder, B. (1973). Die Psychologie des Kindes. (Studienausgabe, 2. Aufl.). Olten: Walter.

Polanyi, M. (1958). Personal knowledge. Chicago: University of Chicago Press.

Polanyi, M. (1964). Personal knowledge. Torchbook Edition. New York: Harper & Row.

Porzig, W. (1971). Das Wunder der Sprache (5. Aufl.). München: Francke.

Schuy, C. (1955). Die sprachliche Situation des Taubstummen. Sprachforum. Zeitschrift für angewandte Sprachwissenschaft, 1, 146-157.

Sorger, B. (1988). Artur Kerns Strategien zum Lesenlernen (Fortbildungsseminar). Unveröff. Vortrag, Pädagogische Hochschule Heidelberg.

Stumpf, C. (1906). Erscheinungen und psychische Funktionen. Abhandlungen der Königlich Preußischen Akademie der Wissenschaften Berlin, 21, 66-111.

Vester, F. (1978). Denken, Lernen, Vergessen. München: Deutscher Taschenbuch Verlag.

Weisgerber, L. (1955). Das Worten der Welt als sprachliche Aufgabe der Menschheit. Sprachforum. Zeitschrift für angewandte Sprachwissenschaft, 1, 10-19.

Werner, H. (1953). Einführung in die Entwicklungspsychologie. München: Joh. Ambrosius Barth.

Wertheimer, M. (1933). Zu dem Problem der Unterscheidung von Einzelinhalten und Teil. Zeitschrift für Psychologie, 129, 353-357.

Wundt, W. (1894). Logik. Eine Untersuchung der Prinzipien der Erkenntnis. Stuttgart: L. Zechnall. Leipzig: L. Voss.

Wolfgang Sehringer

ENTWICKLUNG UND LÖSUNG VON KONFLIKTEN

dargestellt am Beispiel von Schulsituationen

Inhalt

1. Konflikte fordern die Anpassung an die Auswirkungen unseres Tuns und Lassens

> Eine Schülerin mault den Lehrer an, der ihr Vorhaltungen macht: "Immer ich - die anderen sehen sie nie". Ein Lehrer ärgert sich über den Hausmeister, weil dieser wieder "unnützerweise" Türen abgeschlossen hat, und der große Hans verprügelt in der Pause den kleinen Fritz und keiner der Umstehenden weiß eigentlich so recht warum.

Banale Alltagsgeschichten, gewiß, aber von erheblicher Bedeutung für diejenigen, die sich darin verwickelt sehen. Sollte man Konflikte vermeiden können (lernen)? Unsere These lautet "nein". Denn Konflikte leisten eine für den Menschen schlichtweg Not-wendende Aufgabe: Sie fordern die Anpassung an Realität, aber nicht nur passive Anpassung an Realität, sondern auch aktive Gestaltung. Anpassung an die Realität ist für den Menschen immer zugleich Realitätsschaffung und in diesem Sinn Entwicklung: Konfliktarbeit ist Entwicklungsarbeit, bei der es um die Entwicklung (und progressive Erhaltung) von Lebensmöglichkeiten geht.

Was heißt hier Realität? Realität sei definiert als die Auswirkung des Weltbezugs eines Individuums auf Ich und Welt. Verarbeitet der Mensch seine Welterfahrung nicht Not-wendend, so verliert er. Er verliert an Welterfahrungsvielfalt wie an Zutrauen zu sich selbst.

Wo Welt und Welterfahrung nicht mehr ausgehalten werden, da spalten sich Teilwelten ab. Deren Bedeutung wird überwertig, sie nehmen das Sinnen und Trachten des Menschen dann völlig in Beschlag. Als Wunschwelten wie als Vulkane der Angst verkörpern sie das, was das Individuum letztlich noch von den Einflüssen der Welt auf seine Befindlichkeit wahrnimmt. Am Ende reagiert ein solcher Mensch nur noch, wo er in **aktiver** Auseinandersetzung mit jenen Kräften sich finden sollte, die sein Verständnis seiner Lebenssituation bestimmen. Das heißt, seine Not wächst, wenn es darum geht, die geforderte Anpassung an seine Wirklichkeit zu leisten, die in den Auswirkungen **seines** Umganges mit dieser Welt sich fortgesetzt anders gibt, als er sie gegenwärtig annehmen kann.

Ein Zwiespalt tut sich auf: Indem er immer hartnäckiger an der Bedeutung einer Teilwelt für den gesamten Wirklichkeitsbezug festhält, muß er unerhörte Energien mobilisieren, um seine Interpretationen gegen alle modifizierenden Sinneserfahrungen durchzuhalten. Denn daß er seine Not nicht wenden kann, daß es ihm nicht gelingt, **Erfahrung** und **Bedeutung** (LAY, 1981: "Sinnenwelt" und "Sinnwelt") so zu vereinen, daß sie ihm die Situation erschließen, statt sie zu blockieren, kennzeichnet seine Anpassungsschwierigkeiten in seinem Weltbezug.

So gerät er unter immer stärkere Spannungserlebnisse, die sich fortlaufend neu aufladen. Denn in dem Maße, wie seine Spannung wächst, büßt er an Möglichkeiten ein, seinen Erfahrungsraum auszuweiten und sein **Weltverständnis neu** zu **stiften.** Das heißt, gerade dort, wo am meisten Wahrnehmungsvielfalt vonnöten wäre, damit flexibel und adaptiv auf die erfahrenen Konsequenzen des eigenen Tuns und Lassens eingegangen werden kann, schwindet diese Voraussetzung je länger desto mehr. Und wo das im Konflikt auf Widerspruch und Widerstand stoßende eigene Handeln in seinem bisherigen Verständnis neu befragt werden müßte, versperrt die emotionale Erregung die Chance zur kognitiven Distanzierung vom einmal eingenommenen Standpunkt.

Konflikte orientieren uns darüber, daß unsere Welt unseren Erwartungen nicht entspricht. Unser Umgang mit ihr provozierte ihren Widerstand. Das heißt, wir haben es im Konflikt mit dem, was auf den Konflikt folgt, mit den **Auswirkungen unseres** Tuns und Lassens und **unseres** Denkens und Fühlens zu tun. Wir waren es selbst, die durch den Konflikt eine bestimmte Wirklichkeit geschaffen haben - nicht anders als wie beim konfliktfreien Handeln auch. Nun geht es darum, daß wir diese Wirklichkeit in der Tat als eine Folge der durch **uns** selbstgesetzten Handlungsvollzüge (bzw. deren Unterlassungen) begreifen. Das bedeutet, daß wir uns im Konfliktfalle immer mit der **Frage** konfrontieren sollten, **warum wir uns weigern, mit den Ergebnissen unseres Handelns zu leben.** Denn diese Weigerung erst konstituiert den Konflikt. Wir nehmen die angesonnene Alternative nicht an und bringen die eigene nicht durch. So markiert der Konflikt die Stelle des Scheiterns eines von uns selbst in Scene gesetzten Handelns. In seiner dramaturgischen Gestalt verkörpert er den Irrtum in unserem Handlungsentwurf.

Das ist wohl eine ungewohnte Betrachtungsweise des Konfliktgeschehens. Aber sie könnte helfen, unser **Anpassungsverhalten** als den zentralen Gegenstand einer Konfliktbetrachtung anzusehen. Begreifen wir den Konflikt als Appell an die eigene Handlungskontrolle, als Aufruf zur Selbstreflexion, als Klärung der Frage, warum wir mit den Wirkungen unserer Handlungen und Unterlassungen nicht zurecht kommen, dann wendet diese Perspektive den beliebten Blick von den "bösen" anderen auf die (vielleicht unerfreulichen) eigenen Anteile am Konfliktgeschehen. Konflikte wären somit als Rückmeldung über die Eigenart des Weltbezuges eines Individuums zu verstehen. Wie behandelt es diese Nachricht? Daran hängt alles! Je nachdem hat es eine größere oder geringere Chance, sich auf die **allseitig** wirkenden Wirklichkeiten im Konfliktgeschehen - und das heißt eben auch auf die eigenen Verursachungen - einzustellen.

Für den Umgang mit Konflikten im Klassenzimmer bedeutet dies, daß es dem Lehrer nicht um Manipulationen sondern um **Erziehung zur Selbstreflexion** gehen muß. Welche "Manipulationen" jedoch einer solchen Selbstbesinnung (bei Lehrern wie Schülern) eher Chancen **gibt** als **nimmt**, davon soll im folgenden die Rede sein.

2. Wenn die Konfliktspannung nicht mehr ausgehalten wird ...

2.1. Zwei Niveauebenen des Handelns im Konflikt

Wenn die Konfliktspannung nicht mehr ausgehalten wird, dann sind prinzipiell Entwicklungen auf zwei Niveauebenen möglich, auf der Ebene der unmittelbaren, reflektorischen und vom zentralnervösen Steuerungssystem bedingten **spontanen Handlungen** einerseits und auf der Ebene der absichtsvoll herbeigeführten **Entscheidungen** andererseits. In beiden Fällen hängen Verlauf und Ergebnis (wir vermeiden bewußt den Ausdruck "Lösung") davon ab, wie die intrapsychische Verarbeitung den Widerspruch zwischen Sinnesdatum und

Sinngebung organisiert. Was bringt mehr Entlastung, so scheint diese Verarbeitungsinstanz zu fragen, die Wahrheit der Sinne oder die Wahrheit der Gedanken? Mit welchen Konsequenzen läßt sich besser leben? Welche Konstruktion der Wirklichkeit mindert den Anpassungsdruck am ehesten?

Die beiden Niveauebenen schaffen zur Bewältigung dieser Aufgabe ganz **unterschiedliche Voraussetzungen.** Die zentrale Frage dazu heißt: Wie antwortet der Mensch auf die durch den Konflikt bewirkte Störung seines Handlungsvollzuges, als **Täter** oder als **Opfer**? (vgl. MIELKE, 1982).

a) Dort, wo der Mensch sich weiterhin als Handlungsträger erleben kann, gewinnt er an Freiheitsgraden. Damit öffnet er den Raum, worin Einfälle blühen und schöpferische Lösungen gedeihen können. Aber wie schwierig ist es, dies auch für die Position des Kontrahenten zu bedenken, mit dem man im Konflikt steht!

b) Empfindet der Mensch im Widerstreit der Ansprüche sich dagegen als Opfer, sieht er sich im Drängen der Alternativen nur noch reagieren, dann hat seine Handlungsfähigkeit einen schweren Schaden erlitten. In dem Maße, in dem dabei autonome Tendenzen die Oberhand gewinnen, verliert er an solchen Freiheitsgraden. Seine emotionale Erregung und seine Abhängigkeit von seinen Impulsen halten ihn gebunden.

Da es nun zum Wesen des Konflikts gehört, daß der Handlungsvollzug durch als verbindlich erlebte Alternativen, die nach Entscheidung verlangen, gestört wird, ist es gerade die Freiheit des Handelns, die durch das Erlebnis des Konfliktes beeinträchtigt wird. Dieser Sachverhalt begründet eine **Grundregel für alle Konfliktbewältigungsstrategien: Freiheitsgrade erhöhen, - Entwicklungschancen eröffnen.**

Dazu sind gezielte Anstrengungen nötig, die gerade umkehren, was der Konflikt bewirkt. Durch die Störung des Handelns wird der gesamte Organismus zunächst einmal in Anspannung versetzt, die sofort unsere spontanen, autonomen Mechanismen mobilisiert. Die willkürlichen und absichtsvoll gesteuerten Vollzüge sind in Gefahr, von den unwillkürlichen, impulsiven überschwemmt zu werden. Und eben dadurch verliert das Individuum an Handlungsspielraum. Haben seine Reaktionen - wie so oft - dann einen konfliktverschärfenden Charakter, dann baut sich bald ein Teufelskreis auf, worin er immer mehr der Gefangene seiner autonomen Handlungstendenzen wird. Dann stolpert er in seine eigene Falle, ohne dies wirklich erkennen zu können.

Er schafft nämlich in solcher Weise neue Konfliktanlässe und dabei neue Konfliktspannungen, die schließlich zu immer monotoneren Reaktionsformen führen.

spontanes Handeln	Erfahrung	Bedeutung
Chance	"instinktiv" handeln	Reizschutz
Gefahr	Überanpassung	Verleugnen

Tab. 1a: Handeln im Konflikt auf Niveauebene 1

reflektiertes Handeln	Erfahrung	Bedeutung
Chance	Wahrnehmungsvielfalt zulassen	Umstrukturieren; Aspektwechsel
Gefahr	zu hohe Komplexität	Uneigentlichkeit; Entfremdung

Tab. 1b: Handeln im Konflikt auf Niveauebene 2

Tab. 1: Auswirkungen psychischer Entwicklungen im Konflikt bei der Dominanz autonomer Tendenzen (Niveauebene 1) oder reflektierte Handlungen (Niveauebene 2), diskutiert nach Chance und Gefahr.

Bevor wir nun diesen Sachverhalt weiter entfalten, ist eine Zwischenbemerkung am Platze. Wir begehen in dieser Darstellung des Konfliktgeschehens ganz bewußt eine Einseitigkeit. Wir betonen die Gefahren von autonomen Reaktionen und weisen auf die Chancen wohlüberlegter Handlungen hin. Das heißt nicht, daß autonome Tendenzen sich nicht auch in bestimmten Situationen als hilfreich zur Konfliktbewältigung erweisen könnten oder daß eine Erhöhung der Selbstreflexion immer das richtige Mittel der Wahl wäre. Wie Chancen und Gefahren auf beiden Seiten zu sehen sind, soll darum übersichtshalber in Tab. 1a und b (S. 109) beschrieben werden. Wir konzentrieren uns jedoch im Folgenden mit aller Absicht auf das Geschehen in den betont umrandeten Feldern, weil sie den Lernweg aufzeigen, der für den Erzieher von Belang ist (vgl. ☞).

2.2. Wenn nicht sein kann, was nicht sein darf

Solange unsere Ausgriffe in die Welt uns keine neuen Beurteilungen unserer Erfahrungen zumuten, kann jede Verwirrung durch scheinbar widersprüchliche Erfahrungen als Irrtum, Ausnahme oder Unerheblichkeit hinweg interpretiert werden. Nichts und niemand wurde dabei "verrückt". Wenn jedoch der Widerstreit zwischen Sinneserlebnis und Sinngebung nicht zur Ruhe kommt und die Ambivalenz der Konfliktspannung nicht mehr ausgehalten wird, dann steht unser Urteil über die Welt in Frage. Unser "Standpunkt" ist in Gefahr und wir mit ihm.

Die Zumutung nun, **unsere Sicht** der Dinge aufzugeben, löst uns aus Sicherheiten, aus vermeintlichen unverrückbaren Erfahrungsbezügen. Um diese Labilisierung zu mildern und damit einhergehende Ängste abzuwehren, wird das Individuum - so lange es geht - dem Anpassungsdruck widerstehen und seine private Definition der Wirklichkeit durchsetzen oder höchstens minimal variieren wollen. Es wird seine Zeit mit Rechtfertigungen verbringen. Denn das von uns konstruierte Verständnis von Welt hat ja gerade die Aufgabe, mit

Hilfe einer der Wirklichkeit angesonnenen Interpretation den Anpassungsdruck so gering wie möglich zu halten. So arrangiert man sich mit konflikthaften Belastungen und weicht schmerzhaften Klärungen des eigenen Wirklichkeitsverhältnisses aus.

Doch wenn im Widerstreit zwischen Sinnenerlebnis und Sinngebung **die Interpretation obsiegt** (vgl. Tab. 1a "Verleugnen"), dann schwelt der Konflikt wie das Feuer an einer Lunte, das - obwohl zunächst klein und unscheinbar - dort Katastrophen auslöst, wo es auf Pulver trifft. Die Sinne lassen keine Ruhe und schüren die Zweifel. Noch hält die Deutung, aber so manche Symptome der Verunsicherung (wie Angstträume, Kontaktverweigerungen, Urteilsstereotypen, Angst vor dem Neuen, unvermutete explosive Entladungen) kündigen beredt einen kommenden Zusammenbruch an.

Denn wenn in dieser Spannung zwischen Wunsch und Wirklichkeit, zwischen Erwartung und Bewirkung die **Idee** von der Wirklichkeit das Handeln des Individuums bestimmt, dann hat der Mensch seine durch den Konflikt gestellte Aufgabe, sich der wirkenden Wirklichkeit gegenüber **adaptiv** zu verhalten und sich dabei als **aktiv** handelndes Wesen zu erleben, zugunsten einer Flucht in die Utopie aufgegeben. **Radikalisierungen** und **Idealisierungen** sind ebenso die Folge wie das chronische Erlebnis der **Erschöpfung.** Da die Wirklichkeit solchen Ansprüchen nie genügen kann, wächst die Ungeduld. Im Weltbezug schwindet die Rückkoppelung. Nicht das, was geschieht, interessiert als solches, sondern nur wenn und soweit es der gerade geltenden Idee von der Wirklichkeit entspricht.

Mißlingt dieser Rückzug jedoch, stürzen die sinnlich erfahrbaren Auswirkungen einer dergestalt definitorisch zugerichteten Wirklichkeit über dem Individuum zusammen, dann zeigt der Mensch in seiner Verstörung alle Anzeichen des **Kontrollverlustes:** Es scheint nur noch zwei Handlungsmöglichkeiten zu geben: Entweder diese Wirklichkeit zu zerschlagen und ihr damit zu beweisen, daß sie keine Geltung mehr habe oder sich selbst aus ihr zu verbannen, sei es durch demonstrative Flucht oder als Totstellreflex. Aggression und Depression sind in diesem Sinne **Antworten** des Individuums auf seinen **Umgang** mit der Welt, wo sein Anspruch an die Wirklichkeit von dieser nicht eingelöst wird! Es sind Katastrophenreaktionen, die signalisieren, daß der mühsam aufgebaute Sinn von den Erfahrungen zerrieben wurde. So fehlt die Steuerung durch die Erzeugung von Sinn. Elementare Mechanismen des Zentralnervensystems brechen durch und es kommt zu autonomen Reaktionen.

2.3. Wenn ich anfange, im Ernst an mir zu zweifeln

Anders wiederum liegt der Fall, wenn der Mensch jeden Versuch aufgibt, seine Erfahrungen zu ordnen. In der Orientierung an den Signalreizen muß er sich als Spielball erleben zwischen allen Ansprüchen, die seine Umwelt wie seine Triebe ihm zumuten. Ein solcher Mensch, der nicht "nein" sagen kann, der ohne den sicheren Halt, wie ihn Grundsätze und Überzeugungen vermitteln, lebt, hat seine Konfliktspannung durch **Überanpassung** reduziert (vgl. Tab. 1a). Und er ist dabei, seiner Identität beraubt zu werden. Ein allzeit angepaßter, reibungsarm funktionierender Mensch hat sein Handlungsrepertoire ganz darauf eingestellt, nach dem Sinn seiner Erfahrungen nicht mehr zu fragen. Ob er nun wie BÜCHNERs Woyzeck dies in einer Art 'sekundärer Rationalisierung" als unabweisbare Folge seiner armseligen Existenz versteht ("Sehn Sie, wir gemeine Leut, das hat keine Tugend, es kommt einem nur so die Natur ..." (1. Scene) oder ob er gleichsam als 'Identifikation mit dem Aggressor' wie SHAKESPEAREs widerspenstiges Käthchen der Not dadurch zu wehren sucht, daß er die eigene Definition der Wirklichkeit fahren läßt und die eines anderen bedingungslos übernimmt, damit er nicht an den angesonnenen Widersprüchen zerbricht - ("Ja, lieber Gott! es ist die liebe Sonne! Doch nicht die Sonne, wenn du's anders willst, der Mond auch wechselt, wie es dir gelüstet, und wie du's nennen willst, das ist es auch, und soll's gewiß für Katharinen sein" (IV, 5)) - nach welchem wie immer gearteten Muster der Mensch die Bedrohung abzuwehren sucht, immer läuft es in solchen Fällen darauf hinaus, **Spannung durch Willfährigkeit abzubauen.** Wer kennt nicht die für eine derartige Selbstaufgabe gängige Schlußfigur in den alltäglichen Auseinandersetzungen: "Wie Du meinst ...!" Deren ich-zerstörerischer Gefährlichkeit gilt darum auch SHAKESPEAREs letzter Satz in seinem Schauspiel: "Ein Wunder bleibt's, daß dies so glücklich endet."

In der nachfolgenden Tabelle soll dieser Zusammenhang zwischen Weltbezug (Sinneseindruck vs Deutung) und Ich-Leistungen (als Handlungssubjekt vs Handlungsobjekt) systematisch vorgestellt werden. Durch die zusätzliche Differenzierung nach "labilen" und "stabilen" Persönlichkeitsstrukturen ergeben sich acht Entwicklungslinien, die sowohl den Bereich der normalen Reaktionsbreite wie den der abnormen Erlebnisreaktionen im Konfliktfalle umschreiben (Tab. 2, S. 114).

Die Konsequenz für unser Thema liegt auf der Hand. In beiden Fällen, in denen die Konfliktspannung nicht mehr ausgehalten wird, nämlich da, wo der Mensch sich seiner ihn bewegenden Wirklichkeit bedingungslos ausliefert (**Verlust an Bedeutung**), als auch dort, wo der Mensch die Realität bis zur Unzulänglichkeit definitorisch verändert (**Verlust an Erfahrung**), erhalten die eigentlichen menschlichen Daseins- und Entfaltungsmöglichkeiten keine Chance: Weder findet in der Auseinandersetzung des jeweiligen Weltbezugs ein **Lernen** statt, noch öffnet sich dem Individuum die menschlichste der dem Menschen eigenen Handlungsweisen: Die im Erlebnis der Freiheit verwirklichte **Entscheidung** (wozu sowohl die Impulsbewertung wie die Selbstkontrolle gehören).

3. Schule - kein günstiger Lernort zum Umgang mit Konflikten

Konflikte in der Schule sind wie alle Konflikte als eine **Zumutung zur Veränderung** zu betrachten. Darüber hinaus müssen sie als Aufgabe angesehen werden können, die individuell begrenzten **Handlungsmuster durch Lernen** zu erweitern und damit letzten Endes dem Erlebnis der Verfügungsfreiheit über die Situation (= Entscheidungsfähigkeit) eine Gasse zu bahnen.

Zum Umgang mit Konflikten in der Schule bedeutet dies eine Maxime und eine Begrenzung. Die Maxime stützt sich auf das anthropologische Grunddatum des Menschen, seine **Lernfähigkeit**. Op-

		WELTBEZUG	
		Sinneseindruck	Deutung
		Normale Reaktionsbreite	
Das Ich erscheint	als Handlungs-**träger** (bei bewältigbarer Konfliktspannung)	**Pragmatiker** labil: "Hans-Dampf" stabil: agile Durchsetzungsfähigkeit	**Theoretiker** labil: Unverbindlichkeit stabil: Überzeugungstäter
		Abnorme Erlebnisreaktion	
	als Handlungs-**opfer** (bei unbewältigter Konfliktspannung)	**Verlust der Bedeutung** labil: Willfährigkeit stabil: hysterische Entladungen	**Verlust der Erfahrung** labil: Unentschlossenheit (neurotische) Hemmung) stabil: Zwangsverhalten

Tab. 2: Weltbezug, Persönlichkeitsstruktur und Verhalten im Konflikt

timistisch formuliert könnte man sagen: **Es gibt konstruktive Lösungsmöglichkeiten** von Konflikten.

Die Begrenzung hat ihre Wurzel im selben Sachverhalt: Menschliches Lernen streut in der Gruppe im Lernergebnis umso mehr, je länger ein Lernzprozeß dauert. Das gilt für das Lernen von Sachen wie von sozialen Sachverhalten gleichermaßen. Darum wird ein durch die Lerngruppe moderierter Lernprozeß sich meist nur unscharf oder eher in Einfachhandlungen auf die Konfliktträger einstellen können. So sind z.B. Disziplinprobleme im Klassenzimmer, die ihren Ausgangspunkt in der Interaktion zwischen einigen wenigen und dem Lehrer haben, durch Maßnahmen, die die ganze Klasse betreffen, für alle Beteiligten oft so unbefriedigend "gelöst". Und ebensowenig wirkt ein Schulleiter konstruktiv, der aus "gegebenem Anlaß" (den in der Tat einzelne Lehrer boten), nun das ganze Kollegium "in die Zucht nimmt".

Konflikte in der Schule sind aus solchen Gründen ständig in der Gefahr, die individuellen Bedingungen zur adaptiven Einstellung auf die Anforderungen der Realität zu verfehlen und damit soziales Lernen eher zu behindern als zu fördern.

Damit wächst die Gefahr, daß die Gruppe (als Lernort) Konfliktspannungen steigert statt sie zu vermindern. Nur zu rasch sehen sich dann die Beteiligten zum Erlebnis erniedrigt, das Opfer eigener wie fremder Handlungen zu sein (vgl. Tab. 2). Dann aber gewinnen autonome Prozesse die Oberhand, das Individuum reagiert nur noch, wo es doch Träger der Handlung sein sollte. Abnorme Erlebnisreaktionen schleifen sich ein, wenn allein in ihnen noch Entlastungen gefunden wird. Unter solchen Umständen kann die durch jeden Konflikt angesonnene Zumutung zur Veränderung am allerwenigsten konstruktiv aufgenommen werden. Denn wenn an die Stelle erhöhter Reflexionsspannung das Erlebnis affektiver Gereiztheit und Verstörung tritt, eskaliert das Konfliktgeschehen. Die Gruppe bietet dazu erhöhte Reizintensitäten und unmittelbare Handlungsbekräftigungen. Die Impulsabhängigkeit steigt und emotionale Entladungen bekommen einen hohen Entlastungswert. Das heißt, die Gruppe wirkt dann konfliktverschärfend, wenn sie die Schwelle zur Auslösung autonomer Tendenzen bei ihren Mitgliedern erniedrigt statt erhöht. Kraft der dynamischen Eigengesetzlichkeiten von Gruppenreaktionen kann dann jeder Konflikt eine völlig neue Qualität annehmen.

> Schule ist aber nicht nur deshalb ein ungünstiger Lernort zum Umgang mit Konflikten, weil die individuelle Zielansprache beim Klassenunterricht Schwierigkeiten bereitet und weil die Gruppe den Einzelnen nur zu leicht ansteckt, auf dem Niveau der autonomen Tendenzen zu reagieren, sie selbst stellt sich in ihrer institutionellen Bedingtheit als ein Konfliktpartner dar, der ganz besondere Anpassungsschwierigkeiten aufweist. Institutionen neigen prinzipiell zu folgenden Vereinseitigungen:
>
> 1. Der Prozeß der Objektivierung der Vorgänge führt zur Praxis der **Entindividualisierung.**
> 2. Die wachsende Eigenkomplexität mündet schließlich in eine **Überkomplizierung** der Sachbearbeitung.
> 3. Diese bewirkt eine übermäßige Beschränkung von Handlungs- und Interpretationsspielräumen mit dem Effekt, daß die Allgegenwart von **Normen** im **Vordergrund des Erlebens** steht (Türk, 1976).

In solcher Weise läßt die von der Schule als Institution im Konflikt signalisierte Realität ihrer Zumutung gerade das vermissen, was sie als Lerngegenstand vermitteln will: Eine in Person und Situation sich einfühlende Betrachtung und eine engagierte Auseinandersetzungsbereitschaft, der es darum geht, zu realitätsnahen, konstruktiven und beiderseits akzeptablen Ergebnissen zu kommen. Statt dessen geschieht es nur zu leicht, daß ihre (oft nur vermeintlichen!) Betriebsbedingungen das Denken in Schablonen fördern, daß sie deshalb einen Konfliktpartner suggerieren, der sich um die Auswirkungen seiner Eingriffe in keiner Weise scheren muß. Gerade das, was wir in unserer Ausgangsthese zum Zentrum der Konfliktbetrachtung gemacht haben, nämlich die Behauptung, daß Konflikte immer als Appell zu verstehen seien, sich mit den Auswirkungen der **eigenen** Wirklichkeitsdefinition auseinander zu setzen, berührt eine Institution prinzipiell nicht.

Umso mehr sind die Interpreten von Institutionen gefordert! Deren Repräsentanten (in unserem Fall: Schulräte, Rektoren, Lehrer,

Hausmeister) sind nach ihrem Wirklichkeitsverständnis zu befragen! Neigen sie selbst zum Übersteuern? Oder täuschen sie sich selbst, indem sie die Ansprüche der Institution als solche verkennen?

4. Was kann man lehren und lernen im Umgang mit Konflikten?

Da Unterricht in der Regel als Veranstaltung einer öffentlichen Einrichtung und damit unter den Bedingungen ihrer organisatorischen Vorgaben stattfindet, gehört die Betrachtung der strukturellen Merkmale nicht minder zu unserem Thema als wie die Fragen, was sich zwischen den Konfliktpartnern abspielt und welche Auswirkungen dies alles auf die Individuen hat. Mit BERKEL (1984) unterscheiden wir daher drei Perspektiven, die strukturzentrierte, die interaktionszentrierte und die personenzentrierte Konfliktperspektive. Dabei konzentrieren wir unsere Betrachtung auf die Darstellung jener Merkmale, die zur Konfliktminderung bzw. Krisenbewältigung beitragen.

4.1. Konfliktmindernde strukturelle Vorgaben

Wenn Konflikte das Ergebnis von nicht akzeptierten Konsequenzen des eigenen Tuns sind, dann ist es besonders wichtig, schon im **Vorfeld** der individuellen Handlungen die **Erwartungen und Bedürftigkeiten** der Beteiligten in Rechnung zu stellen. Solche für das Lehren und Lernen im Raum der Schule grundlegenden Bedürfnisse zu nennen, ist gar nicht schwer. Lehrer wie Schüler sind sich darin nämlich gleich! Unterricht und Unterrichten befriedigen dann, wenn sie 1. das Erlebnis der Kompetenz vermitteln, 2. eine Atmosphäre des wechselseitigen Vertrauens herrscht, 3. Raum für Spontaneität gegeben ist und 4. das Gefühl der Überschaubarkeit des eigenen Lebens- und Arbeitsraumes nicht beeinträchtigt wird.

> Alle diese Kriterien zielen auf die **emotionale Grundbefindlichkeit** der Beteiligten. Erleben diese sich von ihren affektiven Widerständen überschwemmt, weil die Leistungsansprüche nicht erfüllbar sind, die Beziehungen nicht stimmen oder

weil ihr Unbehagen sich überhaupt nur noch im Widerspruch zu den institutionellen Gegebenheiten artikulieren kann, dann ist zunächst die Struktur des Gesamtsystems daraufhin zu befragen, inwieweit es durch seine Beschaffenheit solche tiefgreifenden Verstörungen provoziert. Auch eine Institution kann durch die Unfähigkeit, sich auf die Konsequenzen ihrer Wirklichkeitsdefinitionen einzulassen, untergehen.

Wenn Erfahrung und Bedeutung nicht mehr miteinander in Einklang sind, so haben wir im Anschluß an LAY (1981) formuliert, dann kommt es zu Konflikten. Das zeigt sich daran, daß Erlebnisse der Verunsicherung und **Desorientierung** das Indivdiuum affektiv und kognitiv mobilisieren, sei es dahingehend, daß Gefühle der Besorgnis und Aufgeregtheit Platz greifen, sei es, daß aggressive Durchbrüche dominieren. Werden Lehrer oder Schüler davon ergriffen, zählen Unterricht und Unterrichtsgegenstand bald nicht mehr. Um die vielgerühmte Frustrationstoleranz ist es nur zu leicht geschehen.

Strukturelle Vorgaben müssen darum darauf abzielen, daß möglichst wenig Energie zur Bewältigung struktureller Verunklarungen abgezogen wird, so daß das Individuum nicht fortgesetzt sich genötigt sieht, seine eigene Definition der Wirklichkeit zu finden und durchzusetzen. Organisationen leisten dies, insoweit sie **strukturelle Prägnanz** aufweisen und damit die Erwartungen des Einzelnen sicherer machen. Jeder weiß dann, womit er es zu tun hat.

4.1.1. Sind Schulen lesbar?

Viele Schuluntersuchungen (z.B. RUTTER, 1980 oder FEND, 1986) haben auf den Unterschied zwischen Schulen hingewiesen, denen ein unverwechselbarer "Stil" eignet und solchen, bei denen es nicht gelingt, aus ihren strukturellen Momenten eigene Absichten und Ziele abzulesen.

Solche "gestaltlosen" Anstalten vermögen es offenbar nicht, eine Definition der Wirklichkeit zu vermitteln, worin Lehrer und Schüler ihren **Erfahrungen gleichsinnige Bedeutungen geben** können. Es fehlt ihnen an Zielvorhaben des Handelns, an denen sich die wechselseitigen Erwartungen zu orientieren vermögen. Im "Stil" einer Schule dagegen erleben die Beteiligten, welche Handlungen sicher, d.h. konfliktfrei sind. Und im Konsens über deren Geltung können solche besonders abgehobenen Handlungseinheiten zum **identitätsstiftenden Gruppenmerkmal** werden. 'Lesbare' Schulen stehen gegen "unlesbare". So wundert es nicht, daß die gute "Lesbarkeit" einer Schule sowohl mit hoher Leistung wie mit einem guten "Klima" einhergeht. Denn fraglos lassen sich die Energien ungestörter auf die Sachanforderungen richten, solange und soweit die Beteiligten wissen, woran sie miteinander sind. In diesem Sinne wirken sich **strukturelle Regelungen** dann konfliktmindernd aus, wenn sie als Entlastung von überfordernden Orientierungsleistungen erfahren werden, d.h. wenn ihnen die Bedeutung einer "Gewohnheit" oder "Selbstverständlichkeit" zugeschrieben werden kann. In diesem Zusammenhang ist an H.v. HENTIGs (1976) Formel von der Notwendigkeit der drei "R" im Schulalltag zu erinnern: **Reviere, Regeln, Rituale** - gibt es sie als stilbildende, den Kern einer Schultradition ausmachende, gewollte Selbstverständlichkeiten? Erfüllen sie die Aufgabe, als absichtsvoll eingeführte strukturelle Vorgaben der **Entlastung** von Selbstwertfragen zu dienen? Denn - und dies ist ein grundlegender sozialpsychologischer Sachverhalt - "stabile Identitäten (und das bedeutet auch Identitäten, die subjektiv plausibel sind) können nur in Wechselwirkung mit stabilen Kontexten (und das bedeutet Kontexte, die durch stabile Institutionen strukturiert sind) entstehen" (BERGER et al., 1975, S. 82).

Von daher ist nicht nur jeder Schulleiter sondern auch jeder Lehrer zu fragen, inwieweit er durch strukturelle Regelungen zur Entlastung von Orientierungszumutungen und dem damit verbundenen Entscheidungsdruck beiträgt.

4.1.2. Regelungen als Bedrohung?

Nun vermittelt eine hohe Strukturierung nicht nur eine prägnante Orientierung, sie fordert auch eine entsprechende Befolgung. Dies kann als Anpassungsdruck und Gängelung erlebt werden und darum gerade das provozieren, was sie vermeiden soll: Konflikte. Das System wirkt in einem solchen Fall wie eine Drohung.

Die Durchsetzungschancen einer Drohung hängen von hauptsächlich 3 Momenten ab: 1. Ist sie hinlänglich glaubhaft, um ernstgenommen zu werden? 2. Erreicht sie auch ihr Ziel, nämlich den zu Bedrohenden? 3. Ist der Bedrohte imstande, der Forderung nachzukommen? (KROHNE, 1982).

Machtkämpfe werden nicht selten schon dadurch entschieden, wer hier die besseren Karten hat.

Konfliktmindernde strukturelle Vorgaben enthalten daher immer eine eingebaute Elastizität. Dafür hatte schon die Römer ein Formel gefunden: "Fortiter in re, suaviter in modo." Übersetzen wir dies in die Sprache der Organisationspsychologie, so könnte man sagen: Lege das Ziel fest, aber nicht die Wege dahin (SEHRINGER, 1978, S. 12). Doch die Formel ist zu einfach. Denn natürlich kommt alles darauf an, daß das Ziel selbst als erreichbar und wertvoll angesehen werden kann. Eröffnet es Perspektiven in die Zukunft oder verschließt es sie? Konfliktmindernd sind strukturelle Vorgaben nur dann, wenn sie es erlauben, daß die den Konflikt konstituierenden Strukturmomente wieder andersartig einander zugeordent werden können, sei es nun in einem neuen Verständnis und/oder in einer tatsächlichen sozialen Umgestaltung der gegebenen Situation (BERKEL, 1984, S. 350). Der Weg dahin führt immer über Differenzierungen, neue Formalisierungsanstrengungen und neue Hierarchisierungen (Gewichtungen).

Im Besonderen gilt es zu differenzieren zwischen dem Sachaspekt, dem Lenkungsaspekt und dem emotionalen Aspekt. Für jeden Lehrer wichtig zu wissen ist dabei die Erfahrung, daß "dominantes und lenkendes Verhalten ... nicht **per se** feindselig und aggressive Gefühle bei anderen" hervorruft, sondern nur dann, "wenn es im Kontext eines abwertenden, kalten und verletzten "Klimas" auftritt" (BERKEL, 1984, S. 149). Das Erlebnis einer sicheren Führung entlastet nämlich immer auch von Orientierungsproblemen.

> Dieser tief in unserer biopsychischen Konstitution verankerte Sachverhalt wird in modernen Diskussionen um den rechten "Führungsstil" des Lehrers gerne unterschätzt. Eine Äußerung wie die folgende ist selten: "Man kann das Signalverhalten in einer Schulklasse nicht unbeeinflußt lassen, weil sich dann darin soziale Zustände wie in Tierhorden einstellen, die im

Ernst von niemanden gewünscht werden können" (DOLLASE, 1985, S. 216).

Begreift man Regelungen als Chance zur Orientierung, dann wird deren kommunikativer Wert sichtbar: Rückmeldungen stabilisieren Verhalten, deren Fehlen dagegen führt dazu, daß **individuelle** Reaktionstendenzen mobilisiert werden. Wer als Lehrer nichts auf Fleiß, Höflichkeit und Ordnung gibt, der signalisiert das Unbestimmte, worin sich dann jeder Schüler seinen Weg nach seinem Belieben sucht mit dem Ergebnis, daß die Orientierungsaufgaben in der Gruppe ins Riesenhafte anwachsen.

Die geforderte strukturelle Elastizität ist daher zunächst ein **Vermittlungsproblem** der Ansprüche, die eine Institution an ihre Mitglieder stellen will. Denn Anordnungen aller Art ebenso wie organisatorische Regelungen sind nicht einfach nur sachliche Gegebenheiten, sondern sie selbst bedürfen der **Deutung.**

So gesehen handelt es sich bei Widerständen gegen organisatorische Regelungen oder gegen Anforderungen "von oben" nicht selten um einen Protest gegen das Erlebnis, in seiner Selbstachtung gekränkt worden zu sein, weil man sich nicht als Subjekt der Handlungen sondern lediglich als deren beliebig verfügbares Objekt versteht. Denn der Mensch fühlt sich nur dann als Subjekt angesprochen, wenn er sich seines sozialen Wertes dadurch versichern kann, daß er mitdenken darf. Das aber heißt, nicht nur darüber miteinander reden, was Sache ist, sondern nicht minder, welche **Bedeutung** ihr im Kontext der Beziehung zukommt.

Regelungen, deren Sinn verloren geht, werden als Gängelung empfunden. Sie wirken dann wie ein Kleidungsstück, das nicht mehr paßt. Richtiger wäre, Regelungen wie die Haut eines Organismuses zu betrachten und zu behandeln: Unerläßlich für den Austausch des Individuums mit seiner Welt, aber empfindlich gegenüber Unverträglichkeiten, pflegeabhängig und auf kräftige Durchblutung angewiesen.

Da nun der kommunikative Wert von Regelungen in ihrer ständigen Rückmeldung über das Verhältnis von Ist- und Soll-Lagen liegt, bedürfen gerade solche Aspekte einer Mitteilung der besondere Rücksicht bei der Einführung oder Durchsetzung von Regelungen, die das soziale Verhältnis interpretieren, das durch Regelungen verbindlich gemacht werden soll: Welche Gesinnung offenbart sich in der Regelung (Selbstoffenbarungsaspekt)? Welche Funktion übernimmt die Regelung in der Gestaltung der sozialen Beziehungen (Beziehungsaspekt)?

Somit wird deutlich, daß Regelungen vorzüglich dann als Entlastung erlebt werden können, wenn sie weder im Verständnis ihrer Absichten noch in ihrer sozialen Geltung Zweifel daran aufkommen lassen, daß sie nicht für etwas anderes gelten, als wofür sie sich darstellen. Diesen reinen Fall aber gibt es in der Praxis nicht. Denn jede Kommunikation wird erst in der Deutung ihres Empfängers zur Botschaft. Darum werden Regelungen in einem sozialen System nie ohne **rückversichernde Verständnishilfen** gehandelt werden können.

4.1.3. Bereichsspezifische Entlastungen durch strukturelle Vorgaben

Die geforderte Elastizität der strukturellen Regelungen muß also den belastenden Strukturmomenten Rechnung tragen können. Stekken sie in den Handlungszielen, dann erschwert eine hohe Strukturiertheit der Vorgaben die zur Konfliktbearbeitung nötigen Differenzierungsleistungen, da sie den Handlungsgang selbst zu stark fixieren. Betreffen sie dagegen die Modi der Ausführung, dann wirkt ein hoher Formalisierungsgrad immer dann entlastend, wenn es um Routineanteile im Handlungsvollzug geht. **Routineaufgaben in der Schule sollten deshalb stets hochstrukturiert sein**, damit an dieser Stelle möglichst wenig Probleme auftauchen.

Dies ist für Disziplinprobleme im Klassenzimmer von großer Bedeutung. Inwieweit läßt der Lehrer zu, daß die falschen Sachen diskutiert werden? Denn nicht darüber sollte man jeden Tag neu zu verhandeln haben, ob das Schulbuch mitgebracht werden muß, ob man während des Unterrichts essen und trinken darf, ob Fritz hier und Max dort ihren Platz haben usw. (d.h. ob zur Zielerreichung diese oder jene Routine gehört), sondern warum und inwieweit man bei einzelnen Unterrichtszielen verweilt und in welcher

Weise man sich mit ihnen beschäftigt (d.h. ob zur Zielerreichung mehr oder weniger wechselseitige Verständigung und Abstimmung wichtig sind). Finden Schüler den Unterricht langweilig, oder hält der Lehrer ein bestimmtes methodisches Vorgehen trotz Widerspruches für nötig, dann wirkt es konfliktmindernd, wenn es selbstverständlich ist, daß darüber eine "Geschäftsordnungsdebatte" ausbrechen kann.

> Die für den Unterricht konfliktmindernde Wirkung struktureller Regelungen wurde in den letzten zwei Jahrzehnten wenig gesehen. Umso mehr muß darauf hingewiesen werden, daß eine **differenzierte Handhabung** dieses Prinzips erheblich dazu beitragen kann, die Zahl der Konfliktstellen im Unterrichtsgeschehen zu reduzieren. Wichtig ist, daß man die zur Zielerreichung notwendigen Schritte nach ihrem Komplexitätsgrad und ihrer hierarchischen Stellung im gesamten Handlungsvollzug analysiert.

Konfliktmindernd wirkt es - noch einmal sei es gesagt, - wenn **basale und einfache Handlungen**, die in der Handlungshierarchie zwar untergeordnete, aber unerläßliche Teilschritte darstellen, **hochformalisiert** sind - (wie so viele, täglich wiederkehrende Handlungen: Begrüßung, Heftbeschriftung, Hausaufgabenkontrolle, Lernmittelverfügbarkeit, Sich-melden, Umgangsformen usw.). So sehr diese Maxime auch dem Einzelnen hilft, durch solche Vorausprägungen einer Situation auf der intendierten Handlungsspur zu bleiben und sich weder von inneren noch äußeren Reizen ablenken zu lassen, so unerläßlich werden solche strukturbestimmenden Maßnahmen, wenn es sich um die Koordination von Gruppenleistungen handelt. Hier ist wirklich der Ort, wo die **Leitungsqualität des Lehrers** darüber entscheidet, ob die Schwachbegabten noch eine Lernchance haben oder ob solche Schüler durch eine zu geringe Strukturierung der elementaren Vollzüge um den letzten Rest ihrer ohnehin beschädigten Lernmotivation gebracht werden. Erinnern wir uns der eingangs dieses Kapitals genannten Kriterien dafür: Sich selbst als kompetent erleben, Vertrauen in das Geschick und das Wohlwollen des Lehrers haben, die Leistungserwartungen überblicken können - alles leicht zerbrechliche Deutungen der Wirklichkeit, für die der Schwache fortgesetzt Rückversicherungen braucht! Und wie könnte eine sachbezogene Spontaneität (das letzte der eben genannten Kriterien) gedeihen, wenn Irritation und Gereiztheit angesichts der Vergeblichkeit der Erfahrungen überhand nehmen?

So leuchtet ein, daß Chancen und Gefahren eines hohen Formalisierungsgrades bei großer und geringer Komplexität der Aufgabe unterschiedlich verteilt sind: Ein eher mittleres (kaum ein geringes!) Strukturierungsniveau - verstanden als Chance zum differenzierten Eingehen auf die Aufgabenproblematik - wirkt konfliktmindernd, wenn die sachbezogene Spontaneität zur Informationsaufnahme und Informationsverarbeitung besonders gefordert ist. Im Unterricht wird dies vor allem der Fall sein, wenn Problemlösungsprozesse (fachlich wie sozial) anstehen - dabei weniger im Bereich des schlußfolgernden Denkens als vielmehr im ersten assoziativen Suchen und im abschließenden Bewerten. Ein "mittleres" Strukturierungsniveau vermindert am ehesten Konflikte, wenn es einerseits das Problembewußtsein genügend schärft, aber andererseits keine Lösungsversuche abblockt. Diesbezügliche Entwicklungen der Lenkungsstrategie zu mehr Eigeninitiative kann man an der Abnahme der W-Fragen (wer, wie, was, wo, wann, warum, wieso, weshalb, wodurch, womit) und an der Zunahme nondirektiver, einfach beschreibender und gesprächserhaltender und schließlich wieder zusammenfassender und differenzierender Lehrerbeiträge beobachten.

4.1.4. Regelungsbedürftige schulische Konfliktzonen

Die Bedeutung, die strukturelle Regelungen zur Konfliktminderung und Konfliktbearbeitung bieten, ist gerade beim Umgang mit Unterrichtsstörungen nicht zu überschätzen. Denn die Entgrenzungen der Schulen in den vergangenen 20 Jahren hinsichtlich ihrer Größe, ihrer Aufgaben, ihrer Toleranz gegenüber abweichendem Verhalten haben jeden vor Orientierungsaufgaben gestellt, die schnell Überforderungscharakter angenommen haben. Große Schulen produzieren mehr Vandalismus, eine nahezu beliebige Fächerwahl (denkt man an Erscheinungen der sog. Oberstufenreform) erhöhte bei den Schülern nicht das Fachinteresse sondern das nach Punkten, und Laissez-faire-Verhalten der Lehrer provozierte nicht größere Lernlust sondern mehr Schulwiderstand. Die dabei dem Einzelnen jeweils zugemutete Orientierungslast konnten viele nicht verkraften.

Im Schulalltag artikuliert sich die Systemkrise für Lehrer und Schüler vor allem als Krise des Zusammenlebens und seiner Bedeutung. Gerade in den Fällen, wo der Konflikt so tiefgreifend ist, daß Schüler überhaupt nicht mehr wissen, was sie in der Schule sollen (d.h. wo sie mit den Konsequenzen ihres täglichen Ganges zur Schule nicht mehr zurecht kommen, weil ihnen Schule keinen "Sinn" mehr macht), ist das Konfliktpotential so virulent, daß der einzelne Lehrer ohne die Stütze konfliktmindernder struktureller Regelungen gar nicht mehr überleben kann.

Die strukturellen Stützen zur Konfliktminderung sollten daher folgende organisatorischen Problembereiche angehen:

1. Regelungen, die die Arbeits- und Organisationsablaufroutine betreffen.
2. Regelungen, die dem Schüler unmißverständlich die Konsequenzen abweichenden Verhaltens klarlegen. Jeder Interpretationsspielraum reduziert die konfliktmindernde Wirkung solcher Kataloge.
3. Regelungen, die allen Beteiligten genau beschreiben, in welcher Weise Widerspruch akzeptabel geäußert werden kann.
4. Regelungen, die es dem Lehrer gestatten, jene Unterrichtsinhalte einzusetzen, die er zur Überwindung des Lernwiderstandes der Schüler für notwendig hält (z.B zeitweilige Aussetzung der Lehrplanbindung).

Was könnten solche Regelungen zur Konfliktminderung leisten? Ihre Aufgabe heißt: **Handeln sicherer zu machen.**

4.1.4.1. Regelungen zur Arbeitsroutine

Jede Arbeit wird erschwert, wenn man sich nicht auf die dafür nötigen Handlungen konzentrieren kann, sondern sich immer wieder erst um die Voraussetzungen dafür kümmern muß: Um die Materialbeschaffung, um Platzprobleme, um Übersicht und Zugänglichkeit usw. Für solche Organisationsaufgaben braucht eine Gruppe ganz einfach deshalb **eindeutige** Regelungen, weil sonst derartig **große Kommunikationsaufgaben** entstehen, daß die verfügbare Zeit und Energie weitgehend zu deren Bewältigung aufgebraucht wird - zur Enttäuschung vieler! Man darf den Unterschied zwischen dem "unaufgeräumten" Zimmer eines Jugendlichen daheim und den Beliebigkeiten und Zufälligkeiten am schulischen Arbeitsplatz nicht übersehen: Zuhause braucht nur einer sich zurechtfinden (mindestens!).

4.1.4.2. Vorgaben zu den Kosten abweichenden Verhaltens

Vieles hängt hier an der Definition, welches Schulverhalten der Lehrer als abweichendes Verhalten ansieht. Konfliktmindernd wirkt nicht - wie man in "antiautoritären" Zeiten meinte-, daß der Raum der freien Bewegung großzügig gewährt wird, sondern daß die **Folgen des Handelns** eindeutig sind und als solche klar erkannt werden können. Das stellt den Lehrer vor die Aufgabe, sich nicht nur bei Schuljahresbeginn, mit den Schülern über die Bestimmungsstücke der angestrebten Unterrichtswirklichkeit zu verständigen (was gilt als Unterrichtsstörung?) und dabei die Grenzlinien unmißverständlich zu markieren, sondern er muß stets bereit sein, dieselbe Orientierungsleistung durch seine Art, wie er mit abweichendem Verhalten umgeht, neu aufzubringen. Dabei sollte er alles daran setzen, daß er (handlungsorientiert!) die Grenzüberschreitungen **und deren Konsequenzen** so vermittelt, daß das, was dem Lehrer ein Verhaltensproblem war, nun der Schüler als sein eigenes Problem behandeln muß. (Wenn z.B. abgesprochen war, daß der Lehrer in einer Unterrichtsstunde nur 2 mal ermahnt und der Dritte bestraft wird, dann lautet eine entsprechende Rückmeldung an den zweiten Störenfried, die ihn mit den Folgen besonders klar konfrontiert, vielleicht so: "Du bist nun daran schuld, daß der nächste bestraft wird").

Der Sinn solcher struktureller Vorgaben liegt darin, den Realitätsbezug so zu erhöhen, daß Interpretationsspielräume vermindert werden. Denn dann müssen sich die Konfliktpartner entscheiden: Wollen sie direkt gegen die Wirklichkeit der Regel aufstehen und die Regel selbst zum Problem machen? Oder probieren sie letztlich aus, ob es denn sein muß, daß sie sich mit den Auswirkungen ihres eigenen Tuns und Lassens auseinandersetzen? Weitaus schonender für das Selbstwertgefühl wäre es natürlich, wenn man seine eigene Wirklichkeitsdefinition aufrecht erhalten könnte! Der Lehrer, der nichts sieht, der Schüler, der alles abstreitet, beide leben mit der Lüge. Sie lassen Erfahrung nicht zu! Denn im anderen Fall müßten sie sich unausweichlich mit der von ihnen im abweichenden Verhalten geschaffenen Wirklichkeit auseinandersetzen. So aber fehlt der Realitätsdruck. Ihr Reizschutz ist ihre Konfliktvermeidungsstrategie. Sie sind in ihrer Handlung kaum verunsichert, eine Entscheidungssituation wird gar nicht erlebt. Noch haben sie kein Problem.

> Ein Dilemma wird nämlich erst dadurch geschaffen, daß die Auswirkungen solchen Handelns dem Individuum einen Verbindlichkeitszusammenhang aufnötigen, der in der Tat die Auseinandersetzungen mit Alternativen unausweichlich macht. Allein die Konfrontation mit den Konsequenzen des Tuns und Lassens erzeugt den Konflikt, indem sie dem Individuum realitätsverleugnende Auswege verstellt und die Bezahlung der wahren Folgekosten des Handelns unmißverständlich einfordert. Nur wenn deren Preis zu hoch erscheint, wird es sich um Alternativen bemühen. Deshalb geht es bei Disziplinschwierigkeiten im Klassenzimmer ganz wesentlich darum, das Bewußtsein für die Folgen des Handelns zu schärfen und dabei den Lernprozeß durch **klare Rückmeldungen** sowohl im Stadium der **Antizipation** der Handlungsfolgen wie in deren tatsächlichem **Ergebnis** zu steuern. Zu lernen ist immer eines: Wie wirklich ist die Wirklichkeit meiner Weltdefinition und die der anderen (WATZLAWICK, 1976)? Kann ich meine Deutungsmuster aufrecht erhalten? Wo dies nicht der Fall ist, stehe ich vor der Wahl, neue Interpretationen zu erbringen oder mich dem anzubequemen, wie die anderen es sehen. Beides aber kostet Auseinandersetzungsbereitschaft und **Energie.** Bei Disziplinlosigkeiten haben die Schüler in der Regel keinen Problemdruck. Der Lehrer ist es ja, der die von den Schülern geschaffene Realität nicht akzeptieren will. So lange er unschlüssig ist, besteht bei den Schülern keine Not! Sie können sich mit den Konsequenzen ihres Treibens gut arrangieren und darum werden sie es beibehalten!

So geht die Frage zurück an den Lehrer: Wie will **er** nun die Störungssituation interpretieren? Steigt bei ihm der Problemdruck? Braucht er Not-wendende Maßnahmen? Auch er wird sich über die zu erwartenden Folgen seiner Handlungspläne Gedanken machen und eine Kosten-Nutzen-Bilanz vornehmen. Von welchem Punkt an wird der Lehrer sich weigern, die Definition von Unterricht, die die Schüler ihm durch ihr Verhalten ansinnen, noch länger zu teilen? Haben die Schüler es zunächst vermocht, dies zu seinem Problem zu machen, so daß **er** auf Abhilfe sinnen muß, so steht er nun vor der Aufgabe, wie er es erreicht, daß die Schüler in den Auswirkungen **ihres** Verhaltens ein Problem sehen müssen. Die Anstrengung konfliktprovozierender Rückmeldungen bleibt ihm dabei sicherlich nicht erspart.

Aber allein darin liegt seine Chance! Gelingt es ihm, so wie es zuerst den Schülern gelungen war, zu vermitteln, daß Erfahrung und Bedeutung auseinanderfallen, daß die Erfahrung die vermeintliche Bedeutung desavouiert, dann ist es bei den Schülern mit der unterrichtsstörenden, selbstverständlichen Handlungssicherheit vorbei. Nun stehen sie vor der Aufgabe, ihre Bilanz zu überprüfen.

Müssen solche Konfliktschaukel"spiele" zum nervenaufreibenden Schulalltag gehören, gleichsam als das perpetuum mobile aller leidvollen Verstrickungen im Lehrer-Schüler-Verhältnis?

Bei derartigen Auseinandersetzungen zwischen Lehrern und Schülern geht es immer darum, wer bei wem seine Wirklichkeitsdefinition durchsetzt. Ansicht steht gegen Ansicht, deren jeweilige Verbindlichkeit letztlich im Recht des Stärkeren gründet. Werden dagegen durch schulhaus- oder schulklassenspezifische **Regelungen** Interpretationsvorgaben eingeführt, an deren Wirklichkeitscharakter die Beteiligten ihr Handeln orientieren und an denen sie ihr Selbstverständnis entwickeln können, dann werden elementare **Gemeinsamkeiten** geschaffen, Gemeinsamkeiten des Wahrnehmens wie des Handelns.

Regeln erhöhen das Bedeutungswissen und organisieren die Verarbeitung von Erfahrung auf Gleichheit hin.

Regelungen nun, die die Konsequenzen des Verhaltens betreffen, weisen nicht nur auf Begrenzungen des Handelns, sie eröffnen ebenso auch **Perspektiven.** Ob Regeln sich einrichten lassen und ob sie konfliktmindernd wirken, hängt deshalb davon ab, inwieweit sie letztlich als **handlungserleichternd und identitätsfördernd** verstanden werden können. "Bei uns ist das so ..." - Gilt diese Feststellung als Vorteil oder Nachteil, als Orientierungshilfe oder als Zumutung? Daran liegt alles! Geeignete Regelungen müssen deshalb nicht nur sorgfältig entwickelt werden, um zukunftsweisend zu sein, ihre konfliktreduziernde Wirkung kommt erst dann zustande, wenn die Beteiligten die darin festgelegten Bedeutungen letztlich als Gelegenheiten verstehen können, ihre Ziele dadurch besser zu erreichen. Das bedeutet, daß der Lehrer bei der Einführung der notwendigen Regeln besonders gefordert ist, den Schülern zu vermitteln, inwiefern ihre Regeln gerade solche Gemeinsamkeiten stiften, die eine gemeinsame Not wenden, allen Vorteile bringen und dazu führen, daß gemeinsames Tun leichter wird, weil man sich mit ihrer Hilfe mehr aufeinander verlassen kann. Damit dienen **Regeln der Angstbewältigung.**

4.1.4.3. Sicherheit durch Selbstverständlichkeiten: Spielregeln für Widerspruch

Regelungen wirken dann konfliktmindernd, wenn sie beides leisten: Kognitive **Orientierung** und emotionale **Entlastung.** Wie geht man in der Gruppe mit emotionalen Staulagen um? Jede Opposition braucht ihre Artikulationsmöglichkeiten. Welche regulierten Eingreifmöglichkeiten hat sie? Hier, meine ich, sind dem Erfindungsgeist einer Gruppe keine Schranken gesetzt, wenn es darum geht, für Notsignale nach Kundgabeformen zu suchen, die allseitig **akzeptabel** erscheinen. Je mehr Witz ihnen eignet, umso **konstruktiver** werden sie wirken.

Hier längstens kann die Sozialkunde praktisch werden! Nämlich dann, wenn die Schüler vor und neben allem Fachunterricht erfahren, daß zu einer gemeinsamen Arbeit auch gemeinsame Absprachen gehören. Dazu müssen sie ihren Teil in die "Koalitionsverhandlungen" einbringen. Und an den spezifischen Inhalten des angestrebten "Sozialvertrages" können sie erkennen lernen, wo man Regeln einführen sollte, damit Nöte ein Ohr finden, aber Egoismen nicht gefüttert werden.

Diese Forderung nach einer absichtsvollen Gestaltung des Zusammenlebens im Klassenzimmer führt fraglos ins Zentrum des beruflichen Selbstverständnisses eines jeden Lehrers: Wie geht er mit der schweigenden Minderheit um? Was tut er, wenn die Klasse einen Klassenkameraden auslacht? Sieht er weg, wenn eine ernsthafte Rauferei im Gange ist? Wie begegnet er den Enthemmten und Aggressiven oder auch nur den Vorlauten? Ist es für ihn überhaupt wichtig, daß er sich mit solchen Aufgaben abgibt oder fühlt er sich davon nur belästigt? Sieht er überhaupt, daß der Schüler in der Klasse sichtbare Zeichen für seine Erwartung braucht, daß der Lehrer es gut mit ihm meint und daher auch zur Verfügung steht, wenn es soziale Probleme gibt? Damit kommen wir an die Kernfrage überhaupt: Erlebt der Schüler einfach durch sein Wissen um die Existenz von Regeln, die im Konfliktfalle greifen, daß er schlußendlich nicht allein und auf sich selbst angewiesen bleibt?

4.1.4.4. Kompetenz und Handlungsfreiraum

Es gibt Situationen, in denen eine ganze Schulklasse sich geschlossen gegen jede Lernzumutung auflehnt. Vielleicht ist es eine Klasse ohne Perspektive für ihre berufliche Zukunft, so daß Lernen keinen Sinn zu machen scheint; vielleicht kommt der Widerstand auch aus dem Ärger über bestimmte Personen und Situationen im Schulhaus. Wie dem auch sei, in einer solchen Situation ohnmächtiger Wut oder trotziger Verbitterung kann kein Lehrer gewinnen, wenn er zur Tagesordnung übergehen will. Solche Klassen, vor allem in der Hauptschule und in der Berufsschule (z.B. im berufsvorbereitendem Jahr) brauchen Lehrer, denen **behördliche Vorgaben** den Rücken freihalten für Maßnahmen, die nicht im Lehrplan stehen, die jedoch geeignet sind, auf die emotionale Verkrampfung der Schüler entlastend zu wirken. Das kann bedeuten, daß der Lehrer sich genötigt sieht, einige Wochen lang "fachfremd" zu arbeiten, nur um Berührungsängste abzubauen. In Schulen, wo Lehrer glauben, sich das nicht "leisten" zu können, verlieren beide, Lehrer wie Schüler. Daß der Lehrer sich von Vorschriften gezwungen sehen muß, die Realität zu verleugnen, darf doch deren Sinn nicht sein!

4.2. Interaktionszentrierte Steuerungsmaßnahmen

4.2.1. Das Problem der Prägnanz

Jeder Handelnde erfährt zu seinem Mißbehagen immer wieder, daß er in seiner Handlungsabsicht nicht oder falsch verstanden worden ist. Das kann seinen Grund ebenso in ihm wie in seinem Interpreten haben. Für das Handeln in der Gruppe muß es deshalb in besonderem Maße darum gehen, daß die relevanten Kundgaben möglichst wenig Interpretationsspielraum zulassen. Dafür ist offenkundig ein Lernprozeß nötig, durch den man herausfindet, wie und womit man seine Mitteilungsabsichten am prägnantesten ausdrückt. Auch Lehrer bräuchten Schauspielunterricht, um zu lernen, welche Mittel sie haben und welche sie erwerben müssen, um wirklich klar das auszudrücken, was sie ausdrücken wollen. Denn wenn der Empfänger einer Botschaft sich lange fragen muß, was mit ihr gemeint sei, dann werden beidseitig kommunikative Rückversicherungsanstrengungen nötig, die nur zu leicht Mißstimmungen erzeugen, weil sie das Handlungskonzept behindern. Latent schwelen schon die Konflikte. Bringen nämlich die Beteiligten weder die Laune noch die Energie zur Rückfrage auf, dann stehen sie fortgesetzt vor dem Problem, wie sie mit der wahrgenommenen Differenz zwischen Erfahrung und vermeintlicher Bedeutung umgehen. Was versteht der Schüler, um ein Beispiel zu bilden, wenn der Lehrer zu ihm sagt "paß auf"? Heißt das, er soll sich aufrecht hinsetzen, nicht mit seinem Nachbarn schwätzen, den Kaugummi aus dem Mund nehmen, die Füße nicht auf Nachbars Stuhl abstützen, seinen Kopf nicht auf die Schulbank legen? Immer könnte der Schüler darauf hinweisen, daß er (dennoch) seine Aufmerksamkeit ganz auf den vom Lehrer gerade vorgestellten unterrichtlichen Sachverhalt gerichtet habe! In den auf eine solche Szene folgenden Auseinandersetzungen wird dann die Schwierigkeit offenbar, die im Umgang mit Wörtern steckt, über deren Sinnhorizont sich die Kommunikanten nur unzureichend verständigt haben. Oder anders gesagt: Ein Streit um die **spezifische** Bedeutung der jeweiligen verbalen wie non-verbalen Kundgaben macht deutlich, daß Kommunikationspartner zur raschen Verständigung über Probleme in gemeinsamen Handlungsfeldern **Signale** brauchen, um Mißverständnisse nicht aufkommen zulassen. Signale repräsentieren einen Sinnbezirk, über dessen Handlungsbezug zwischen den Kommunikationspartnern identisches Wissen existiert. Dadurch schaffen sie Gemeinsamkeiten. Informelle Gruppen wie Cliquen und Banden bilden als "Geheimwissen" ganze Signalregister. Und Liebende zeigen sich dadurch ihr besonderes Einverständnis, daß sie mit Wenigem so Vieles sagen können!

Gibt es solche Übereinkünfte auch zwischen Lehrern und Schülern in einer Klasse? Existieren zwischen ihnen Begriffe, Zeichen, Gesten, die unverwechselbar einen - und vielleicht nur diesen einen - Sinn vermitteln? Denn oft überschätzen wir die Informationsmöglichkeiten in der Gruppe. Verzerrungen, Vereinfachungen, Lücken und eigenwillige Ergänzungen gehören zu den üblichen "Transportschäden" im Kommunikationsprozeß jeder Gemeinschaft (vgl. SADER, 1976, S. 93).

Wem daher an einer Verringerung von Konfliktanlässen gelegen ist, der muß sich darum bemühen, daß er (gruppen-)spezifische Symbole für spezifische Mitteilungen entwickelt. Meistens bemerkt man heute nur noch, daß eine Klasse das Klingelzeichen am Ende der Schulstunde als unmißverständlichen Handlungsimpuls erlebt. Gibt es aber nicht noch andere Stellen im Verlauf einer Unterrichtsstunde, wo Handlungskoordinationen arbeitserleichternd wären? So jedoch werden Konzentrations- und Aufmerksamkeitsproblemen Tür und Tor geöffnet, weil alle Beteiligten sich fortwährend gegen Desorientierungen abstrampeln müssen.

Zur Steigerung der Prägnanz des Lehrerverhaltens gehören aber nicht nur gemeinsame **Begriffe** und absichtsvoll installierte **Symbole,** dazu zählt auch die Ausdrucks- und **Überzeugungskraft,** mit der ein Lehrer selbst verkörpert, was er vermitteln will. Dabei begegnen ihm viele Probleme, die ein Schauspieler bei seinem Rollenstudium auch hat: Wie gelingt es ihm, die Aufgabe zu meistern, daß alle, die dabei sind, das Gesagte und das Gezeigte nahezu willkürlich als das Gemeinte begreifen können? Wie führt der Lehrer seinen Blickkontakt? Läßt er dabei eine gewisse "Allgegenwärtigkeit" (KOUNIN, 1976), aber auch Konfrontation und Konzentration deutlich werden? Geht der Lehrer bewußt mit räumlicher Nähe und Distanz um? Kennt er die Möglichkeiten einer didaktisch eingesetzten Choreographie? Verfügt er über eine bestimmte Sprechdynamik? Weiß er die Pause in der Rede zu nutzen? Welches ist seine Art zu ermuntern? Wie erreicht er es, Spannungen zu erzeugen? ... Kurzum: Kennen Lehrer in der Tat sich selbst soweit, daß sie wissen, wodurch sie in eigener Person zum Anstifter jener Verwirrung und Unruhe werden, die sie bekämpfen wollen? Trainingskurse beweisen es immer wieder: Mit Hilfe solcher Steuerungs- und Selbstkontrollmaßnahmen gelingt es, die Anzahl der Konflikte in der Klasse erheblich zu verringern. Denn noch immer können Schüler durch **Faszination** gewonnen werden (vgl. LEONARD, 1971; ROSENSHINE, 1972; ABRAMI et al., 1982).

4.2.2. Antizipation der Konfliktfolgen

"Das erste steht uns frei - beim zweiten sind wir Knechte", läßt GOETHE im "Faust" den Mephisto erklären (Studierzimmer I, V. 1412). Der Satz besagt, daß zur Konfliktbewältigung nichts wichtiger ist, als genau zu überblicken, wohin die Art und Weise führt, mit der man versucht, sich mit der durch den Konflikt gegebenen Verunsicherung auseinander zu setzen. Es kommt demnach alles darauf an, sich - in Kenntnis der möglichen Folgen des eigenen Tuns - richtig zu entscheiden. Denn mit jedem weiteren Augenblick, in dem man etwas tut oder unterläßt, schafft man neue Wirklichkeiten, auf die man sich hinfort weiter einstellen muß. Konfliktfolgen schaffen Konfliktfolgen - beabsichtigte oder unbeabsichtigte? Das ist hier die Frage! Oder anders gewendet: Sind wir in der Lage, in zwischenmenschlichen Auseinandersetzungen den Verlauf so zu steuern, daß die Auswirkungen unseres Tuns auch unseren Erwartungen entsprechen? Befördern wir nicht vielmehr mit unserem ersten Schritt eine Entwicklung, die wir gerade vermeiden wollten? Konnten wir uns einfach nicht vorstellen, welche Wirklichkeit unser Kontrahent durch unser Verhalten als gegeben ansehen mußte? Waren wir es nicht selbst, die seinen Handlungsbezug in die Welt gesetzt haben? Werden wir Opfer unserer Entscheidungen - statt Täter? Verlieren wir weiter an Freiheitsgraden, weil unser Antizipationsvermögen nicht ausreicht? Oder haben wir es besser gewußt, aber nicht besser gekonnt?

Es kennzeichnet den Konflikt, daß wir an Freiheitsgraden verlieren, weil unser Handeln verunsichert wurde. Welche Alternative wir dann auch verfolgen, der Anpassungsdruck wächst in dem Maße, wie die neuen Wirklichkeiten neue Rücksichten fordern. Dies ist aber nicht der einzige Zwang, unter den man im Zustand des Konflikts gerät. Schleifspuren des Handelns zeigen sich **vor** wie **nach** dem Konflikt.

Vor dem Moment der Handlungsverunsicherung (durch die im Konflikt ausgedrückte Zumutung der Veränderung) hatte man ja - sehen wir es richtig - eigentlich schon einmal "gewählt", nämlich genau die Handlung, die zum Konflikt führte. So betrachtet erscheint der Konflikt als die Folge einer Handlungsdetermination, die auf ihr Ziel zusteuerte und daran scheiterte. Handeln grenzt immer aus. In dem Zeitraum vor dem Konflikt setzt das Individuum eine Spur, deren Eigenart ganz von seinem Zukunftsentwurf bestimmt ist. Dieser ordnet das Tun und entscheidet über dessen Bedeutung. Er erzeugt einen Zwang eigener Art, nämlich die Norm des Faktischen. Die Einsicht in diesen Zusammenhang veranlaßte THOMAE zu der Feststellung, daß der Mensch in der Entscheidung frei sei, daß es ihm aber nicht freistehe, in den Zustand der Entscheidung zu gelangen (THOMAE, 1986, S. 335).

Die Spuren, die das Handeln **nach** einer konfliktbedrängten Entscheidung angesichts der Unsicherheit über die Alternativen hinterläßt, weisen andere Züge auf, nämlich Sequenzen, die die **Bedrohung** der Handlungsfreiheit wiedergeben. Die dabei als zwanghafte Abfolgen erscheinenden Handlungsmuster kennzeichnen den unterschiedlichen Umgang mit den Alternativen: Entweder hat das Individuum auf das Erlebnis des Widerstandes hin bereits entschieden und fühlt sich nun in der Falle, weil es sich durch eine (u.U. zu rasche) Konfliktfolgehandlung mit einer Wirklichkeit konfrontiert sieht, die sich als eine noch größere Zumutung entpuppt als das, was zuerst Widerstand bot. Oder aber die Chance der Wahl unter den Alternativen wird am Ende zur Qual. Unter dem im Konflikt ausgehaltenen Druck gilt es darum nicht nur abzuschätzen, was man mit seinen Mitteln erreichen wird, sondern auch, ob man den gedachten Weg durchstehen kann. Zu den kognitiven Orientierungsproblemen gesellt sich das der emotionalen Bewältigung. "Interaktionssteuerung", konstatiert darum BERKEL (1984, S. 355), "setzt ... eine bestimmte persönliche Einstellung und grundlegende Orientierung voraus, nämlich sich nicht provozieren zu lassen, mögliches negatives Verhalten nicht umgehend zu rächen." "Konfliktbewältigung auf der interaktiven Ebene erfordert ... **eine bewußte und Enttäuschungen einkalkulierende Haltung.** Dies kommt in **differenzierten und abgestuften Reaktionen** auf das Verhalten der anderen Seite zum Ausdruck".

Um nun in **bewußter Absicht** zwischenmenschliche Interaktionen gestalten zu können, bedarf es der **Einsicht in die Charakteristik möglicher Entwicklungen.** Gibt es davon unüberschaubar viele? Dann wäre die Steuerung des Handelns aus der Rücksteuerung der erwarteten Folgen praktisch unmöglich! Die zu suchenden Handlungstypen müssen für die Praxis jedoch mindestens drei Bedingungen erfüllen: Ihre Zahl muß so überschaubar sein, daß man jeden einzelnen Strang dieser Wirkungsfolgebeziehungen sich vergegenwärtigen kann, und jeder einzelne muß sich in seiner Eigenart deutlich von den anderen unterscheiden. Andernfalls käme kein Lernen zustande. Und schließlich müssen die zu suchenden **typischen Konfliktverlaufsformen** das gesamte Spektrum zwischen konfliktverschärfenden und konfliktmindernden Handlungen repräsentieren. Aufgrund der bisher in der Literatur besonders diskutierten Wirkungserwartungen schlagen wir vor, in folgenden Handlungsmustern typische Konfliktentwicklungen zu erkennen:

1. Ich-Entlastung ——→ Du-Belastung (GORDON, 1972)
2. Sieger - Besiegte (Nullsummenspiel!) (RAPOPORT, 1960)
3. Emotionale Entlastung und Entkrampfung (Heiterkeit, Humor; Stop-Signale; Wahrnehmungsumzentrierungen; para-

doxe Intervention; Symptomverschreibung; non-direktive Gesprächsführung; (WATZLAWICK, WEAKLAND & FISCH, 1974; ROGERS, 1972).
4. Gemeinsamkeiten suchen (Vertrauensrisikobereitschaft; Nicht-Nullsummenspiel) (WATZLAWICK, BEAVIN & JACKSON, 1969)
5. Problemorientierung (produktives Denken; Umstrukturierung) (WERTHEIMER, 1957)
6. Kompromiß (RAPOPORT, 1960; BLAKE & MOUTON, 1970)

Zweifellos repräsentieren die Konfliktverslaufsformen 1 und 2 Handlungsweisen, die mehr dem unwillkürlichen Handeln (Niveauebene 1, vgl. Tab. 1a) und die Formen 3-6 solche, die mehr dem aus der Reflexion geborenen Handeln (Niveauebene 2, vgl. Tab. 1b) entspringen. Insofern stellen Letztere die Lernziele dar, die einer konstruktiven Konfliktbewältigung dienen. Sie alle haben in der Psychotherapie besondere Aufmerksamkeiten gefunden. Denn sie betonen entweder die grundlegende Bedeutung der emotionalen Lagebefindlichkeit und/oder die des (verlorengegangenen) Realitätsbezuges.

ad 1: Ich-Entlastung ——→ Du-Belastung

Es gibt gleichsam ein Gesetz der Gegenseitigkeit gefühlsmäßiger Stimmung zwischen Personen ("Theorem reziproker Emotion" nach SULLIVAN, zit. nach BERKEL, 1984, S. 149). Beschimpfung provoziert aggressive Abwehr, Freundlichkeit lockt entspanntes Verhalten hervor. Wenn dem Ärger der Handlungsverunsicherung im Konflikt durch Schuldzuweisung Luft gemacht wird, dann frägt es sich, wie der Betroffene damit umgeht. Gibt er den Affekt zurück, verstärkt durch noch verletzendere Feststellungen? Oder kann er die Frustration aushalten und Mittel einsetzen, durch die er deutlich signalisiert, daß er sehr wohl zwischen dem Affekt und dem eigentlichen Problem zu unterscheiden vermag?

ad 2: Sieger - Besiegte ("Nullsummenspiel")

Wer sich auf einen Kampf einläßt, sollte wissen, daß er sich nur für eine Frage interessiert: Wer obsiegt hier? Das aber bedeutet einen Eroberungskrieg. Was der eine gewinnt, verliert der andere (d.h. die Summe von Gewinn und Verlust = Null). Hat man die Risiken seines Einsatzes bedacht? Nicht daß am Ende man die Frage nach dem Gewinner zu seinen eigenen Ungunsten beantworten muß!

ad 3: Emotionale Entlastung und Entkrampfung

Dazu stehen vielerlei Mittel zur Verfügung. Einige seien genannt:

1. Solche, mit denen man durch seine eigene **Heiterkeit** und mit seiner guten Laune die anderen ansteckt und mitreißt! Humor, schlagfertige Antworten, spannend erzählen - das sind alles Alltagsmethoden, durch die man Verkrampfungen lösen kann, weil sie die Aufmerksamkeit umzentrieren. Sie sorgen gleichsam organisch für den Wechsel von Spannung und Lösung.
2. Gezielte **Unterbrechung** der Aggressivität durch das Machtwort des Lehrers - vor allem dann, wenn es ihm gelingt, die aufgestaute Erregung in sozial akzeptable Handlungsbahnen zu lenken, z.B. frei flottierende Aggression in Wettbewerbsspiele. Aber nicht nur das Machtwort vermag eine Unterbrechung zu erzwingen, auch eine Verblüffung macht handlungsunsicher!
3. Nicht selten entwickeln sich zwischen Klasse und Lehrer Formen der Auseinandersetzung, die immer mehr den Charakter des Unabänderlichen annehmen. Man meint, die Partner wie nach einem festen Programm agieren zu sehen. Die Kontrahenten erscheinen beide als Opfer ihrer Fixierungen. Solche **"neurotischen Spiele"** mit ihrem unerhörten Handlungsdruck sind meist rational nicht mehr angehbar. Es kommt daher entscheidend darauf an, ob es dem Lehrer gelingt, auf Distanz zu gehen, diesen Mechanismus zu erkennen und zu durchbrechen - was nichts anderes heißt, als aus dem angesonnenen Rollenverhalten auszusteigen.
   "Dieses Fremdwort kenne ich nicht" mault eine Schülerin ihren Lehrer an. Bedient er sie nun eilfertig mit einer

Erklärung, womöglich einer Entschuldigung über unabweisliche fachliche Notwendigkeiten, oder gelingt ihm das Unerwartete: Er vertauscht Vordergrund und Hintergrund der Wahrnehmung der Schülerin, indem er z.B. antwortet: "Du wolltest sagen, Du hast gerade ein neues Wort gelernt? Gratuliere!" Und schon hat er klar signalisiert, daß er die angesonnene Rolle, sich sein Handeln von der Laune der Schülerin diktieren zu lassen, nicht annehmen wird. Aber wie hat er das vermittelt? Ohne "Du-Belastung"! Beide Konfliktpartner haben an Freiheitsgraden gewonnen, der Lehrer durch seinen Positionswechsel, die Schülerin durch die vom Lehrer angebotene gezielte **Umdeutung** des Zukunftsbezuges ihres Handlungs-Selbstverständnisses (vgl. NOLTING, 1978).
Mehr Selbstkontrolle noch verlangt der umgekehrte Fall vom Lehrer, wo er selbst einer absichtsvollen Umzentrierung nachkommen muß. Nimmt er sich nämlich vor, nicht mehr auf das störende Verhalten eines Schülers einzugehen, dagegen alles - auch das geringste! - akzeptable Verhalten positiv zu bekräftigen, dann entlastet er sowohl sich wie den Schüler von der Spannung, die die früheren Auseinandersetzungen begleiteten und vermehrt den Bereich der Übereinstimmung! Eine neue Interpunktion der Ereignisfolgen kann Platz greifen.

4. **In paradoxen Interventionen** erfährt das Prinzip des Umdenkens eine radikale Steigerung. Dabei werden die beklagten **Symptome** solcher Interaktionszwänge dadurch aus ihrem stereotyp abrollenden Handlungszusammenhang gelöst, daß sie nun **absichtsvoll ausgeführt** werden sollen, wo sie bisher nach "Spiel"-Regeln auftraten, die die Betroffenen nicht zu erkennen vermochten. In einer Situation, wo das Indivdiuum sich mit der Anweisung auseinandersetzen muß, bislang spontanes Verhalten unter dem dazu konträren Aspekt willentlicher Herbeiführung zu gestalten, ändert es unausweichlich sein Verständnis dazu. Die faktische Unverträglichkeit der beiden Bezugswelten, etwas spontan und gleichzeitig absichtsvoll zu tun, macht es dem Individuum unmöglich, sein bisheriges unwillkürliches Verhalten weiterhin als unwillkürlich anzusehen. Der Krampf kann sich lösen.
Symptomverschreibungen banalster Art gehören gerade im Raum der Erziehung zu den alltäglichen Interventionsformen. Ein Schüler spricht zu leise: Der Lehrer antwortet fast tonlos: "Noch leiser, bitte". Ein Schüler klappert mit seinem Bleistift. Der Lehrer wendet sich zum Schüler mit der Aufforderung, in die andere Hand einen zweiten

Bleistift zu nehmen und nun mit jeder Hand die gleiche Bewegung auszuführen. Ein Schüler meldet sich häufig, er müsse auf die Toilette. Der Lehrer ordnet an, daß der Schüler regelmäßig alle 15 Minuten sich dorthin zu begeben habe.
"Die Möglichkeit des Andersseins" (WATZLAWICK, 1982) gelingt in solchen Fällen deshalb, weil der autonom gewordene Trott des alten Verhaltens nicht mehr länger unter demselben Vorverständnis getan werden kann. Nach der Verschreibung gerät er unter neue Prämissen. Unverfügbares Verhalten wird dadurch verfügbar gemacht. Dies geschieht - und das ist entscheidend - nicht durch ein längeres um Einfühlung bemühtes Lehrer-Schüler-Gespräch, auch nicht mit Hife eines Handlungsverbotes (die wohl üblichste Lehrereingreifstrategie), sondern durch ein knappen Handlungs**gebot**. Allerdings einem ganz besonderen: Es suggeriert einen Zuwachs an Handlungsfreiheit und endet im Erlebnis der Unentscheidbarkeit. Die vermeintlichen Alternativen enthüllen sich letztlich als illusion: Hatten die Schüler wirklich die Wahl, dem Gebot nachzukommen, leiser zu reden, mit beiden Händen zu trommeln usw. - oder steckten sie nicht vielmehr im Dilemma "wie man es macht, kann es falsch ausgelegt werden!"? Da der Schüler unter der Bindung der Bedeutung des Satzes steht "Sprich leiser", aber dessen Sinn im Kontext einer konträren Wahrnehmung interpretieren muß, rettet ihn vor der Auswegslosigkeit dieser Paradoxie nur der Sprung in die eigene Entscheidung: Ich **will** es so oder anders verstehen. Darin findet er das Erlebnis der Entlastung.
Das vom Lehrer mit der Symptomverschreibung eingesetzte Arrangement der doppelten kommunikativen Bindung des Schülers (an die semantische wie an die dazu widersprüchliche Kontextbedeutung) verunmöglicht es dem Schüler, sein bisheriges Handlungsverständnis aufrecht zu erhalten. Und insoweit der Schüler die vom Lehrer dergestalt provozierte Umdeutung übernimmt, wird der Schüler auch von den Zwängen befreit, die das Handeln nach den alten Regeln bestimmten. Denn deren Gesetz ("das Verhalten kommt unwillkürlich") wird unerfüllbar, sobald ein anderer Bezugsrahmen ("handle absichtsvoll absichtslos") gilt. Eine solche neue Wirklichkeit zu vermitteln, ist darum des Lehrers Geschäft.

5. **Gespräche** wirken nur dann entlastend, wenn sie bestimmte Kriterien erfüllen. Zunächst muß mindestens bei einem der Partner die Bereitschaft vorhanden sein, auf den anderen sich einzustellen und wirklich zuzuhören. Es ist ge-

rade diese Anstrengung, Verstehen zu zeigen, was der Bedrängte als hilfreich erlebt (ROGERS, 1972). Alles kommt darauf an, inwieweit das Gespräch ihm ermöglicht, Freiheitsgrade zurückzugewinnen: Durch eine angstfreie Atmosphäre, wo der Problembeladene ohne Wenn und Aber auf die Suche nach sich selbst gehen darf, wo der Gesprächspartner nicht belehrt, sondern einfach nur zu beschreiben versucht, wie ihm aus den vernommenen Äußerungen die emotionale Befindlichkeit seines Gegenübers verständlich wird. Kurzum: Entlastend wirkt es, wenn der Sinn des Gesprächs weniger darin gesehen wird, Sachverhalte zu analysieren als vielmehr Beziehungen zu klären. Krisengespräche sollen daher Beziehungsgespräche sein.
Der begrenzte Zweck dieser deeskalierenden Methode darf nicht übersehen werden: Sie liefert die (zwar unerläßliche) emotionale Basis für eine gemeinsame Problembearbeitung, aber sie ersetzt sie nicht.

ad 4: Gemeinsamkeiten suchen (Vertrauensrisikobereitschaft, "Nicht-Nullsummenspiel")

Wo liegt das Trennende? Dergleichen wird schnell erkannt. Wo findet man Gemeinsamkeiten? Nur noch im gemeinsamen Gegner? In der gemeinsamen Not, im gemeinsamen Vorteil, in der gemeinsamen Freude? (SHERIF & SHERIF, 1953). Solche Bereiche der Übereinstimmung zu finden, ist schon schwieriger. Gemeinsamkeiten markieren die Bereiche menschlichen **Vertrauens.** Ohne Vertrauensvorschuß wäre kein mitmenschliches, schon gar kein erzieherisches Verhältnis möglich.

Im Konfliktfalle wird das Vertrauen, die **"Berechenbarkeit"** auf eine harte Probe gestellt. Konfliktmindernd wirken nur Maßnahmen, die demonstrativ die Angst vor dem Risiko, hintergangen zu werden, mildern. Dann besteht die Chance, daß die Kontrahenten sich der Problemanalyse zuwenden, anstatt auf "Kampf" und "Sieg" oder doch wenigstens auf "Dampf ablassen" und "Bescheid stoßen" zu setzen. Beide können durch **Differenzierung** im Sachaspekt, durch verbesserten **Informationsaustausch** gewinnen. Hier bedeutet der Gewinn des einen nicht automatisch Verlust des anderen ("Nicht-Nullsummen-Spiel"!). Eskalieren jedoch die aggressiven Handlungen, schwindet das Vertrauen dahin, bricht ein erbitterter Kampf aus, dann können am Ende auch beide Kontrahenten als Verlierer dastehen. Eltern beschimpfen den Lehrer, der Lehrer reagiert arrogant. Im wechselseitigen Schlagabtausch wird es den Beteiligten je länger je weniger möglich, sich auf ihre (notwendigen) Gemeinsamkeiten zu besinnen.

Angesichts des Konkurrenzkampfes der Mitglieder einer Klasse kann der Lehrer täglich vor der Frage stehen, wie er es erreicht, daß die Klasse sich als Gemeinschaft erlebt, wodurch er bei ihr "Wir-Gefühle" fördert. Das geht wohl kaum ohne Abgrenzungen. "Wir" sind eben nicht "Die"! Dieser emotional so entlastenden Einfach-Strategie der Generalisierung (wir "Redskins"!) muß der Lehrer allerdings immer wieder mit der Zumutung kognitiver Umzentrierungen und Differenzierungen begegnen, damit nicht Stimmungen des Ärgers angeheizt werden, die, wie im großen Fußballstadion, nach aggressiven Entladungen drängen.

Der Schulalltag provoziert die Schüler leicht zu lehrplanwidrigen Gemeinsamkeiten: Der Lehrer als gemeinsamer Gegner! Sie selbst in einer gemeinsamen Not! Die Unterrichtsstörung als gemeinsamer Vorteil! Der Wutanfall des Lehrers als Spaß für alle! Daher die immer wiederkehrende Kontrollfrage an den Lehrer: Kann er seine Aufgabe als **gemeinsame Aufgabe** darstellen? Bedeutet er der Klasse: Erreichen "wir" (nicht "ich"!) ein Leistungsziel in einer gegebenen Zeit? Je mehr der Lehrer es bei solchen Anstrengungen versteht, Erfolg und Mißerfolg in "dosierten Diskrepanzerlebnissen" (HECKHAUSEN, 1965) zu mischen, desto mehr schafft er ein **gemeinsames Schicksal** mit dem Ergebnis, daß Binnenkonflikte seltener werden. Und wenn sie auftreten, werden auch sie dann als ein **gemeinsames Problem** behandelt?

ad 5: Problemorientierung

Für alle Sachfragen, deren Antwort man sich nicht aus dem Lexikon holen kann, braucht man Entdeckerstrategien. Sie benötigen einen ganz besonderen Freiraum zu ihrer Entfaltung: Affektive Spannungen blockieren den Ideenfluß. Neuorientierungen setzen immer voraus, daß man "Selbstverständlichkeiten" in Frage stellt. Das bedeutet, daß die freischwebende Aufmerksamkeit auf die Sache ständig in Gefahr ist, von emotionalen wie kognitiven Verunsicherungserlebnissen weggestoßen zu werden. Denn nur wenn Mehrdeutigkeit gesucht wird, besteht überhaupt eine Chance, zu neuen Unterscheidungen zu gelangen. Der Weg dorthin organisiert sich um zwei Stationen: Einfälle - auch scheinbar abwegige - zulassen und sammeln und sodann unter einer klaren Ziel- und Materialanalyse durcharbeiten. Dabei ist es wichtig, daß man erkennt, daß Begriffe Ordnungsversuche darstellen, d.h. daß sie nichts anderes sind als menschliche Konstruktionen und keinesfalls fixe Äquivalente der Wirklichkeit. Stehen daher 'Ansichten' zur Diskussion, so fordern neue Unterscheidungen auch neue begriffliche Fassungen bzw. spezifische Definitionen.

Für Konflikte im Unterricht, besonders wenn sie als gemeinsame Aufgabe angesehen werden sollen, erzielt man solche Bearbeitungsbedingungen nur mit der allergrößten Anstrengung und Schulung. Meistens ist die Gefahr sehr groß, daß erste Maßnahmen die Problemorientierung noch mehr verstellen. Dabei sollte es nicht darum gehen, die optimale Lösung zu finden. Befriedigende **Verbesserungen**, nicht mehr, aber auch nicht weniger, sollten das Ziel sein. Denn man kann nie alle Nebenwirkungen der gedachten Maßnahmen gut genug überschauen. Radikalität schafft erst das Problem, das sie beseitigen will! Dieser Warnung sollte man sich gerade dann besonders erinnern, wenn man davon überzeugt ist, die allerbesten Absichten zu vertreten. "Die Geschichte ist voll von Beispielen, wie der unbegrenzte Wille zum Guten zu unsäglichen Untaten geführt hat (SZCZESNY, 1971)" (NOLTING, 1978, S. 145).

Das Zauberwort der Psychologen des anzustrebenden Prozesses heißt **"Umstrukturieren"**. Im zwischenmenschlichen Bereich geht es nämlich nicht anders zu als im Umgang mit der Materie: Eingriffe schaffen nicht prinzipiell etwas Neues, sie ändern "nur" die Beziehungen der Teile zueinander. Neue Verbindungen herzustellen, dazu braucht es in beiden Bereichen vieler Versuche. Aber gerade hierzu kann die Gruppe Vorteile bieten: Bei Konflikten gilt es, die Voraussetzungen zu schaffen, daß ihr Einfallsreichtum (assoziative Breite) und ihre Wahrnehmungsvielfalt (Differenzierungen, neue

Hierarchisierungen, Perspektivenwechsel) zum Suchen und Finden von Lösungsvorschlägen angemessen eingesetzt werden können. Ohne günstige Rahmenbedingungen gelingt dies nicht. Zum Nachdenken sitzt man anders da als zur Unterhaltung! Eine äußere Disziplin (die eingeübt werden muß!) ist ebenso unerläßlich wie die Vertrautheit mit speziellen Methoden zur Steigerung der Findewahrscheinlichkeit (brain storming, 2 Spalten-Methode, nach Chance und Gefahr diskutieren usw.).

Es leuchtet ein, daß schon dieser spezielle Arbeitsstil konfliktmindernd wirkt - befördert er doch gleichzeitig die Entdeckerfreude!

ad 6: Kompromiß

Der Kompromiß ist ein aus rationalen Gründen abgebrochenes "Nullsummenspiel". Mancher, der sich sagt, lieber ein schlechter Kompromiß als alles verlieren, erkennt die Gefährlichkeit seiner Konfliktverlaufsspur und hält darum ein.

Wenn Schüler dem Lehrer etwas abschwatzen wollen, kann er sehr leicht deren Begehrlichkeit dadurch steigern, daß er sich überhaupt auf Verhandlungen einläßt. Selbstverständlich gehören Tauschgeschäfte zum Leben und im "Handeln-können" demonstriert man eine bedeutende Fähigkeit im Umgang mit Konflikten. Der Lehrer sollte sich jedoch bei den ihm angetragenen Tauschgeschäften immer des Marktwertes seiner Ware erinnern: Schüler wollen Vergnügen, was erbringen sie im Gegenzug? In der Schule darf der Lehrer Vergnügen nur gegen Arbeit hergeben, wobei aus simplen lernpsychologischen Gründen an "Großmutters Regel" zu erinnern ist: Erst die Arbeit, dann das Vergnügen! Wer immer da einen Markt sieht, belebt und bändigt zugleich! Denn die Händler tauschen nicht nur Güter, sondern sie entwerfen auch fortgesetzt Regeln darüber, wie die Balance zwischen den wechselseitigen Ansprüchen gehalten werden kann. Scheitern sie daran, dann eskaliert ihr Interessenkonflikt zum unverhüllten "Nullsummenspiel".

4.2.3. Problemanalyse

Fragen weisen auf Perspektiven hin. Somit organisieren sie die Verarbeitung von Erfahrung. Im Bereich der Konfliktanalyse geht es um die Erkundung der von den Konfliktpartnern geschaffenen Wirklichkeiten und deren Umgang damit: Dazu hat OLBRICH (1986) ein griffiges diagnostisches Handlungsmodell entwickelt:

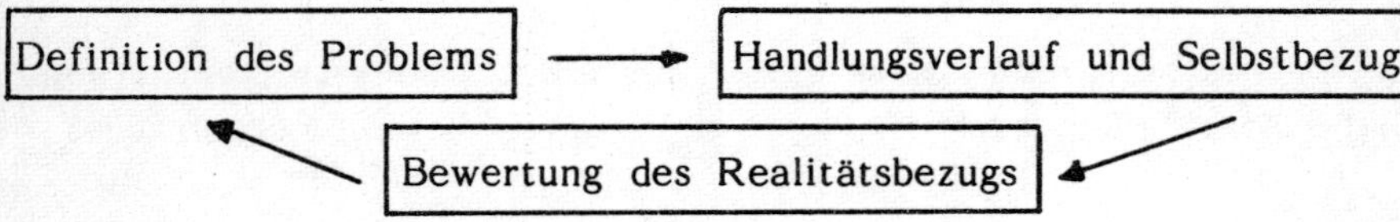

Tab. 3: Wechselwirkungsmodell zur Problemanalyse des Konfliktgeschehens

In einer Sequenz von 3 x 3 Fragen zur Problemaufschließung erarbeitete OLBRICH folgende Analyseschritte, die die für jede Problemklärung unerläßlichen Perspektivwechsel schon in ihrer Systematik berücksichtigen:

A. Definition des Problems

In einer strukturzentrierten Sicht ergibt sich 1. die Frage: **"Wie heißt die Situation?"** Die personenzentrierte Orientierung sucht 2. Antwort auf die Frage: **"Wie heißt das Problem?"** aus der Sicht jedes Beteiligten, und die interaktionale Perspektive will 3. das Geflecht der Beziehungen aufschließen mit der - zu mancher Überraschung führenden - Erkundungsfrage **"Wer hat das Problem?"**

B. Handlungsverlauf und Selbstbezug

Entsprechend der von uns unterschiedenen Niveauebene des Handelns (vgl. Tab. 1a und 1b) und der im Handeln antizipierten Zukunftserwartungen sind für die Analyse der Konfliktfolgehandlungen die nachstehenden differenzierten Erschließungsfragen zur Klärung des **Selbstbezugs** von Nutzen: 1. **"Was will ich?"**, 2. **"Was kann ich?"**, 3. **"Was tue ich?"** (z.B. Kind, Umwelt, sich selbst modifizieren? Die Umwelt bereichern, reizarm machen, vereinfachen?).

C. Bewertung des Realitätsbezugs

Da es den Konflikt konstituiert, daß Handeln behindert wurde, weil die Realität den Erwartungen nicht entsprach, sind am Ende die erdachten neuen Maßnahmen zu kontrollieren und zu bewerten. Wie sehen die Konfliktpartner sich gegenüber den neuen Wirklichkeiten? Zur Evaluation des **Realitätsbezuges** gehören die Fragen: "Ist mein Tun 1. **realistisch**, 2. **konstruktiv**, 3. **akzeptabel**?"

Zentriert man Fragen dieser Art an die eingangs von uns postulierte Auffassung vom Konflikt - im Konflikt werden wir mit den **Konsequenzen** unseres Tuns und Lassens konfrontiert und zur Auseinandersetzung genötigt - dann wird deutlich, daß sie einzeln und für sich genommen weniger leisten als im Kontext eines Wechselwirkungsmodells (vgl. Tab. 3). Es gestattet, die tatsächliche Dynamik des Konfliktgeschehens als solche abzubilden und es erlaubt, für Handlungsalternativen komplexere Begründungszusammenhänge zu erschließen.

4.2.4. Konstruktive Eingreifmöglichkeiten in besonders schwierigen Situationen

Konstruktive Eingreifmöglichkeiten müssen aus der Tatsache entwickelt werden, daß im Konflikt die Handlungsfreiheit eo ipso immer eingeschränkt ist. Das heißt, es ist das immanente Ziel jedes Konfliktpartners, seine Handlungsfreiheit wieder zurückzugewinnen. Aber: eben nur seine eigene!

So wird bewirkt, was man vermeiden wollte: Konfliktsteigerung statt -lösung! Daher muß man Konfliktpartnern, denen an einer **beidseits** befriedigenden Klärung ihrer Auseinandersetzung gelegen ist, immer etwas für sie nahezu Unmögliches empfehlen: Das Freiheitsbedürfnis des anderen berücksichtigen! In solcher Weise in Distanz zu den eigenen Handlungszielen zu treten, verlangt ein Doppeltes: Die emotionale Belastung des anderen vom Druck der Erregung und dem Gefühl der Besorgnis zu befreien und die eigene kognitive Bearbeitung des Problems voranzutreiben. Beides setzt voraus, daß man flexibel ist und seine Position wechseln kann.

Im Klassenzimmer wird diese Aufgabe, Distanzierung zu ermöglichen, dem Lehrer zufallen. Dabei gilt es, in der Strategie die nötige Reihenfolge zu beachten: **Zuerst affektive Entlastung, dann kognitive Bearbeitung**!

4.2.4.1. Zur affektiven Entlastung

Freiheitsgrade öffnen, heißt immer Fixierungen aufbrechen. Gerade im Bereich der affektiven Verspannung kann die Unfähigkeit, anders als traumatisch zu reagieren, besonders groß sein. Gutes Zureden hilft dann nicht mehr. Die eingeschliffenen Abwehrreaktionen beherrschen das Individuum ganz. In solchen Fällen, wo Konfliktpartner sich scheinbar ausweglos in einem Reiz-Reaktions-Klipp-Klapp-Schema verheddert haben, wo sie nur noch emotional reagieren, scheinen sie andere Signale gar nicht mehr aufnehmen zu können. Darum muß man sie emotional zu erreichen suchen, wo rational keine Verständigung mehr möglich ist.

Emotionale Kundgaben erscheinen oft irrational. Dies zeigt ja gerade das Verhalten im Konflikt. Eine emotionale Konfliktbearbeitungsstrategie wird darum kognitiv so abseitig anmuten, wie das emotional fixierte Verhalten im Konflikt.

Das Prinzip, das den Interventionen zugrunde gelegt werden muß, die eine solche zielverspannte Enge des Handelns aufbrechen können, erscheint in der Tat paradox: Den im Handlungsimpuls spontan und sicher Reagierenden maximal verunsichern! Das heißt, seine Erwartungen an die Gegenhandlung des Konfliktpartners, die sich bislang unzählige Male bestätigt hatten, **nicht** mehr erfüllen. Dessen Handeln ins Leere laufen lassen. Mit einem Wort: **Das Unerwartete tun.** Aber wer hat noch so viel Kraft und Freiheitsgrade übrig, daß er für beide zum erlösenden "Täter" werden kann? Wer schafft auch nur eine humorvolle Umdeutung einer Situation, wenn es ihm bitterernst zu Mute ist?

Ein Beispiel:

Ein junger Lehrer kommt, nachdem zwei Vorgängerinnen mit einem Nervenzusammenbruch ihren Einsatz bezahlt hatten, in die 10. Klasse einer Realschule in einem schwierigen Stadtteil einer Großstadt, um dort Geschichte zu unterrichten. Beim Betreten des Klassenzimmers findet er alles in größter Unordnung. Tische und Stühle stehen beliebig herum, die Luft ist verrraucht, es wimmelt von Abfällen auf dem Boden. Niemand nimmt Notiz davon, daß der neue Lehrer eingetreten ist.

In seiner Not setzt er sich zunächst einmal stumm vorne auf den Stuhl hinter dem Lehrertisch. Und er beobachtet, was da vor sich eht. Als er sieht, wie jemand eine Schachtel Zigaretten aus seiner Tasche zieht, davon welche verteilt und man zu rauchen anfängt, tut er das Gleiche (Gottseidank ist er Raucher!). Auch er zündet sich eine Zigarette an und pafft in die Luft. Dann hört er, wie jemand sagt: "Du, da ist ein neuer, den kenn' ich noch nicht." Das beantwortet er mit dem Satz: "Da hat's noch mehr Neue!" - und so geht es weiter während der langen, bangen weiteren 40 Minuten dieser "Unterrichtsstunde". Immer, wenn sich eine Gelegenheit ergibt, wiederholt er gegenüber der Klasse, was sich gerade zugetragen hat. Völlig geschafft verläßt er nach dem Läuten die Klasse. Er hat auch nicht mehr die Nerven, sich im Lehrerzimmmer den neugierigen Fragen der Kollegen zu stellen, die natürlich hören wollen, wie es ihm in dieser bekannt schwierigen Klasse ergangen sei. Aber er ist entschlossen, die Erwartungen der Klasse auch in den folgenden Stunden auflaufen zu lassen. Als er jedoch einige Tage später dort zur nächsten Unterrichtsstunde erscheint, findet er ein aufgeräumtes Klassenzimmer und einen Klassensprecher, der ihm Wünsche zur Themenwahl vortragen will. Nun kann der rationale Teil der Konfliktbearbeitung beginnen. Denn selbstverständlich ist da auch ein Lehrplan.

Kommentar:

Nehmen wir an, daß die Vorgängerinnen dieses Lehrers sich die allergrößte Mühe gegeben hatten, den Schülern etwas zu bieten. Filme, Dias, Videobänder, Zeitungsausschnitte und vieles mehr hatten sie vielleicht angeschleppt. Wollten sie damit doch signalisieren, wie ernst sie es mit ihrer Arbeit als Lehrer meinten! Diesen Erwartungen entsprachen die Schüler nicht. Im Gegenteil, je mehr die Lehrerinnen sich in eine exzellente Unterrichtsvorbereitung hineinsteigerten, umso mehr konnten sie in ihren Erfolgserwartungen durch das störende Verhalten der Schüler enttäuscht werden. Der Nervenzusammenbruch mußte kommen.

Bei den Schülern entwickelte sich nicht minder eine Abhängigkeit von dem, wie der Lehrer sich verhielt. Deren Erwartungen an das Lehrerverhalten, gleichgültig, ob es Fleiß, Zorn oder demütiges Bitten kundtat, waren davon bestimmt, daß der Lehrer ihnen einzig und allein mit den sattsam bekannten, stereotyp gehaltenen Lehrermitteln begegnete. Diese zu entwerten, darauf hatten sie sich eingeschworen. Durch ihr non-konformes Verhalten demonstrierten sie, daß sie das "offizielle" Verhalten des Lehrers nichts anging. So schaukelten die Parteien ihr Verhalten wechselseitig hoch, und ein "Spiel-ohne-Ende" bestimmte ihre Interaktionen.

Das Besondere an dieser Situation ist nicht der Lernwiderstand der Schüler, sondern die Art, ihn zu äußern. Die Schüler geben auf ihre (emotional signalisierende und nicht rational, diskursiv argumentierende!) Weise kund, daß sie die Rolle, die ihnen als Schüler zugeschrieben war, nicht übernehmen wollten. "Vernünftig" über Probleme zu reden, Verhaltensregelungen auszuhandeln, gar Verträge darüber abzuschließen - dergleichen hatten sie vielleicht nie gelernt, vielleicht war es ihnen auch nur in dieser verfahrenen Situation nicht mehr möglich.

So kam für den neuen Lehrer alles darauf an, den Schülern in ihrer eigenen Sprache zu begegnen. Das konnte unter den gegebenen Umständen nur heißen, emotionale Signale zu setzen, die Verwirrung stifteten! Die Lehrerinnen hatte verstört, daß die Schüler ihr "Lehrer-Spiel" nicht annehmen wollten. Ihre Antwort darauf war "mehr desselben" (WATZLAWICK et al., 1974), also noch verstärktere Anstrengungen, den Unterricht durchzuziehen. Aber wie vergeblich! Sie wurden Gefangene ihres Rollenverständnisses. Die Schüler nun muß es in einer solchen Situation in gleicher Weise irritieren, wenn der Lehrer nicht mehr mitspielt und ihnen damit die Stichwörter für ihre Rolle **nicht** gibt. Genau dieser neuen Wirklichkeit aber lieferte er die Schüler aus, indem er sich nun seinerseits der Erwartung der Schüler entzog. Spielen sie nun auch "mehr-desselben"? Und wie lange halten sie es durch? Hier gaben die Schüler schon nach einer Schulstunde auf. Mit dem demonstrativen Verlust des "Spiel"-Partners war das Partner-"Spiel" zu Ende, war der "Spiel"-Zwang gebrochen. Die alte Bedeutung "Lehrer" konnte mit der neuen Erfahrung "Lehrer" nicht mehr in Einklang gebracht werden. Wollten die Schüler nicht an sich selbst irre werden (vgl. Kap. 2.3.), dann mußten sie sich um ein neues Verständnis der Klassenzimmersituation bemühen. Ein solcher Akkomodationsprozeß mutet dem Menschen "Trauerarbeit" zu. Es ist so viel leichter, Erfahrungen zu verleugnen als seine Denkschemata zu ändern (vgl. Kap. 2.2.).

Daher kommt es nun bei der anstehenden Bearbeitung des Sachanteils des Konfliktes sehr darauf an, daß das Erlebnis des Gewinns an Handlungsfreiheit den Schmerz, Unrecht gehabt zu haben, übertönt. Nur dann, wenn der Verlust an Orientierung nicht bis zur hilflosen Willfährigkeit ausgebeutet wird (wie bei der "Gehirnwäsche") und sich vielleicht nur noch in hysterischen Entladungen artikulieren kann, wird der konfliktbewältigende Gewinn dieser Strategie einzustreichen sein. Anders gesagt: Es geht darum, daß ein Verzicht auf Rache gelingt, was damit anfängt, daß man nicht in allem Recht behalten darf. Die Befreiung vom Zwang des neurotischen "Spiels" schafft eine starke affektive Entlastung und öffnet damit den Weg zu einer kognitiven Bearbeitung des Problems.

4.2.4.2. Zur kognitiven Bearbeitung

Aus interaktionszentrierter Sicht gibt es recht verschiedene Steuerungsmaßnahmen, um mit kognitiven Konflikten umzugehen. Man kann den Kontrahenten mit Informationen überschwemmen, die Desorientierung steigern und die eigenen Zielvorstellungen als hilfreiche Lösungsvorschläge darbieten. Man kann die Entscheidung zwischen Alternativen dadurch beeinflussen, daß man versucht, sie in ihrem Wert sehr ungleich erscheinen zu lassen. Man kann um

Ausgleich bemüht sein und eine vermittelnde Strategie wählen. Welche Methode auch immer man einsetzt, die genannten Verfahren bringen nie allein eine **gedankliche** "Lösung", sondern sie rufen auch einen **emotionalen** Tatbestand hervor. Wie erleben die Beteiligten die dadurch geschaffene Wirklichkeit? WATZLAWICK, WEAKLAND und FISCH haben in ihrem Buch 'Lösungen' die Vielzahl der möglichen Operationen systematisiert und dabei zwei Ordnungsebenen unterschieden. Bei den Lösungsformen 1. Ordnung (1a "mehr desselben, 1b "je-desto", 1c "weder noch", 1d "entweder-oder" (vgl. auch OLBRICH, 1978) ereignen sich Veränderungen nur als Veränderungen innerhalb eines Systems.

> Dies trifft für viele Fälle unseres Alltagshandelns zu: Lautet die Frage für einen Lehrer, wie er mit einem Schüler umgeht, der schon wieder keine Hausaufgaben gemacht hat, dann kann er mit Blick auf die Schulordnung seinen Konflikt so lösen: 1a: "Das Doppelte auf morgen", 1b: "Du zeigst täglich unaufgefordert dein Heft mit den Hausaufgaben vor", 1c: Der Lehrer schimpft oder schweigt, 1d: "Entweder du machst die Hausaufgaben zu Hause oder hier: 2 Stunden Arrest".

Es leuchtet sofort ein, daß diese Maßnahmen nur bedingt greifen - nämlich nur dann, wenn der Schüler dem Druck nachgibt und ihnen entspricht. Bleiben sie wirkungslos, dann tritt zum ersten Problem das zweite. Und bald wird es als das eigentliche Problem erscheinen. "Konfliktfolgen schaffen Konfliktfolgen" - mit dieser Sentenz könnte man WATZLAWICKs These für alle Konfliktbearbeitungsstrategien im Rahmen dieser 1. Ordnungsebene charakterisieren.

Wer mit dieser Art von Konfliktbearbeitung nicht zufrieden sein kann, der wird von WATZLAWICK auf den Weg verwiesen, dem schon lange vor ihm allerlei Namen gegeben worden sind: "Produktives Denken", "kreative Lösungen", "Problemlösungsverhalten", "Originalantwort", "schöpferisches Denken" usw. WATZLAWICK nennt ihn den **Weg der Lösungen 2. Ordnung.** In dieser Kategorie werden alle bisherigen Beziehungen in Frage gestellt: Die Voraussetzungen, die hinter einem logischen Schluß stehen (z.B. alle Schüler stehlen, Fritz ist ein Schüler, also? - Stimmt die Prämisse wirklich, oder generalisiert sie unerlaubterweise?), die Positionen der Betrachtung, der Differenzierungsgrad, die Hierarchisierungen (Gewichtungen) usw. Die Lösung eines kognitiven Konfliktes ergibt sich dann, wenn es gelingt, die **Bedeutung**, die einem Sachverhalt zugeschrieben wird, zu verändern. Das setzt voraus, daß man die Widerständigkeit geordneter Sehweisen überwindet und die bislang maßgebenden Gesichtspunkte in ein anderes Verhältnis zueinander rücken kann. Die Aufgabe lautet darum, die Wahrnehmung der Sachverhalte **umzuzentrieren**, damit neue Zusammenhänge sichtbar werden und alte an Gewicht verlieren.

Dennoch heißt das Zauberwort, durch das die unter dieser Maxime gesuchten Erfindungen ihren Wert bekommen, nicht einfach "neu"! Ihre soziale Tauglichkeit hängt vielmehr davon ab, ob sie "konstruktiv", "realitätsnah" und "akzeptabel" erscheinen (vgl. Kap. 4.2.3.).

> Setzen wir das Hausaufgabenbeispiel fort: "Hausaufgaben müssen sein", heißt eine Prämisse des Lehrers. "Müssen sie wirklich immer sein", fragen die Schüler dagegen. "Warum eigentlich Hausaufgaben?" können Lehrer und Schüler weiter überlegen. "Damit Fertigkeiten gesteigert werden". "Dann geht es nur um den Lernerfolg, nicht um die Formalität?" "Wie aber kann der Einsatz dokumentiert werden und der Verpflichtungszwang gelockert?" "Es soll nur noch freiwillige Hausaufgaben geben?" "Weiß jeder, wann er es nötig hat, zu arbeiten - und tut er es auch?"
>
> So oder ähnlich könnte sich ein Nachdenken über die Hausaufgabenregelung entwickeln, an dessen Ende folgende Vereinbarung getroffen wird: Der Lehrer führt ein Hausaufgaben**kontoheft.** Jeder Schüler erhält ein Startkapital von drei Gutschriften, die jeweils zum Dispens von einer Hausaufgabe eingelöst werden können. Das Konto ist jederzeit durch Sonderleistungen (die den Ansprüchen an Hausaufgaben entsprechen) auffüllbar. Damit sind Kontobewegungen in beliebiger Zahl möglich. Ein Überziehen des Kontos gibt es nicht. Sollte dies versucht werden, löst dies automatisch eine Konferenz der Beteiligten aus.

Bringt diese Regelung einen neuen Zugang zu der Bedeutung, die Hausaufgaben für den Schüler haben? Sie erhöht die Freiheitsgrade, indem sie dem Schüler mehr Dispositionsfreiheit gibt und dem Lehrer es erspart zu überlegen, wie er mit fadenscheinigen Entschuldigungen, Ausreden oder Verweigerungen umgehen soll. Sie ist geeignet, bei beiden Parteien die Wahrnehmung "Hausaufgaben" umzuzentrieren. Denn die neue Wirklichkeit ermöglicht ihnen, die Elemente "Freizeit" und "Leistungsanforderung" unter einem anderen Vorverständnis zu erblicken.

An die Stelle der "Lehrerkontrolle" tritt demonstrativ die der "Selbstkontrolle". Die Lehrerkontrolle ist nach wie vor da, aber sie erhält eine andere Funktion. In Bezug zur Freizeit betonte die alte Regelung das Erlebnis der Einschränkung, die neue dagegen hebt den Gewinn an Verfügungsfreiheit hervor. Und die neue Regelung drückt aus, daß es auf das Leistungsergebnis ankommt. Damit kann sie auch (ganz sanft!) den Lehrer veranlassen neu darüber nachzudenken, mit welcher Art von Hausaufgaben (bzw. ersatzweisen Sonderleistungen) dieser Sinn am ehesten erfüllt wird. Und schließlich setzt sie den Schüler in die Lage, sich selbst zu verstärken, indem sie für Leistung etwas Verlockendes bietet: Selbstbestimmung und Freizeit.

Erscheint die Regelung "realitätsnah", "konstruktiv" und "akzeptabel"? Nur die Beteiligten können darüber entscheiden, ob sich damit für sie alle diese Kriterien erfüllt haben.

Bei "Lösungen 2. Ordnung" geht es um **neue Ordnungen**: Ihre Aufgabe ist es, gewohnte Beziehungen, sei es auf der Verhaltensebene, sei es auf der Ebene der Bedeutungen (durch die der begriffliche und gefühlsmäßige Rahmen von Sachverhalten erfaßt wird) durch solche zu ersetzen, die den Gegebenheiten einer Situation ebenso gut oder besser gerecht werden. Dazu gehört viel Phantasie, einmal im Suchen und Finden und zum anderen im immer wieder neuen antizipierenden Bewerten der möglichen Folgen. Lehrer und Schüler könnten sich da gut ergänzen! Beide Partner bewältigen in unserem Beispiel ihren Konflikt, indem sie ihre Desorientierung als Verlust eines Bezugssystems auffassen, wodurch sie genötigt werden, ein neues zu schaffen und ihr Handeln im Blick auf ihre gemeinsame Zukunft darin zu integrieren. Die "Lösung" ist gefunden, wenn die neue Ordnung den Beteiligten eine neue funktionale Identität vermittelt.

4.3. Personzentrierte Lernziele zum konstruktiven Umgang mit Konflikten

4.3.1. Erhöhung der Reflexionsspannung

Das Kernproblem im Konflikt ist, so haben wir eingangs festgestellt, daß man mit den Auswirkungen seines Tuns in Schwierigkeiten gerät.

Hatten wir die Lage falsch eingeschätzt? Konnten wir die Folgen unseres Handelns nicht gut genug erkennen? Waren sie zu unüberlegt? Solche nach-denklichen Fragen sind Fragen aus der Rückschau, gestellt in einem Moment, wo wir nicht recht weiter wissen. Indem wir sie an uns selbst richten, gehen wir da nicht von der Vermutung aus, daß wir es von Anfang an hätten besser wissen können? Hatten wir einfach zu wenig Geduld zum Nachdenken oder schlichtweg keine Übung darin? Denken erspart Arbeiten, sagt man, erspart es auch Konflikte?

Die Chance jeder Reflexion liegt im Entwurf von Alternativen. Ihr Preis: Handeln auszusetzen! Hat die Schule Möglichkeiten, die Schüler dazu zu erziehen? Die Frage scheint müßig, ist es doch ihre eigentliche Aufgabe, die Schüler denken zu lehren in dem Prozeß, in dem sie Gedachtes vermittelt. (Ohne Wissen kein Denken!)

Doch in der Schule ist viel Hektik. Nervöse Unruhe bei den Schülern, Streßerscheinungen bei den Lehrern, Übersteuerungen in den organisatorischen Abläufen, der Druck des Lehrplans, das Unterrichtstempo, die Gruppe als Meute - dieses und anderes mehr erschweren täglich und stündlich Konzentration und Aufmerksamkeit auf die Lerngegenstände und den Sachverhalt. BECKER (1981) urteilt sicher zu recht skeptisch: "Nur in seltenen Fällen machen Lehrer von der Möglichkeit Gebrauch, sich Handlungsaufschub zu verschaffen ... bis eine angemessene Konfliktwahrnehmung und Konflikteinschätzung möglich sind" (S. 13). Ist es schon schwer, die Schüler zu einem geduldigen Umgang mit den fachbezogenen Problemen zu führen, so scheint es nahezu aussichtslos, sie im Falle eines Streits zum Nachdenken - nein: Voraus-denken! zu bringen. Und doch hängt alles daran, ob und wie es dem Lehrer gelingt, in seiner Klasse **Gepflogenheiten** einzuführen, die auch jedem noch so schwachen Versuch, zu einer Denkanspannung zu kommen, eine Chance geben. Sie müssen als **Selbstverständlichkeit des Umgangs** mit Denkproblemen automatisch zur Verfügung sein. Ohne solche **Rahmenbedingungen** werden auch die gutwilligsten Kinder an solchen Aufgaben scheitern und ihre Frustration wird das aggressive Klima in der Klasse weiter aufheizen.

Sieht man schärfer hin, so finden wir uns einem Netzwerk von Variablen gegenüber, die sowohl aus einer strukturzentrierten wie einer interaktionszentrierten Perspektive hervortreten. Auf vieles haben wir schon in den Kap. 4.1. und 4.2. hingewiesen.

Die Schlüsselaussage zur Anleitung in der Fähigkeit der Selbstreflexion lautet: "In der Gesamthaltung des Erziehers ... muß die Reflexion integriert sein. Ein Zeichen für eine gelungene **Integration** ist der Humor" (PFISTNER, 1968, S. 24). Die nachstehenden Stichwörter, in denen nur noch tabellarisch Variablen angeführt werden, die problemlösendes Verhalten begünstigen, sollten unter diesem Bezug gelesen werden. Sie sind in ihrer Eignung für die einzelnen Altersstufen nicht spezifiziert.

WEINERT & ROTERING-STEINBERG (1981) empfehlen folgende Grundsätze für ein Lehrertraining zum Umgang mit Konflikten:
"... bei der Analyse simulierter und tatsächlicher schulischer Probleme möglichst oft die Perspektive wechseln, vielfältige Hypothesen über die Ursachen von Konflikten und die Möglichkeiten von Konfliktlösungen bilden, zur Prüfung dieser Hypothesen systematisch und unvoreingenommen Informationen einholen, verschiedene Handlungsmöglichkeiten auswählen und kontrolliert ausprobieren und die Erfolge bzw. Mißerfolge des pädagogischen Handelns anschließend selbstkritisch überprüfen" (S. 60).
Ratschläge auf diesem Allgemeinheitsniveau sind nicht mehr lage- oder berufsspezifisch. Deshalb können ihre Aussagen mühelos als Aufgabe für jeden Konfliktpartner angesehen werden. Denn sie beschreiben ganz allgemein Wege zu unserer Selbstaufklärung. Ihr Ziel ist, unsere Distanz zu unseren unwillkürlichen Handlungsimpulsen zu erhöhen (vgl. Niveauebene 1 Tab. 1a und 1b) und unsere Antizipationsfähigkeit als Lernaufgabe (vgl. PFISTNER, 1973) vorzu-

Umgebungsbedingungen	Lehrerleistungen (vgl. Kap. 4.1.)	Schülerleistungen (nach NEBER, 1981)
Zeit Stille Körperhaltung Sitzordnung Reizminderung	**1. Erlebnis der Kompetenz vermitteln** * Zielorientierung * Hohes Anforderungsniveau * Differenzieren * Perspektive wechseln * Rekapitulation von Teilen des zurückliegenden (Konflikt)-prozesses **2. Atmosphäre des wechselseitigen Vertrauens** * Heiter * Ausgeglichen **3. Raum für Spontaneität** * Spannung - Lösung (Ernst - Spaß)	- Schweigen - **Strategietraining** * allgemeine Heuristik * analogisierendes Denken * handlungsrelevantes Hintergrundwissen bereitstellen * Konkret-Abstrakt-Konkret-Übergang * nach besonderen Verfahrensregeln bearbeiten: + Chance + Gefahr + Verstehensstrategien + Problembearbeitungsregeln (DEWEY)
	4. Gefühl der Überschaubarkeit * Verständlichkeit * Kontrolle * Rückmeldung * Wiederholung * Beispiele * Selbstsicherheit	- **Selbstreflexion** (= Nachdenken über den eigenen Denkablauf) * Versprachlichung der Besinnung * Reminiszenzen an das nähere Umfeld * interne Repräsentation des Problems * Aufbau eines Problemraumes

Tab. 4: Merkmale, die eine Erhöhung der Reflexionsspannung begünstigen

stellen. Als geeignete Verfahren hierzu haben sich die in Tab. 4 genannten Methoden des **"Strategietrainings"** und vor allem der **"Selbstreflexion"** (Nachdenken über den eigenen Denkablauf) erwiesen. Strategietrainings bieten Problemlöseroutinen und reduzieren dadurch Komplexität. Sie ermöglichen gezielt, handlungsrelevantes Hintergrundwissen zu mobilisiern und zur Aufgabenbewältigung einzusetzen. Ihre Chance liegt darin, daß sie schnell abrufbare handlungsleitende Kognitionen zur Verfügung stellen; ihre Gefahr kommt aus dem Schematismus, den sie notwendigerweise mitbringen. In einer selbstreflexiven Nutzung des Wissens (Wissen ist unerläßlich!) dagegen ist die Chance der Öffnung für den Eigenanteil am Konfliktgeschehen besonders hoch. Die Reflexionsspannung und die erforderliche Frustrationstoleranz werden jedoch bis an die Grenze dessen, was ein Individuum verkraften kann, in Anspruch genommen. Dieser viel Geduld erfordernde **Prozeß der Rückbesinnung** und Vergegenwärtigung einer Entwicklung, an dessen Ende man im Konfliktfalle nun alle Hände voller Probleme hat, sollte meines Erachtens ein ganz normales Geschäft im Unterricht sein. Wann immer ein Denkablauf an sein Ende gekommen ist, ergibt sich die Gelegenheit zur Rückfrage: "Wie sind wir nun dahin gekommen?" In der vorsichtigen Versprachlichung der so angestoßenen Besinnung, im Abstecken des näheren Umfeldes durch die auftauchenden Assoziationen, in den sich spontan einstellenden Analogiebildungen, im dadurch sich mehr und mehr selbst organisierenden Problemraum, wächst jene interne Repräsentation des Problems bei jedem Beteiligten, ohne die ein problemlösendes Lernen nicht stattfindet (NEBER, 1981). Wenn Lehrer und Schüler hier gemeinsam die Übung entwickeln, Probleme nicht nur in ihrer "Lösung" zu betrachten, sondern deren Entwicklungsgeschichte als Entdeckungsaufgabe anzusehen, wenn es gängiges Unterrichtsprinzip geworden ist, Teile des zurückliegenden Gedankenablaufs zu rekapitulieren (und nicht immer nur nach vorwärts zum "Ergebnis", zur "Endgestalt" zu drängen), dann wurde ein Doppeltes erreicht: Die Geduld im Umgang mit den Sachen und sich selbst, wie sie sich in Aufmerksamkeit und Konzentration ausdrückt, und ein differenziertes Problembewußtsein, das für Einfachlösungen nicht mehr zu haben ist, weil es hinter sein Wissen nicht mehr zurücktreten kann.

4.3.2. Impulsabhängigkeit verringern

In jeder Gruppensituation gibt es Störreize. Daher sind vielerlei Unterrichtsstörungen schlichtweg darauf zurückzuführen, daß die Situation nicht genügend reizarm gemacht wurde oder gemacht werden konnte. Daß sie die Denkanspannung behindern, kann man als Lehrer täglich bis zum Überdruß erleben. Aber auch die "Störreize von innen", das hyperaktive Verhalten der Kinder, ihre gierige Reizsuche, ihre frei flottierende Aggressivität behindern die Arbeit. Von beiden Störquellen, von den Konflikten, die sie schaffen und den Methoden zu ihrer Bewältigung, wie sie vor allem aus den Erkenntnissen der Verhaltenstherapie abgeleitet wurden, soll hier nicht die Rede sein. Wir wollen im folgenden nur auf ein spezielles Problem verweisen, das in der Tatsache gründet, daß eine Schulklasse eine Gruppe ist und als Gruppe ein besonderes Konfliktpotential hervorbringen kann: Die Gruppe kann zur **Meute** werden und als Meute in ihrer Aggressivität jeden Versuch einer rationalen Verständigung zerstören. HASSENSTEIN (1987), dem wir hier folgen, führt als Merkmale dieses Verhaltens, dem sich der Einzelne offenkundig so schwer entziehen kann, folgende Liste auf (S. 124):

- "Sie ist ansteckend von Mensch zu Mensch
- Sie führt zu einem berauschenden Erlebnis der Kampfgemeinschaft
- Sie kennt nur Freud oder Feind und nichts dazwischen
- Sie ist durch die Ausrufung des Bedrohtseins der eigenen Gemeinschaft, ihrer Werte oder ihrer Ehre absichtlich auszulösen
- Sie unterdrückt andere Bewußtseinsinhalte wie vernünftiges Denken und menschliches Mitgefühl
- Sie ist ein natürlicher Wegbereiter der Gewalttat
- Sie enthemmt gegenüber dem Gruppenfeind jede Grausamkeit".

> Gruppengröße, Anonymität, Wertverlust, Desorientierung - alles Merkmale, die hinter vandalistischem Verhalten stehen - begünstigt die Auslösung des Meuteverhaltens. Allein oder in ihrer Summe bestimmt ihre **Stärke** den spontanen Ausbruch der Gewalt. Hier muß die Prophylaxe einsetzen. Freund-Feind-Denken, unbedingte Gruppensolidarisierung, Fanatisierung, verbale Aggressivität, Demagogie sind Handlungs-

schemata, die in jeder Schulklasse auftreten können. Die hier immer wieder geforderte Distanz zum eigenen Handlungsimpuls schmilzt dann im Nu. Die menschliche Impulsabhängigkeit reißt jeden mit.

Was ist zu tun? "Wegen ihrer verhängnisvollen Macht, Verhaltensdispositionen aus Abgründen der menschlichen Natur aufzurühren, ist diffamierende Aggression an keiner Stelle zu verantworten", schreibt HASSENSTEIN. "Wie überall, wo der Teufelskreis der eigengesetzlichen Steigerung von Gefahren droht, so liegt auch hier die einzige Chance darin, den Anfängen zu wehren, anstatt abzuwarten, bis eine Lawine ins Rollen gekommen ist, gegen die niemand mehr etwas ausrichtet" (S. 1276 f.).

Der geforderten Distanzierung von inneren und äußeren Impulsen muß schon im **Vorfeld** begegnet werden, bevor deren Reizstärke eine Dynamik freisetzt, die sich nicht mehr steuern läßt. Hat man diese Konsequenz wirklich begriffen, dann wird man sich mit aller Kraft dafür einsetzen wollen, daß von früh an bestimmte **Regeln des Umgangs** eingeübt werden. Ihre Aufgabe ist einerseits, alles Entwürdigende und Diffamierende zu tabuisieren, denn es provoziert Aggression, und Aggression in der Gruppe steckt an; andererseits müssen sie den sozial akzeptablen Weg markieren: Gewaltfreiheit, argumentative Auseinandersetzung, Abwehr aller Sündenbock-Praxis, Rücksteuerung des Handelns aus der wohlbedachten Antizipation seiner Auswirkungen, Betonung der menschlichen Wahlfreiheit. **Man muß lernen aufzupassen, wie leicht man von solchen zur blinden Aggression verführenden Auslösereizen überrumpelt werden kann.**

Vermitteln Lehrer dafür eine Sensibilität nicht allein an Beispielen der großen Politik, sondern an Ereignissen in der eigenen Schulklasse? Lernen die Schüler sofort, ihr Mißfallen auszudrücken, wenn Diffamierungen laut werden? Wie verhält sich der Lehrer, wenn die Klasse einen Mitschüler auslacht? Mit welcher Durchsetzungsstrategie hat ein Schüler Erfolg? Indem er Stimmung gegen andere macht, sich affektiv aufplustert, "motzt" und "mault" und unter dem Vorwand zu "argumentieren" in Wahrheit nur ein Klima höchster Gereiztheit erzeugt? Oder indem er seiner Ungeduld freien Lauf lassen darf, dazwischenrufen kann, wie es ihm paßt, den

Nachbarn pfetzen mag, wenn es ihm einfällt, Gegenstände folgenlos zerstören kann, wie sie ihm in die Hände kommen?

Wird dergleichen "üblich", dann liegen die Signale für Hetzjagden aller Art in fahrlässiger Weise griffbreit herum, für Hetzjagden gegen Lehrer wie gegen Schüler! Unterricht geht dann in der so ansteckenden Wirkung solcher aggressiven Einstimmungen und Enthemmungen unter.

4.3.3. Handlungsentwürfe - an die Konsequenzen denken

Zur überlegten Simulation sozialer Konflikte gibt es in der Schule wahrscheinlich wenig Gelegenheit. Es ist vielmehr zu vermuten, daß im allgemeinen rasch entschieden und gehandelt - oder gar nichts getan wird. Ein Training in Methoden zur Antizipation der Auswirkungen des Tuns und Lassens wäre gerade dann besonders wichtig, wenn die Gefahr besteht, daß Gruppenaggression und damit schrankenlose Solidarisierungseffekte ausgelöst werden. Wie leicht steht der Lehrer als Folge seines eigenen Verhaltens vor einer geschlossenen Abwehrfront im Klassenzimmer! Aber auch Schulleiter provozieren in ihren Kollegien **ahnungslos** den geschlossenen Widerstand ihrer Kollgien! Verdächtigungen, Unterstellungen, Drohungen, Implikationen können zum völlig **unreflektierten** Repertoire eines Menschen gehören. An solchen Fällen wird deutlich, daß es der Zukunftsbezug des Menschen ist, der den Konfliktraum konstituiert. Denn die in ihrer Konsequenz falsch eingeschätzte Handlung aktiviert diesen Zukunftsbezug durch die von Irritation und Spannung begleitete Erfahrung der Desorientierung, die zur existentiellen Belastung werden kann, sofern es nicht gelingt, wieder einen einheitlichen und stimmigen Bezug herzustellen.

Allen psychotherapeutischen Interventionen geht es daher um die Arbeit an der Störung des Zukunftsbezugs. Das heißt, sie suchen - wenngleich mit unterschiedlicher Aufmerksamkeit für Vergangenheit, Gegenwart und Zukunft - "die im Konflikt aktualisierten alternativen Lebensmöglichkeiten mit übergreifenden personalen, gruppenbestimmten oder institutionellen Normmustern konsonant zu machen" (BERKEL, 1984, S. 84).

Soweit der Lehrer im Unterricht hier eine Aufgabe erfüllen kann, wird er seine Anstrengungen auf 3 Bereiche im Konfliktablauf konzentrieren: 1. Auf die Erweiterung des **Wissens** vom eigenen Handeln (Verhaltensweisen, die dem anderen bekannt, dem Selbst aber unbekannt sind). 2. Auf die Sensibilisierung für die Wirkung des eigenen Handelns auf andere. 3. Auf die Reflektion auf die in die Zukunft projezierten **Erwartungen** der Folgen des eigenen Handelns. Die vermehrte Kontrolle über die in eine Art "Selbstdiagnose" erfahrenen Fakten der eigenen Lebenswirklichkeit (d.h. zu wissen, was man tut und womit man Anstoß erregt), ist die Voraussetzung für die eigentliche Aufgabe einer wohlüberlegten Strukturierung des Zukunftbezugs: **Verantwortlich handeln zu können.** "Das Verhalten des reifen und erwachsenen Menschen hebt sich von dem des unreifen kindlichen und kranken Menschen gerade dadurch ab, daß die Ausrichtung auf die Zukunft gegenüber dem Genießen der unmittelbaren Gegenwart die Überhand gewinnt. Ja, reifes Verhalten ist in unserer Gesellschaft zukunftsorientiertes Verhalten: als Vorsorge, als Bedenken der Konsequenzen, als Kalkulation der Risiken, als Beachten rationaler und normativer Gesetzmäßigkeiten" (ELIAS, 1978, S. 136 ff., zit. nach BERKEL, 1984, S. 83).

Einige besondere Methoden, die dem Lehrer in der Klassenzimmersituation zur Verfügung stehen, um die Chance der Selbstreflexion zu erhöhen, haben wir in Kap. 4.2. angeführt. Wie bei der Individualtherapie auch akzentuieren sie spezielle Momente eines breiteren Verhaltensspektrums als modus deficiens. In gleicher Weise kann sich die Simulation von Zukunftsentwürfen im Unterricht auch solcher allgemeiner Methoden bedienen, die Gelingen oder Mißlingen der Handlungspläne zum Gegenstand haben: Texte im Deutschunterricht als Simulationsinstrument sozialer Konflikte (SEHRINGER, ²1978), das Rollenspiel in vielerlei Gestalt und die non-direktive Gesprächsführung. Texte könnten als kognitive Modelle (SEHRINGER, 1986) Wissen trainieren, um den Aufbau von Problemräumen zu steuern und zur handlungsleitenden Kognition zu werden. Rollenspiele machen Erfahrungen leibhaftig, welche Differenz zwischen Wissen und Tun klaffen kann und welche Änderung in den Handlungsplänen notwendig sind, um den Realitätsbezug der Zukunftserwartungen zu steigern. Und die non-direktive Gesprächsform ermöglicht durch ihre Zentrierung auf die emotionale Befindlichkeit eine anders schwer erreichbare Chance der Selbstbefragung.

Allen diesen Methoden gemeinsam ist ihr Ziel: Dem Individuum es zu erleichtern, sich von Verhaltensimpulsen, auf die es festgelegt scheint, zu distanzieren. Als Mittel der Vernunft, deren Leistung es ist, die Reflexionsspannung zu erhöhen, stehen ihnen allerdings mächtige Widersacher entgegen. Aber ohne **selbsterrungene** Einsicht in die fatale konfliktsteigernde Wirkung einer solchen Impulsabhängigkeit bleiben Ermahnungen zum friedfertigen Verhalten leere Worte. Lehrer müßten sich daher die Kontrollfrage stellen: Erleichtern die Erfahrungen im Klassenzimmer dem Schüler den Einblick in seine persönlichen Abhängigkeiten und vermitteln sie jenes handlungsrelevante Hintergrundwissen, das ein aggressionsminderndes, konstruktives Konfliktverhalten ermöglicht? Müßte die Professionalisierung des Lehrerberufs nicht gerade in dieser Richtung fortentwickelt werden?

4.3.4. Der schöpferische Akt der Entscheidung

Stehen wir vor der Qual der Wahl oder der Freiheit der Entscheidung? Das kann man nicht im voraus sagen! Deshalb ist es so wichtig, daß die **Aufmerksamkeit** auf den **Prozeß der Entscheidungsfindung** als eine lebenslange Lernzumutung begriffen werden kann. Allerdings arbeitet der Mensch angesichts eines Konflikts nicht in jedem Falle an einer Entscheidung. Er kann ebenso versuchen, von all dem abzurücken, was seinen Konflikt ausmacht. Findet er seine Spannungsentlastung schon dadurch, daß er 'aus dem Felde geht', so wird er sehen, ob ihm dies möglich ist. Denn die Angst, die den Menschen im Konflikt befällt, wenn er die Wirklichkeit der Sinneserfahrungen und die Ungewißheit ihrer Interpretation aushalten soll, vertreibt ihn nur zu leicht von der Aufgabe, über die Motive des eigenen Tuns zu reflektieren. Aber auch die Möglichkeit der Vorausschau hat ihre Grenzen. Deshalb werden wichtige Entscheidungen immer vom Erlebnis des Risikos begleitet sein. Aber gerade weil der Mensch offen und lernfähig ist, kann er auch lernen, sich der Unbestimmtheit zu stellen - trotz allen Spotts der Skeptiker: "Das habe ich getan, sagt mein Gedächtnis, das kann ich nicht nicht getan haben, erwidert mein Stolz. Beide ringen miteinander. Schließlich gibt das Gedächtnis nach" (NIETZSCHE). In diesem dem Menschen so eigentümlichen Prozeß des Segmentierens, des Gruppierens und des Neuverschlüsselns des Erfahrenen kommt nun alles darauf an, ob das Individuum es wagt, die in jeder Veränderung gegebene Chance zur Daseinssteigerung zu ergreifen oder ob es statt dessen Kummer schaffenden Verdrängungen anheimfällt.

Da unsere menschliche Wirklichkeit ganz wesentlich die **Wirklichkeit der Deutung** ist, die wir den Auswirkungen unseres Umgangs mit der Welt geben, hängt nun vieles davon ab, ob wir gegenüber dieser "Freiheit im Bedingten" (PFISTNER, 1986, S. 46) uns den allfälligen Entscheidungen stellen und die mit ihnen gegebenen Deutungen unserer Weltverhältnisse annehmen wollen und können. Wenn es richtig ist, Konflikte als Provokation zur Anpassung an die Realität zu verstehen, dann ist unsere Aufmerksamkeit auf den Prozeß der Entscheidungsbildung deshalb so wichtig, weil alle Fehldeutungen unausweichlich zu Realitätsverlusten führen. Unter solchen Einschränkungen leidet und verkümmert der Mensch - oder er sucht sich durch Lüge und Aktionismus davonzustehlen.

Im Konfliktfalle ist daher immer alles Augenmerk darauf zu richten, wie man die **Reflexions**spannung erhöht. Denn das durch den Konflikt gestörte Weltverhältnis erweist sich schnell als eine angstbeladene Überanstrengung, die nach Entlastung drängt. In solchen Situationen erlebt derjenige, der die Dynamik des Konfliktgeschehens bei sich selbst wie bei anderen analysiert, wie schnell rationalisierende statt rationale Prozesse die Oberhand gewinnen.

Deshalb muß eine Erziehung zur "Konfliktfähigkeit", d.h. zum Umgang mit widerspruchsprovozierenden Erfahrungen, direkt am menscheneigentümlichsten Punkt einsetzen, nämlich an dem, was die Griechen den menschlichen "Hiatus" genannt haben. Damit meinten sie seine **relative** Unabhängigkeit von handlungsdeterminierenden Weltbezügen und Systemzwängen. Weil dem Menschen - anders als dem Tier - das Leben nicht nur gegeben, sondern ebenso auch aufgegeben ist, muß er seine Handlungen auch verantworten können. Wie anders gelänge ihm das, wenn nicht aus einer Distanz zu den Impulsen von innen und von außen? Dieses Erlebnis der Freiheit des Geistes, nicht zu re-agieren sondern planvoll Handlungen zu entwerfen und wieder zu verwerfen und sie endlich im Bewußtsein der dazugehörigen Konsequenzen zu vollziehen, schafft ganz außerordentliche Erlebnisse der Daseinssteigerung.

Weil infolgedessen im Punkte des "Hiatus" die **schöpferische Kraft** des Menschen provoziert wird, muß nun in der Erziehung zum Umgang mit Konflikten alles daran gesetzt werden, daß die Impulsabhängigkeit verringert und die **Lust an der Strategie** erhöht wird. Wer lernt, inwieweit seine Handlungen "impulsiv" ablaufen und in welchem Maße er die Zumutung der Reflexion aushalten kann, der hat durch die gewonnene Sensibilisierung für seine "unbewußten" Reaktionen schon ein Stück jener Freiheit gewonnen, wo die Umwandlung des eigenen Daseinsverständnisses zur Entlastung von den Zwängen der vorausgegangenen Sinngebung führt. Was mit einer derartigen Impulsbewertung als Lernziel beginnt, mündet schließlich - im idealen Fall - in die Selbst-Steuerung dessen, der sich der prinzipiellen Möglichkeit der eigenen Entscheidung aus dem Erlebnis der freien Setzung versichern will. Und diesen Anspruch hält er selbst dann aufrecht, wenn er offenkundig ausweglos sich einem bedrohlichen Schicksal ausgeliefert sieht. Der Künstler BEETHOVEN hat auch darin sich die Freiheit seines Geistes zu bewahren versucht, als er angesichts seiner drohenden Taubheit feststellte: "Ich will dem Schicksal in den Rachen greifen, niederzwingen soll es mich gewißlich nicht". Anders als bei den das Selbst so demütigenden Erfahrungen der Impulsdominanz (Flucht, Angriff), der Impulsunterdrückung (Zwang) oder des Widerstreites der Impulse (Totstellreflex), die zu neurotischen Fehlreaktionen führen, weil sie Ansprüche der Wirklichkeit abdrängen und verdrängen, wird im **schöpferischen** Akt der Entscheidung der bewußte Weltbezug gerade nicht eingeschränkt, sondern vielmehr als intensive Ausweitung erlebt. Dabei geht es - vielleicht überflüssig zu sagen - **nicht** darum, die "weise", gültige Entscheidung getroffen zu haben, sondern um einen für das Individuum in seiner jeweiligen Lebensbefindlichkeit "stimmigen" Entschluß. Aus diesem Grunde führen bewußt getroffene Entscheidungen, die später korrigiert werden müssen, weit weniger zu Traumata und Verdrängungen, als die Konfliktspannungen, die durch nicht getroffene Entscheidungen bestehen bleiben und deshalb auf nicht verfügbare Weise Schutz vor Unbill mobilisieren (nach außen erkennbar als Flucht, Angriff oder Totstellreflex, nach innen zu beschreiben als Abwehrmechanismus wie Verdrängung, Verschiebung, Projektion usw.). Gleichgültig wer in dieser Auseinandersetzung zwischen Sinneserfahrung und Deutung obsiegt, die Sinnenwelt oder die Sinnwelt (LAY) oder eine "schöpferische Synthese" daraus (WUNDT), zum Erleben der Daseinserweiterung, des Gewinnes an Freiheitsmomenten, verhilft nur das Bewußtsein, selbst entschieden zu haben. Ob man in einer dürftigen Lage beschließt, dennoch "glücklich" zu sein und sich dementsprechend darin einzurichten versucht, oder ob man auf Verdrängung sinnt, es kommt alles darauf an, inwieweit es dem Individuum gelingt, die Auseinandersetzung mit dem Erfahrenen so bewußt zu betreiben, daß es **aktiv** dazu Stellung bezieht. Mit seinem "Ja", mit seinem "Nein", in denen es seine für seinen jeweiligen Lebensbereich gültigen Wertungen ausdrückt, kann es sich seiner Freiheit versichern. Dabei allerdings stößt es unvermeidlich auf die Paradoxie des Erlebnisses der Freiheit: Der Mensch hat die Freiheit, sich festzulegen. Die Bindung erst bezeugt die Chance, die in der Freiheit steckt.

Für die vielen kleineren und größeren Entscheidungen, die im Unterricht anstehen und die Angelegenheit der Schüler sind, folgt daraus:

1. Entscheidungsdruck schafft Verunsicherung
2. Entscheidungsdruck fordert erhöhte Auseinandersetzung mit der Realität
3. Das Erlebnis der Entscheidung kann als Belastung wie als Entlastung empfunden werden.
4. Entscheidungsfreiheit zieht Bindungsverpflichtung nach sich.

Der absichtsvolle Umgang mit diesen Merkmalen einer Entscheidungssituation sollten den Erziehungsprozeß kennzeichnen, so daß die Schüler es nicht zu scheuen brauchen, einen aktiven Weg der Konfliktbewältigung zu gehen.

Literaturverzeichnis

Abrami, P.C., Leventhal, L. & Perry, R.P. (1982). Educational seduction. Review of Educational Research, 52, 446-464.

Becker, G.E. (1981). Lehrer lösen Konflikte. Ein Studien- und Übungsbuch. München: Urban & Schwarzenberg.

Berger, Berger, Kellner. (1975). Das Unbehagen in der Modernität. Frankfurt: Campus.

Berkel, K. (1984). Konfliktforschung und Konfliktbewältigung. Ein organisationspsychologischer Ansatz. Berlin: Duncker u. Humblot.

Blake, R. & Mouton, J. (1970). The fifth achievement. Journal of Applied Behavioral Science, 6, 418.

Dollase, R. (1985). Entwicklung und Erziehung. Angewandte Entwicklungspsychologie für Pädagogen (Grundlagentexte Schulpädagogik). Stuttgart: Klett.

Dörner, D. (1982). Lernen des Wissens- und Kompetenzerwerbs. In B. Treiber & F.E. Weinert (Hrsg.), Lehr-Lern-Forschung. Ein Überblick in Einzeldarstellungen (S. 134-148). München: Urban & Schwarzenberg.

Duncker, K. (1974). Zur Psychologie des produktiven Denkens (3. Aufl.). Berlin: Springer.

Elias, N. (1978). Über den Prozeß der Zivilisation. Sozialgenetische und psychogenetische Untersuchungen (Bd. 2: Wandlungen der Gesellschaft. Entwurf einer Theorie der Gesellschaft). Frankfurt/M.: Suhrkamp.

Fend, H. (1986). Was ist eine gute Schule? Westermanns Pädagogische Beiträge, 38, 8-12.

Gordon, Th. (1972). Familienkonferenz. Die Lösung von Konflikten zwischen Eltern und Kind. Hamburg: Hoffmann u. Campe.

Hassenstein, B. (1987). Das Freund-Feind-Denken als psychologisches Mittel der Kriegsvorbereitung. Freiburger Univ. Blätter, (95), 120-129.

Heckhausen, H. (1965). Leistungsmotivation. In H. Thomae (Hrsg.), Handbuch der Psychologie (Bd. 2), Göttingen: Hogrefe.

Hentig, H.v. (1976). Sozialpathologie der Schule. Merkur, (6), 213-233.

Kounin, J.S. (1976). Techniken der Klassenführung. Stuttgart: Klett.

Krohne, H.W. (1982). Die Rolle der Angst in Lern- und Leistungsprozessen. In B. Treiber & F.E. Weinert (Hrsg,), Lehr-Lern-Forschung. Ein Überblick in Einzeldarstellungen (S. 221-241). München: Urban & Schwarzenberg.

Lay, R. (1981). Krisen und Konflikte. Ursachen Ablauf, Überwindung (Kompaktwissen Nr. 113). München: Heyne.

Leonard, G.B. (1971). Erziehung durch Faszination. München: Piper.

Mielke, R. (Hrsg.). (1982). Interne/externe Kontrollüberzeugung. Bern: Huber.

Neber, H. (1982). Selbstgesteuertes Lernen. In B. Treiber & F.E. Weinert (Hrsg.), Lehr-Lern-Forschung. Ein Überblick in Einzeldarstellungen (S. 89-112). München: Urban & Schwarzenberg.

Nolting, H.P. (1978). Lernfall Aggression. Wie sie entsteht - wie sie zu verhindern ist. Theorie und Empirie aggressiven Verhaltens und seiner Alternativen. Reinbek: Rowohlt.

Olbrich, Chr. (1978). Zur Lösungsstruktur von Konflikten. Eine Studie zur Frage der Abbildung von Konfliktverlaufsstrukturen nach Watzlawick, Weakland und Fisch (1974) im Zusammenhang empirischer Nachprüfungen. Unveröff. Diss., Universität Heidelberg.

Olbrich, Chr. (1986). Grundlagen konstruktiven Verhaltens in Problemsituationen. Unveröff. Manuskript zum Gesprächskreis Beratung (GEBE). Karlsruhe: Religionspädagogisches Institut der Evangelischen Landeskirche in Baden.

Pfistner, H.-J. (1968). Erziehungsberatung. Psychologische Beiträge zur Erziehungs- und Bildungsberatung. Koblenz: Krieger.

Pfistner, H.-J. (1973). Die Antizipation im Lernprozeß. In W. Breunig (Hrsg.), Das Zeitproblem im Lernprozeß (S. 72-97). München: Ehrenwirth.

Rapoport, A. (1960). Fights, Games and Debates. Ann Arbor: Univ. of Michigan Press.

Rogers, D.R. (1972). Die nicht-direktive Beratung. München: Kindler.

Rosenshine, B. (1970). Enthusiastic teaching: A research review. In A. Morrison & D. McIntyre (eds.), The social psychology of teaching. Harmondsworth: Penguin Books.

Rutter, M., Maugham, B., Mortimer, P. et al. (1980). Fünfzehntausend Stunden. Weinheim: Beltz.

Sader, M. (1976). Psychologie der Gruppe. München: Juventa.

Sehringer, W. (1978). Konfliktanalyse im Unterricht; Studien und Materialien für den Deutschunterricht und Sozialkundeunterricht (2. Aufl.). Stuttgart: Klett.

Sehringer, W. (1986). Welche Unterrichtsbedingungen brauchen Schüler heute? Plädoyer für kulturell gegensteuernde Lehr-Lern-Strategien. In W. Sehringer (Hrsg.), Lernwelten und Instruktionsformen. Frankfurt/M.: Peter Lang.

Sherif, M. & Sherif, C.W. (1953). Group in harmony and tension. New York: Harper and Row.

Szczesny, G. (1971). Das sogenannte Gute. Reinbek: Rowohlt.

Thomae, H. (1986). Dynamik des menschlichen Handelns (Ausgewählte Schriften zur Psychologie 1944-1984). Bonn: Bouvier.

Treiber, B. (1982). Lehr- und Lernzeiten im Unterricht. In B. Treiber & F.E. Weinert (Hrsg.), Lehr-Lern-Forschung. Ein Überblick in Einzeldarstellungen (S. 12-36). München: Urban & Schwarzenberg.

Türk, K. (1976). Grundlagen einer Pathologie der Organisation. Stuttgart: Enke.

Watzlawick, P., Beavin, J.H. & Jackson, D.D. (1969). Menschliche Kommunikation. Formen, Störungen, Paradoxien. Bern: Huber.

Watzlawick, P., Weakland, J.H. & Fisch, R. (1974). Lösungen. Zur Theorie und Praxis menschlichen Wandels. Bern: Huber.

Watzlawick, P. (1976). Wie wirklich ist die Wirklichkeit? München: Piper.

Watzlawick, P. (1982). Die Möglichkeiten des Andersseins. Zur Technik der therapeutischen Kommunikation. Bern: Huber.

Weinert, F.E. & Rotering-Steinberg, S. (1981). Schülerprobleme-Lehrerprobleme. Ein Lehrertraining für schwierige Situationen in der Klasse. Bericht über erste Erfahrungen mit einem Fernstudienprogramm zur Lehrerweiterbildung. Unterrichtswissenschaft, 3, 64-69.

Wertheimer, M. (1964). Produktives Denken (2. Aufl.). Frankfurt/M.: Kramer.

Hans-Jürgen Pfistner

DER ENTWICKLUNGSBEGRIFF IN DER PSYCHOLOGIE

Erläuterungen einer Grundordnungsform zur Erfassung psychischer Phänomene

Inhalt

1. Über die Struktur seelischer Entwicklung

Die folgende Darlegung will am Beispiel des Entwicklungsbegriffs in der Psychologie eine Position deutlich machen, die eine offene, erfahrungswissenschaftliche Psychologie fundiert. Der Entwicklungsbegriff durchzieht als Grundordnung alle Teilbereiche der Psychologie und scheint aufgrund dieser "Kategorialität" für eine solche Positionsdarstellung bestens geeignet. Auf der anderen Seite hat gerade diese "Kategorialität" des Entwicklungsbegriffs zu einer Unzahl von Veröffentlichungen angeregt; dies bedeutet für uns: Auswahl und Pointierung.

Wir gehen von einer Bestimmung von Psychologie aus, die wir von Robert KIRCHHOFF aufgenommen und an anderer Stelle ausgiebig diskutiert haben (PFISTNER, 1987, S. 4). Dieser Ausgang ist notwendig, weil psychologische Grundbegriffe in einer Bestimmung von Psychologie geortet sein müssen, wenn sie ihre theoriefundierende Funktion erfüllen sollen.

> Psychologie handelt thematisch vom In-der-Welt-sein von Individuen, speziell vom Menschen, soweit es sich methodisch eröffnet über das Erleben und Verhalten.

Ein Entwicklungsbegriff in einer derart angezeigten Psychologie kann thematisch nur die Weltbezüge von Individuen betreffen; das heißt, er hat immer einen subjekthaften und einen mundanen (welthaltigen) Anteil - trotz der jeweiligen Zentrierungsmöglichkeit auf die eine oder andere Seite dieser polaren Relation. Psychologie ist also weder objektivistisch (i.S.v. verweltlicht) noch subjektivistisch (i.S.v. weltlos) und damit auch nicht individualistisch (i.S.v. a-sozial). Das gilt notwendig auch für den innerhalb dieser Psychologie anzusiedelnden Begriff von Entwicklung. - Psychologie ist auch keine "Seelenlehre", der man eine "Körperlehre" gegenüberstellen könnte. Der "Körper in Funktion" als "Leiblichkeit" ist für den Weltbezug vielmehr ein Grundordnungszug des Psychischen. Damit ist psychische Entwicklung immer auch unter der Kategorie der Leiblichkeit zu sehen. Weitere Kategorien des In-der-Weltseins, die für eine erfahrungswissenschaftliche Psychologie - und damit auch für eine Entwicklungspsychologie - konstitutiv sind, haben wir an anderer Stelle erörtert (PFISTNER, 1987, S. 110 ff.); wir greifen in der weiteren Darlegung implizit auf diese kategoriale Vorlage zurück.

Unsere thematisch offene Bestimmung von Psychologie wird methodal eingeschränkt auf die Zugänglichkeit der Weltbezüge über das Erleben und Verhalten, und das bedeutet, daß sich auch psychische Entwicklung im (methodalen) Erlebnis- und Verhaltensaspekt erschließt. In beiden Aspekten gilt nun im Anschluß an Hans DRIESCH (1912, ³1923, ²1945) folgende Bestimmung von Entwicklung:

> Psychische Entwicklung betrifft die Veränderung des Mannigfaltigkeitsgrades der Weltbezüge von Individuen, speziell vom Menschen - soweit sich diese Veränderung über das Erleben und Verhalten erschließt.

Der Mannigfaltigkeitsgrad bezieht sich dabei auf das Insgesamt der sogenannten "Letzteigenschaften" (DRIESCH, ³1923, S. 60), die notwendig sind, um den Weltbezug des Subjekts in einer bestimmten Hier-jetzt-so-Koordination zu beschreiben. Oder in einer allgemeineren Formulierung nach DRIESCH (1912, S. 122): Der Mannigfaltigkeitsgrad ist gleich der "... Anzahl der zu ihrer vollständigen Kennzeichnung hinreichenden unzerlegbaren Setzungsarten." Solche Letzteigenschaftsklassen sind in der Psychologie zum Beispiel: Qualifikationen von Farben, Formen, Melodien, Werten, Bedeutungen, Sozialgefühlen.

Exkurs. Wir geben ein weiteres Beispiel aus der kognitiven Entwicklung. Ein sechsjähriges Mädchen zeigte in der Schule noch nicht die notwendige Reversibilität bei den bekannten Umschüttversuchen nach PIAGET. Unter dem Erwartungsdruck einer erneuten Prüfung war am nächsten Tag diese Reversibilität in der kognitiven Verarbeitung aus dem Prüfverhalten sicher zu erschließen. Es ist legitim zu sagen: Hier hat eine Entwicklung stattgefunden. Die Veränderung war eine Erhöhung des Mannigfaltigkeitsgrades sowohl der Zahl nach, weil eine neue Kategorie zur Erfassung des spezifischen Weltbezugs notwendig wurde (die Reversibilität) als auch der

Beziehung nach, weil das Mädchen damit verschiedene Merkmale in Kovarianz bzw. Interaktion erfassen konnte.

Wir formulieren jetzt allgemein:

> Der Mannigfaltigkeitsgrad betrifft die Grunddaten des Hier-jetzt-so eines Weltbezugs nach Zahl und Beziehung. Die Veränderung kann sich entweder als Erhöhung (Fortentwicklung, Ausbildung) oder Absenkung (Rückentwicklung, Rückbildung) dieses Mannigfaltigkeitsniveaus darstellen.

Diese Veränderung, dieses Werden im identisch Lebendigen, nennt DRIESCH (1912, S. 244) unter einer allgemeinen, ordnungstheoretischen Perspektive "Einheitsfolgeverknüpfung" im Gegensatz zur "Einzelheitsfolgeverknüpfung" in der unbelebten Natur (z.B. bei der Gesteinsbildung als Anhäufung und Sedimentation). Die psychologische Gesamtheit, die - als Interpretationszentrum für viele Aspekte und thematische Bereiche - in Entwicklungsfolgen verknüpft erscheint, ist das Subjekt in seinen Weltbezügen (Lage, Befindlichkeit). Dabei ist eine jeweils im Hier-jetzt-so charakterisierte Ausgangslage als Werdegrund für eine neu zu charakterisierende Folgelage anzusehen. Den Blick auf diesen Werdegrund des Subjekts (in seiner Entwicklungsgeschichte) nennen wir historisch; den Blick auf die Folge, auf das neu-zukommende Weltverhältnis nennen wir epochal (epoche-machend für das Subjekt). Über alle Folgeverknüpfungen bleibt die Identität der sich entwickelnden Einheit eine ordnungsnotwendige Voraussetzung. Diese Identität, die im existentiellen Auseinanderhervorgehen erhalten bleibt, nennt Kurt LEWIN (1920, 1922) "Genidentität" des Subjekts bzw. "Individualgenidentität". Diese Genidentität ist gleichsam der unabhängige und vor aller eigenschaftlichen Determination vorgegebene Bezugspunkt für die eigenschaftlichen Charakteristiken über die Werdensfolgen hinweg, das heißt die Ermöglichung der Erfassung von Konstanz und Variabilität an etwas lebendig Selbigem. In der Psychologie ist es die Selbigkeit von Individuen, von Typen des Weltbezugs, von sozialen Gebilden. Wird die Genidentität einer Subjekt-Welt-Relationsfolge innerhalb spontan organisierter oder frei definierter Grenzen eigenschaftlich charakterisiert und in der Gegenwart einer jetzigen Betrachtung vorstellig gemacht, dann handeln wir von einem psychologischen (Entwicklungs-)Prozeß. Betonen wir in der Genidentitätsreihe durch approximative Beeigenschaftung die Einmaligkeit des so Existierenden, dann akzentuieren wir die (Entwicklungs-)Singularität.

Damit zeigt auch der Entwicklungsbegriff in der Psychologie jene Ordnungsformen (Subkategorien), die wir mehrfach unter dem Begriff der Geschichtlichkeit des In-der-Welt-seins erläutert haben (PFISTNER, 1970, S. 82; 1983, S. 17; 1987, S. 128):

> Die Singularität: Einmaligkeit einer Genidentitätsreihe als existentielles Auseinanderhervorgehen einer Sinn- bzw. Gebildeeinheit, deren Einmaligkeit eigenschaftlich nur approximativ im Meinen bezielt werden kann.
>
> Die Epochalität: Akzentuierung der gegenwärtigen Zukunftsorientierung als die neu-zukommende Epoche, als der offene Sinnhorizont einer Entwicklung.
>
> Die Historizität: Akzentuierung des Werdegrundes einer Entwicklung.
>
> Die Prozessualität: Eine umschriebene Genidentitätsreihe wird innerhalb markanter Grenzen hinsichtlich eigenschaftlicher Veränderungen im Modus der Vergegenwärtigung charakterisiert. Epochale und historische Aspekte bleiben dabei weitgehend im Hintergrund.

Ist nun der Entwicklungsbegriff mit dem Geschichtsbegriff identisch? Viele Veröffentlichungen legen diese Auffassung nahe. Trotzdem scheint uns folgende Überlegung zweckmäßig.

Wie wir später ausführen werden, sind psychologische Theorien in der Spannung zwischen (subjektfernen) Systemtheorien und (subjekthaften) Handlungstheorien anzusiedeln. Diese Spannung läßt sich in einer unterschiedlichen Verwendung der Begriffe "Entwicklung" und "Geschichte" abbilden. Der Geschichtsbegriff akzentuiert das autonome, im Bedingten handelnde und sich mehr oder weniger frei entscheidende Subjekt; er kann kaum für systemische Entwicklungen (eines in Systemen aufgelösten Subjekts) verwendet werden. Der Entwicklungsbegriff dagegen läßt die Kopplung mit systemischen Folgen zu. Auf der anderen Seite wird aber der Entwicklungsbegriff auch bezüglich geschichtlicher Folgen verwendet (z.B. geistige Entwicklung); es gibt somit neben systemischen Entwicklungen auch geschichtliche. Insofern scheint der Entwicklungsbegriff weiter zu sein als der Geschichtsbegriff, wobei der Entwicklungsbegriff die Sinnbetonung (als Epochalität) zunächst unthematisiert läßt und so auf erster Verwendungsebene die Prozessualität betont. Will man jetzt eine akzentuierende Begrifflichkeit eröffnen, dann ist folgende Gegenüberstellung angezeigt:

Liste der Subkategorien

- von Geschichtlichkeit	- von systemischer Entwicklung
Singularität (existentielle Einmaligkeit)	Logische Identitätsrelation im Hier-jetzt-so
Epochalität (Sinnhorizont, Zukunftsperspektive von Subjekten)	Gerichtetheit von systemischen Organisationen
Historizität (Werdegrund von Erleben und Verhalten)	Systemische Fundamentalität (Grundlegend-sein)
Geschichtliche Prozessualität (z.B. als Aktualität eines psychischen Geschehens für ein Subjekt)	Systemische Prozessualität (z.B. als Aktualität eines vom Subjekt abstrahierten psychischen Geschehens für einen externen Beobachter)

Die erkenntnistheoretische Dominanz der Geschichtlichkeit gegenüber der systemischen Entwicklung zeigt sich darin, daß systemische Entwicklungen in der Psychologie erst mit der Aufdeckung der zugehörigen Geschichtlichkeit ihren vollen Subjektbezug und damit ihren vollen Sinn erhalten. Damit gilt auch für systemische Entwicklungen, was für die geschichtlichen Subkategorien evident ist: Die Subkategorien stehen in einem (Erklärungs-)Verbund - trotz und neben der Möglichkeit der Akzentuierung einer Subkategorie im Einzelfall. Der Erklärungsverbund kann sich, worauf wir später noch hinweisen werden, in einer allgemeinen Handlungstheorie ermöglichen (KIRCHHOFF, 1983; PFISTNER, 1987).

In der vorgestellten Sicht ordnet sich auch das Problem der Finalität von Entwicklung (Entwicklungsrichtung). Es geht dabei um das Verhältnis von der Epochalität der Geschichtlichkeit zu der Gerichtetheit systemischer Entwicklungen. Das alte aristotelische Analogon, daß der Plan eines Hausbaus das Telos (Werdensbild) enthält, während die konkrete Erbauung sich innerhalb des Plans in Kausalverknüpfungen realisiert, legen wir hier folgendermaßen aus: Die Gerichtetheit von systemischen Organisationen nimmt seinen Ausgang von Wahrscheinlichkeiten möglicher Entwicklungsfolgen - beziehungsweise von Extrapolationen aus Geschehensdifferentialen, die auf die Möglichkeiten der gegenwärtigen Lage bezogen werden. Diese Betrachtung ex ante setzt jedoch einen Beobachter voraus, der zu diesem Vorgriff auf eine mögliche Entwicklung einen Erwartungshorizont benötigt, in welchem die Extrapolation der Ausgangslage über Kohärenzbeziehungen wahrscheinlich ist; das ist die Hoffnung, daß sich unter diesen Bedingungen und mit diesem Erkenntnisverfahren (samt -theorie) Sinn einstellen wird. Hat sich dann ex post die Verknüpfungserwartung bestätigt, dann hat sich der vom geschichtlichen Betrachter unterstellte Sinnrahmen erfüllt. Bereits jede Resultantenbildung oder Vektorenkonstruktion in der Physik bestätigt die Ordnungslogik, daß diese Konstruktionen immer nur innerhalb der zugeordneten Sinnhorizonte des Betrachters (Epochalität) möglich sind. Es wird nicht darüber metaphysisch spekuliert, ob der Natur an sich Sinn zukommt; es wird vielmehr erfahrungswissenschaftlich konstatiert, daß Weltbezüge von Individuen auf Sinn hin angelegt sind. - Für die Psychologie heißt das, daß der Untersucher von beobachtbaren psychischen Entwicklungen des "existentiellen Hervorgehens aus ..." - seien sie geschichtlich oder systemisch - den Umkreis relevanter Bedingungen absucht, aus den Gesamtinformationen den Bereich wahrscheinlicher Folgebeziehungen vermutet und schließlich die "Wirklichkeit" sich "entscheiden" läßt. Bei Diskordanzen hat auf die Dauer immer die Vermutung (samt ihrer Theorie) nachgegeben. Daß die Brückentheoreme, welche die Folgen der Entwicklungslagen (in einer Theorie) verknüpfen, bestimmten Kriterien genügen müssen (z.B. der Setzungsersparnis), ist für die wissenschaftliche Psychologie selbstverständlich. Die Rede, daß die so konstruierten Entwicklungen eine systemische Richtung haben, ist Ausdruck für eine (erwartete oder bestätigte) geordnete Verknüpfungsmöglichkeit innerhalb eines systemischen Ansatzes. Und die Rede, daß psychische Entwicklungen (epochal) ein Ziel haben, ist Ausdruck für eine geschichtliche Sinnfindungsmöglichkeit, welche dann auch die systemischen Ordnungen umgreift.

Auf der Basis dieser Geordnetheit, d.h. Gerichtetheit und Sinnbezogenheit, von Weltbezügen entspricht die Finalität der Entwicklung der Intentionalität der Weltbezüge. Freilich muß hier eine explizite Intentionalität, die in geschichtlichen Selbst- und Weltbestimmungen kulminiert, unterschieden werden von einer impliziten Intentionalität, die wir systemisch (autonom) Entwicklungen unterlegen.

Mit diesen Überlegungen sind auch Festlegungen vermieden, die das Leben entweder aus chaotischen Gegebenheiten oder unter einer Zielorganisation entwickelt sehen. Wir haben einen solchen Entscheid in der Erfahrungswissenschaft aus grundsätzlichen Erwägungen zum Zufalls- und Wahrscheinlichkeitsbegriff abgelehnt (PFISTNER, 1987, S. 206 ff.). Im Rahmen einer algorithmischen Komplexitätsthorie binär kodierter Informationen hat neuerdings KÜPPERS (1987, S. 42 ff.) mit Relevanz für die Biologie einen ähnlichen Befund erhoben: "Halten wir also zwei grundlegende Grenzen objektiver Erkenntnis in der Biologie fest: (1) Die Zufallshypothese ist aus prinzipiellen Gründen unbeweisbar. (2) Alle teleologischen Hypothesen sind aus prinzipiellen Gründen unwiderlegbar." Unter Hinzunahme des GÖDELschen Unvollständigkeitstheorems ergibt sich im erweiterten Bezug (S. 46): "Die Abgeschlossenheit naturwissenschaftlicher Theorien ist aus prinzipiellen Gründen nicht beweisbar. Sie ist nur widerlegbar auf pragmatischem Weg, nämlich durch die Angabe eines neuen, kompakteren Algorithmus." Damit ist ganz allgemein eine Offenheit erfahrungswissenschaftlicher Erkenntnis gegeben, die auch die Betrachtung von psychischer Entwicklung einschließt.

Mit der erkennenden Rekonstruktion von existentiellen Werdefolgen als Entwicklungen, werden sinnkohärente Bezugsrahmen bereitgestellt, um Einzelerscheinungen als mitgesetzt in der (konstruierten) Entwicklungsfolge zu begreifen. Dies ist ein zentraler Modus des

Verstehens von psychologischen Sachverhalten; dies ist die Leistung der genetischen Perspektive. Und weil die genetische Perspektive bei jedem psychischen Ereignis aktualisiert werden kann, ist mit Heinz WERNER ([4]1959, S. 3) von einem (erkenntnistheoretischen) "Entwicklungsprinzip" zu sprechen. Wir selbst haben jedoch - ohne diese universelle Erkenntnisleistung solchermaßen mit einem Begriffsnamen anzuzeigen - zunächst viel allgemeiner von der Kategorie der Geschichtlichkeit gesprochen (PFISTNER, 1987, S. 104). Diese Kategorie betrifft als Grundordnungsform das In-der-Welt-sein von Person und in der Akzentuierung als Entwicklung alle Individuen.

Exkurs. Zu der Kategorie der Geschichtlichkeit gehören in der Psychologie noch andere obligatorische Kategorien, ohne die kein situationseigenes Bedeutungsprofil entstehen würde, zum Beispiel: Weltlichkeit, Subjektivität, Exzentrizität, Aktivität, Intentionalität, Leiblichkeit, Ganzheitlichkeit, Sozialität, Figuralität, Wertbezogenheit. Diese Kategorien tragen sich gegenseitig in den verschiedenen Verwendungsfunktionen: in der evaluativen Funktion (für Beschreibungen), in der innovativen Funktion (für Interventionen) und in der legitimierenden Funktion (für theoretische Konstruktionen). Das "Entwicklungsprinzip" in diesen drei Funktionen ausgelegt, bedeutet unter anderem:

> Beschreibe nicht nur die psychische Ist-Lage in ihrer Prozeßgestalt, sondern auch die historische (Re-)Aktionsbasis sowie die im gegenwärtigen Prozeß liegenden Zukunftschancen und -gefahren! (Evaluativer Impuls)
>
> Beachte bei psychologischen Interventionen nicht nur die Entwicklung bis zur gegenwärtigen Ausgangslage, sondern auch die Entwicklungsmöglichkeiten! (Innovativer Impuls)
>
> Legitimiere psychologische Deskriptionen, Interventionen und Theorien innerhalb breitangelegter Werdefolgenverknüpfungen (= Entwicklungen)! (Rechtfertigungsimpuls)

Wir wenden uns abschließend einem für die Entwicklung wichtigen Begriffspaar zu: Differenzierung und Integration. Das "Wesen der Entwicklung" (WERNER, [4]1959, S. 29 ff.) liegt in der Veränderung der Weltbezüge von Individuen. Diese Veränderung denken wir uns spontan als Fortentwicklung. Diese Erhöhung des Mannigfaltigkeitsgrades nach Zahl und Beziehung läßt sich mit WERNERs "Grundgesetz" ([4]1959, S. 29 ff., vgl. auch DUHM, [2]1959) als zunehmende Differenzierung und hierarchische Zentralisierung (= Integration) ansprechen. Dabei wird die zunehmende Differenzierung gehalten und organisiert von der Integration. Die Integration hat ihren Effekt in Hierarchien des Ausdifferenzierten; wobei nicht ausgeschlossen ist, daß sich innerhalb vorhandener Hierarchien weitere Differenzierungen eingliedern. Das "Grundgesetz" gilt für die gesamte genidentische Veränderungsreihe, das heißt (entgegen der Spontanauffassung) auch für Rückentwicklungen. Das bedeutet, daß den positiven Differenzierungsbeträgen auch negative hinzugesellt werden müssen. Repräsentativ für solche negativen Änderungsbeiträge sind manche Formen der Alters-Entdifferenzierung und der Alters-Desintegration. Die Erniedrigung des Mannigfaltigkeitsgrades zeigt sich auch bei normaler vorübergehender "Reimplikation" (n. J. RUDERT), das ist zum Beispiel der puberale Landknechtsstil bei alten Schulfreunden, die sich wieder einmal treffen, oder die kindliche Verhaltensweise eines Vaters, der sich mit seinem kleinen Sohn zu solidarisieren versucht. Die Regression dagegen ist eine neurotoide/neurotische Wiederaufnahme eines infantilen Weltbezugs, weil negative Differenzierungs- und Integrationsbeträge vorliegen.

Das Niveau der Differenzierung und Integration dient aber nicht nur zur Kennzeichnung der Veränderung des Mannigfaltigkeitsgrades von Entwicklung. Es markiert auch den Erhalt psychischer Befindlichkeit in stabilen Entwicklungsphasen, dann wenn scheinbar nichts geschieht, wenn sich - wie man system-theoretisch sagen kann - ein Fließgleichgewicht eingestellt hat (PFISTNER, 1986). In solchen Fällen sind die erscheinenden Änderungsbeträge gleich null.

Exkurs. Der Scheitelpunkt, in dem eine Fortentwicklung (mit positivem Änderungsbetrag) in eine Rückentwicklung (mit negativem Änderungsbetrag) umschlägt, setzt eine Definition von optimaler (= maximal möglicher) Entwickeltheit voraus. Diese Bestimmung eines Ordnungsniveaus von Entwicklung kann auf vielen Ebenen erfolgen; sie ist zum Beispiel abhängig von

- der verwendeten Erhebungsmethode (z.B. als ein bestimmtes Testverfahren)
- dem untersuchten Persönlichkeitstypus (z.B. bei Frauen, unter bestimmten hereditären Bedingungen)
- dem Entwicklungstypus (Phylogenese, Ontogenese, Situationsgenese, Aktualgenese)
- der jeweiligen Entwicklungsthematik (z.B. Mengenauffassung)
- dem jeweiligen Kulturraum (z.B. Westdeutschland).

In allen spezifischen Fällen der Bestimmung eines Niveaus optimaler Entwickeltheit steht am Horizont der lebensweltliche Bezug, daß eine psychische Funktion sowohl den Sinn zuordenbarer Lebenssituationen erfüllen als auch letztlich daseinssteigernd sein soll - und dies alles ohne Vereinseitigung und ohne ungebührliche Nebenwirkungen. Wechselnde kulturelle Normen machen eine solche Bestimmung immer daseinsrelativ. Eine blanke, vom erweiterten Daseinsbezug isoliert betrachtete Höchstleistung genügt für die Bestimmung optimaler Entwickeltheit letztlich nicht. Bei einer solchen reduzierten Betrachtung sollte man besser nur von verschiedenen Leistungsmaxima sprechen.

Wir kehren wieder zurück. Das "Grundgesetz" der Entwicklung von Differenzierung und Integration gilt sowohl für systemische Entwicklungen als auch für überformende personal-geschichtliche Entwicklungen. Die "Bereiche der Sinngebung" (WERNER, [4]1959, S. 37; DUHM, [2]1959) sind insofern nicht von diesem "Grundgesetz" ausgenommen, weil der Integrationsbegriff dem Begriff der Textkohärenz in der Hermeneutik entspricht und der Begriff der Differenzierung dem der Textgliederung (nach Form und Inhalt). Der Interpretationsprozeß ist ein Sonderfall von Entwicklung (PFISTNER, 1981). Das bedeutet, daß auch im Subjekthaften, Eigengestalterischen die formalen Gesichtspunkte der Entwicklungscharakteristik verwendet werden können, wenn auch andere Akzentuierungen in der jeweiligen Charakteristik in den Vordergrund treten können. So wird auf der Bedeutungsebene der Integrationsbegriff als Kohärenzbegriff zentral stehen. Mit der Entwicklungscharakteristik von Gestaltungen kann auch auf die damit anwachsende Freiheit aufmerksam gemacht werden, sowie auf Freiheitseinschränkungen bei pathologischen Prozessen und bei Alterungen.

In systemisch-autonomen Bereichen hat zum Beispiel Wolfgang METZGER (^{2}1954, 1967) Differenzierung und Integration mit den "Gefüge-Qualitäten" einer Gestalt angesprochen; während WELLEK (1975) folgende Formulierungen verwendet:

- Gestalthöhe, das ist das Gliederungsniveau
- Gestaltgüte, das ist das Integrationsniveau
- Gestalttiefe, das ist im weitesten Sinn ein Modus der Integration, der sich inhaltlich, für ein sinnstiftendes Individuum, auf den Kohärenzgrad und die Gewichtigkeit von Sinn- und Bedeutungsstrukturen bezieht (Wertniveau).

Wir charakterisieren demnach einen Entwicklungsschritt in der genetischen Psychologie als eine gegliederte Ganzheit, die formal nach dem Niveau der Differenzierung und Integration zu analysieren ist. Das Merkmal des (sich entwickelnden) Wert-Niveaus einer Weltbeziehung ist wie die anderen Merkmale auch im Erleben und Verhalten auf verschiedenen Ebenen auszulegen.

Der Wechsel zwischen systemischer und personaler Ansprache von Entwicklung hinsichtlich Differenzierung und Integration kann an einem Beispiel demonstriert werden, das von Jean PIAGET stammt (1973, 1976): Die anwachsende Freiheit des Subjekts zeigt sich als Weg von der Bindung an das Figurative zur Einsetzbarkeit des Operativen. Dies erscheint mit der zunehmenden Dezentrierung: Das Kind wird allmählich fähig, Fixierungen des Erlebens und Verhaltens auf wenige Merkmale seiner Welt (= Zentrierung) aufzugeben und weitere Merkmale zu beachten. Diese Differenzierung drängt nach PIAGET zur Aufgabe einer alten Gleichgewichtslage, was sich in Verunsicherungen zeigt. Auf einer neuen umfassenderen Stufe (geringerer systemischer Zentrierung) wird durch eine Inbezugsetzung der neuen Differenzierungsgrößen ein neues Gleichgewicht erreicht (= Integration). PIAGET meint also mit der zunehmenden Dezentrierung in der Entwicklung von Person eine zunehmende Dezentrierung und Integration sowie ein Freiwerden von Bindungen an Einzelmerkmale und Einzelperspektiven, um sich eigenintendiert und eigenverantwortlich auf selbstbestimmte Merkmale und Perspektiven des Erlebens und Verhaltens mit operativen Möglichkeiten einlassen zu können. In dieser wechselnden Ansprache personalen In-der-Welt-seins versucht PIAGET die (subjektferne) systemische Sicht mit einer (subjekthaften) handlungstheoretischen zu verbinden.

2. Betrachtungsweisen auf Entwicklung

Psychologisch kategorisierter Weltbezug von Individuen wird im Erleben und Verhalten zugänglich (s.o.!); so auch die Entwicklung dieses Weltbezugs. Wir erläutern dies nachfolgend.

Der Zugang des Erlebens

"Wenn der Mensch feststellt, daß er in 'der Zeit' lebt, dann behauptet er nur, daß er in eine Vielzahl von Veränderungen verwikkelt ist" (FRAISSE, 1966, S. 656). Diese Veränderungen der Weltbezüge sind teilweise direkt erlebbar und mitkonstituieren ein Zeitphänomen, das sich zuweilen als Entwicklungsphänomen darstellen kann. Es sind jene gegenwärtigen Veränderungen, die in psychischer Aktualität und mit einer gewissen erfüllenden Breite im Modus des Auseinander-hervorgehens von etwas Selbigem jemandem erscheinen. Beispiele sind:

- die erlebte Entwicklung der Versprachlichung eines Gedankens - und im Rückbezug: des Gedankenaufbaus beim Sprechen
- das erlebte Aufkommen von Gefühlen (z.B. Furcht vor ...)
- die erlebte Entwicklung in der eigenen manuellen Herstellung von Gebilden
- die erlebte Entwicklung von Wahrnehmungsgestalten aus (undeutlichen) Vorgestalten zu (deutlichen, relativ stabilen) Endgestalten.

Erlebte Entwicklung ist weitgehend auf den mundanen Pol des Weltbezugs zentriert; zum Beispiel: dieses Gebilde, das sich vor meinem Auge verändert (als Gegenstand meiner Sehwelt); dieser Gedanke, der zwar der Meinige, der aber als ein zu moderierender mir gegenüber steht. Die Selbst-Entwicklung, die aufgrund der

Subjekt-Welt-Relation der Entwicklung des Gegenständlichen korrespondiert, bleibt in der Regel im Hintergrund; man entdeckt plötzlich in einem Aspekt das Ältergewordensein, aber kaum das Älterwerden als Entwicklungsphänomen. Man kann auch sagen: Erlebte Entwicklungen figurieren am jeweiligen Erlebnishorizont. Auch unmittelbare Gefühlsentwicklungen gehen im unmittelbaren Inne-sein von Weltbezügen auf. Erst mit einem Minimum an Distanziertheit ist für einen (herausgetretenen) Beobachter eine Zusammenschau eigener Werdefolgen von Gefühlen als breite Gefühlsentwicklung möglich. Damit ist aber die Gefühlsentwicklung als Erlebnisgegebenheit in eine quasi-gegenständliche Betrachtung gerückt. Würde das aktuelle Selbst in einer breiten Entwicklung immer vordergründig sein, dann würde der (relativ) feste Bezugspunkt für die feststellende Betrachtung von Entwicklung fehlen. In diesem Sinn kann der Erlebende für sein Selbstbewußtsein sagen: "Das Selbstbewußtsein ist nicht selber zeitlich" (ELEY, 1986, S. 35). Das bedeutet jedoch nicht, daß der Erlebende nicht für sich selbst (und für andere) eine Entwicklung des Selbstbewußtseins konstruieren könnte. Dabei wird er meist markante, zeitdifferente und unterschiedliche Lagen des Selbstbewußtseins miteinander verknüpfen.

Erlebte Entwicklung kann soweit wie die Aktualität des Erlebens reichen und wie diese den historischen (retentionalen) und den epochalen (protentionalen) Bezug in mehr oder weniger prägnanten Abschattungen enthalten.

Erlebte Dauer und erlebte Zeitstreckendifferenzen können zwar als solche bei erlebten Entwicklungen vordergründig werden, sie müssen es aber nicht; andere Qualitäten können im Entwicklungsphänomen dominant sein. Und für jeden Modus des Entwicklungsphänomens gilt, was schon David KATZ (1906) im Anschluß an Wilhelm WUNDT als Gesetz für das Zeiterleben sagte: "Immer wenn wir unsere Aufmerksamkeit auf den Zeitablauf richten, scheint er sich auszudehnen" (bei FRAISSE, 1966, S. 677). Das Erleben von Entwicklung (Werden) wird von solchen Organisationen des Zeiterlebens grundiert.

Dauer und Zeitstreckendifferenzen sind aber auch ohne pointierte Entwicklungsphänomene erlebbar; eben dann wenn zwar auf Zeit geachtet wird, aber nicht zugleich auch auf Züge des existentiellen Auseinander-hervorgehens von Etwas. Insofern sind psychologische Untersuchungen zum Zeiterleben umfassender als solche des Erlebens von Entwicklungen (in der Zeit).

Der Zugang des Verhaltens

Entwicklung wird auch im Verhalten eines Anderen zugänglich. Wir sehen zum Beispiel, wie sich ein Lächeln im Gesicht des Gegenüber entwickelt, eine Geste in einer verlangsamten Pantomime, oder ein sprachlicher Ausdruck bei einem Sprachanfänger.

Das aktuelle Verhalten vollzieht sich (wie das Erleben) situativ so rasch, daß meist nur wenige Merkmale der Veränderung beachtet werden können. So werden erlebte Prozeßgestalten oft nur in einzelnen Merkmalsänderungen prägnant, während die Verknüpfung der Merkmale in einer Folge oft unvollständig, labil oder falsch ist. Deshalb kann es deskriptiv zutreffender zu sein, nicht von einer Merkmalsentwicklung zu sprechen, sondern von (zunächst nicht genetisch verknüpfter) Merkmalsänderung. Bei einer erweiterten Erkenntnis- und Besprechungsabsicht werden in solchen Fällen konstruktive Ergänzungen eingeführt, um die situative Kohärenz im Modus der "Entwicklung von Etwas" auflegen zu können. Damit ist jedoch der phänomenale Zugang zu Entwicklung um den funktionalen erweitert worden.

Der funktionale Zugangsmodus

Jetzt wird psychische Entwicklung, die sich mehr oder weniger prägnant im Erleben und Verhalten zur Erscheinung brachte, nicht nur für sich selbst, als solche betrachtet; sie wird "in Funktion für" angesehen (PFISTNER, 1987, S. 184 ff.; zur Funktionalität vgl. 1970, S. 70 f.). Zentral für eine solche Konstruktion des In-Beziehung-stehens ist der konditional-genetische Zusammenhang: Eine aktuelle (oder aktuell gesetzte) Lage einer psychologisch qualifizierten Einheit wird nach den Bedingungsmomenten für ihr Zustandekommen befragt und nach ihrer Bedingungsfunktion für das

Daraus-folgende. Durch die erkenntnistheoretische Maxime, die verschiedenen Folgeeinheiten in ihrem (existentiellen) Auseinander-hervorgehen optimal auf Sukzession zu approximieren, ist jede Konstruktion dieser Art immer nur im Blick auf ihre jeweilige Zweckerfüllung abgeschlossen. Das gilt für alle Größenordnungen von Entwicklung. Erst in funktionaler Betrachtung ist es möglich, die Größenordnung von Entwicklung über den engen Bereich des aktuellen Auffassungsrahmens hinaus zu erweitern, so daß auch andere Entwicklungen als kurzzeitige Erkenntnisobjekte auffällig werden. Wir listen nachfolgend die für die Psychologie wichtigsten Entwicklungstypen nach der Größenordnung auf:

- Die Phylogenese, das ist jetzt die stammesgeschichtliche Konstruktion von Werdefolgen psychologisch zugänglicher und psychologisch kategorisierter Weltbezüge von Individuen.
- Die Ontogenese, das ist jetzt die spezifische biographische Konstruktion von Werdefolgen von Individuen.
- Die Situationsgenese, das ist die spezifische Konstruktion situativer Entwicklungen (Ereignisgenese I)
- Die Aktualgenese (nach F. SANDER), das ist die spezifische Konstruktion von Werdefolgen von Weltbezügen in sehr kleinen Zeiteinheiten (in Sigmen gemessen; Ereignisgenese II).

Diese Entwicklungstypen sind durch den zeitlichen Betrachtungsumfang und durch die Größe des Mannigfaltigkeitskomplexes unterschieden. In keinem Fall wird jedoch in der Psychologie die Subjekt-Welt-Relation bei den Einheitsfolgeverknüpfungen aufgegeben. Im Blick auf das damit einheitliche kategoriale Niveau stehen die Entwicklungstypen in einem Mitsetzungszusammenhang: Die Phylogenese enthält Ontogenesen, diese wiederum enthalten Situationsgenesen und diese Aktualgenesen. Die kategoriale Homogenität der psychologischen Entwicklungstypen läßt aber nicht zu, daß man ohne genaue Erfahrung "analoge Entwicklungen" in verschiedenen Typen konstruieren könnte. Eine überzogene Analogie dieser Art war die Rekapitulationstheorie von Stanley HALL (1883), wonach - im Anschluß an das biogenetische Grundgesetz von Ernst HAECKEL (1847) - in heutigen Ontogenesen des Psychischen stammesgeschichtliche Entwicklungen von Kulturen rekapituliert werden.

Phylogenesen von Weltbezügen sind bis heute in der Psychologie kaum untersucht worden. Das liegt zum Großteil daran, daß man jenen vergangenen Weltbezügen nur indirekt über subjektabgelöste Repräsentationen von Weltbezügen wie Schrift, Malerei, Baukunst, Werkzeug nachspüren kann (VOLLMER, 1975, 1980; CLAESSENS, 1968; BÖHME, 1985). Hinzu kommt, daß durch den großen Betrachtungsumfang die Zahl möglicher Entwicklungsdeterminanten nur unzureichend kontrolliert werden kann. Diese Schwierigkeit zeigt sich bereits bei der Konstruktion echter ontogenetischer Querschnitte. Aus diesen Gründen werden auch Experimente vornehmlich in aktual- und situationsgenetischen Größenordnungen durchgeführt, während phylogenetisch und ontogenetisch die Feldorganisation meist der Natur und Kultur überlassen bleibt.

Zentrale Zwecksetzung der (funktionalen) Konstruktion von Werdefolgen in der Psychologie sind Interessen der Evaluation (Diagnose, Erkenntnis) und der Innovation (Therapie, Intervention). Es geht um das ausgewiesene Verstehen und um das verantwortete Handeln im psychologischen Horizont aus erweiterten Entwicklungszusammenhängen heraus. Bei solchen Konstruktionen tritt leicht das Längs-Querschnittsdilemma der Entwicklungsanalyse auf: Wird in Querschnittsbetrachtungen von Entwicklungen die Analyse breit angelegt und werden viele Modi und Ebenen des Weltbezugs beachtet, dann sinkt meist die Möglichkeit, diese Mannigfaltigkeiten auch als Werdefolgen weit auszuziehen. Umgekehrt gilt entsprechendes: Ein einzelner Entwicklungszug (z.B. die Sprachentwicklung) läßt sich vergleichsweise leicht schildern; wenn aber ein größeres Umfeld mitberücksichtigt wird, was meist notwendig ist, dann erschwert sich die Betrachtung in dem Maße wie breit die Querschnitte zu diesem Längsschnitt werden. Dieses Dilemma ist der Struktur der Geschichtlichkeit und der systemischen Entwicklung von Weltbezügen immanent und begrenzt so die Erkenntnisgewinnung. Zugleich kann man das Dilemma auch als Ausdruck jener Sinnoffenheit interpretieren, die mit der Weite möglicher Längs- und Querschnitte aufgezogen wird und immer Lücken aufweist, die nur konstruktiv zu schließen sind. Dies ist mit ein Grund dafür, daß wir oben nur von einer approximativen Konstruktion von Entwicklung gesprochen haben.

Weltbezüge, die sich im Erleben und Verhalten erschließen, sind die phänomenale Basis für jede Entwicklungsanalyse, - mögen die Werdefolgen selbst als solche phänomenal prägnant sein oder nicht. Darauf bauen in funktionalem Zusammenhang die Konstruktionen konditional-genetischer Verknüpfungen auf, um schließlich eine genetische Theorie (Gesamtschau) zu der betreffenden psychologischen Einheit zu entwickeln. Erste Organisationen solcher Einheiten erfolgen zunächst spontan (z.B. Spielentwicklung, graphomotorische Entwicklung, Sprachentwicklung). Zentrale Organisationskerne sind zum Beispiel Aktivitätsklassen, bei denen mindestens eine Spezifikation besonders auffällig oder/und bedeutsam ist (z.B. spielen, zeichnen, sprechen). In einer späteren Phase können auch weniger auffällige, aber psychologisch wichtige Weltrelationen als Einheiten bestimmt werden (z.B. die Entwicklung von "Erhaltungssätzen"). In jedem Fall ist eine Entwicklungsanalyse nur innerhalb definierter Grenzen sinnvoll - seien sie spontan oder (innerhalb einer Theorie) absichtlich organisiert.

In den beiden Zugängen - den gestuften phänographischen Modi und den darauf aufbauenden funktionalen Modi - kann die Mannigfaltigkeit psychologisch erfaßter Entwicklung in mehr oder weniger großer Breite erschlossen werden. Damit sind auch die vier Kurven oder Phasen umfaßt, die Charlotte BÜHLER (²1959) als ineinander verschränkte Sinnebenen des menschlichen Lebenslaufs herausgestellt hat:

- Wachstumsphase (biologisch), z.B.: Sich-fühlen (leiblich), Kreislauf, Gesundheit, Wachstum.
- Ereignisphase (biographisch), z.B.: lebensalterliche Anforderungen, die mit besonderen Entscheidungen gekoppelt sind (Berufs- und Wohnwelt, Reisen u.a.).
- Erlebnisphase, z.B.: Sich-fühlen, Reflektieren, Stimmungen.
- Werkphase, z.B.: Leistungen, Gestaltungen.

Die einzelnen Phasen organisieren sich zu unterschiedlichen Zeiten, das heißt unter anderem, daß die Maxima der Kurven zeitlich verschieden liegen, so daß die für eine Funktionsentwicklung typischen Gefährdungen auch zu entsprechend verschiedenen Zeiten auftreten.

3. Das Anlage-Umwelt-Verhältnis

In funktionaler Sicht auf Entwicklung stellt sich auch die oft leidenschaftlich diskutierte Frage nach dem Verhältnis der endogenen und exogenen Faktoren (bedingende Momente, Wirkgrößen) an der Entwicklung der psychologisch kategorisierten Weltrelation von Individuen (DOBZHANSKY, 1971; MERZ & STEZL, 1977; JENSEN, 1972; EYSENCK, 1978; PERVIN, 1981). - Mit der folgenden Erörterung der Qualifizierung von "endogen" und "exogen" greifen wir auch auf einige Gedanken zurück, die wir bereits früher vorgestellt haben (PFISTNER, 1972, S. 34).

Mit den Begriffen "exogen" und "endogen" werden wirkende Kräfte aufgrund einer vorgängigen Trennung nach "innen" und "außen" geortet. Die damit notwendige Grenze ist physiologisch-anatomisch meist die Epidermis (Oberhaut). Eine solche Unterscheidung wird jedoch bereits im Blick auf die Körperöffnungen problematisch. Psychologisch wird die Unterscheidung noch schwieriger, denn sie betrifft die Gliederung des jeweiligen Lebensraums: "Das Drinnen - Draußen ist ursprünglich eine Begrenzung und Gliederung in dem Verhältnis von Ich und Welt; so wenig als es ein Drinnen für sich und ein Draußen für sich gibt, so wenig gibt es auch ein Ich für sich und eine Welt für sich und dazwischen die Grenze von Drinnen und Draußen" (STRAUS, 1978, S. 251). Aus diesem Grund kann eine Bedingungscharakteristik psychischer Phänomene nach "exogen" und "endogen" nur eine ungefähre Bereichsangabe von einer bestimmten Beobachterposition aus sein. Wir geben ein Beispiel von den beiden Grundpositionen aus, es handelt sich um dieselbe Situation:

> "Der Junge ist in der Zeit der Pubertät leicht erregt, weil er sich in einer körperlichen und seelischen Umstellung befindet; sein Affektausbruch ist deshalb nicht tragisch zu nehmen."
>
> Der betreffende Junge sagt dem Berater mit bezug auf die Eltern: "Ihr Geschwätz regt mich auf, da brauchen die sich nicht wundern, wenn ich explodiere."

Ein distanter Beobachter hat ein Verhalten auf dem Hintergrund von "inneren" langwirkenden physiologischen und psychologischen

Faktoren interpretiert; während der Akteur eine psychologische, kurzzeitig wirkende Ursache nennt, die von ihm her gesehen "außen" liegt. Dieses Beispiel soll deutlich machen, daß dieselbe Situation bedingungsmäßig in verschiedenen Perspektiven interpretiert werden kann, daß verschiedene Attribuierungen erfolgen können. In der Bevorzugung solcher Zuschreibungen können sich nicht nur psychologische Schulen unterscheiden, sondern auch Personen unterschiedlicher politischer Überzeugungen.

Wir wollen nunmehr die Begriffe "exogen - endogen - hereditär" als Faktorenqualifikation für psychische Entwicklung folgendermaßen verstehen:

- Exogen ist ein Entwicklungsfaktor, wenn er im biographischen Umfeld des Subjekts seinen Entstehungsgrund hat und losgelöst vom Subjekt als Faktor denkbar ist (z.B. Lerngrößen der Lebenswelt, biologische und chemo-physikalische Wirkgrößen der Umwelt). Exogene Faktoren sind sowohl als solche empirisch identifizierbar, aber auch aus Erkenntnisnotwendigkeiten heraus konstruierbar.

- Endogen ist ein Entwicklungsfaktor, wenn er ohne prägnante exogene Determination als dem Subjekt entstammend bezeichnet werden muß und somit nicht losgelöst vom Subjekt denkbar ist (z.B. das vorreaktive Lächeln des Säuglings als Ausdrucksfaktor, das später exogen vom reaktiven Lächeln überformt wird; die altersspezifische Veränderung der Sehschärfe). Endogene Faktoren sind empirisch meist schwer zugänglich; auch sie können unter empirischem Bezug mit Setzungsersparnis konstruiert werden.

- Hereditäre Faktoren sind über endogene Wege dem Erbgang zugeordnet. In einigen Fällen ist die empirische Identifikation direkt möglich (z.B. Fehlen eines bestimmten Enzyms, das den Eiweißabbau steuert; die Modifikation des weiblichen Geschlechts-Chromosoms bei Hämophilie und Rot-Grün-Blindheit). Bei rein psychologischen Kategorisierungen werden hereditäre Faktoren indirekt über Ähnlichkeitsbestimmungen im Erleben und Verhalten identifiziert (z.B. hochbegabte Filialgeneration bei Hochbegabung in der Parentalgeneration).

Diese Faktoren können in allen Fällen mit mehr oder weniger großem empirischen Bezug konstruiert werden; sie können aus verschiedenen kategorialen Bereichen stammen (z.B. psychologisch oder/und soziologisch, biologisch, chemo-physikalisch). Entscheidend für ihre Verwendung in der Psychologie ist, daß sie über legitime Brückenglieder (z.B. empirische Häufigkeitsverknüpfung) auf die psychologisch kategorisierte Subjekt-Welt-Relation treffen. Wir sprechen deshalb von einer "Konstruktion" dieser Faktoren, weil sie durch einen im Erkenntnisfortgang notwendigen, setzenden Akt erfolgt; - das ist eine schöpferische Abstraktion von Momenten aus Weltbezügen und eine konstruktive (bzw. erfindungsinduktive) Einheitenbildung, die sich als Bedingungsgefüge auf ein Moment dieses Weltbezugs zentriert.

Die Zusammenhänge der zentralen Faktorentypen werden heute bei gegebenen Meßdaten in der Regel in einem additiven Varianztheorem abgebildet (z.B. bei JENSEN, 1972, S. 366 f.):

$$V_P = V_G + V_E + V_{GE} + CovGE + V_e$$

V_P phänotypisch bestimmer Varianzanteil

V_G genetisch bestimmter Varianzanteil

V_E additiv wirkende Umwelt-(environmental)-Varianz, die vom Genotyp unabhängig ist

V_{GE} Varianz aufgrund der Interaktion (nicht-additive Effekte) von genetischer Varianz und Umweltvarianz

CovG Covarianz von Anlage- und Umweltfaktoren

V_e Meßfehlervarianz (e = error)

Der Identifikation der einzelnen Komponenten des Varianztheorems liegen in der Psychologie Merkmale zugrunde, die meist zwischen und innerhalb Familien erhoben wurden, wobei es sich in Sonderfällen um den Vergleich von zwei- und eineiigen Zwillingen bei gleicher und verschiedener Umgebung handelt. Weitere Methoden referieren unter anderem MERZ und STELZL (1977), EYSENCK (1978); zur Kritik vgl. u.a. IRLE (1975, S. 204 ff.). Aufgrund solcher Varianz- und Korrelationsuntersuchungen können zwar Wahrscheinlichkeitsvorhersagen zwischen Familienangehörigen hinsichtlich bestimmter Erlebnis- und Verhaltensweisen gemacht werden, aber keine Aussagen über direkte Erb- und Umweltanteile am Phänotypus: Varianzanteile sind keine Substanzanteile! Trotzdem sind die vielen so erhobenen Befunde zur Begabungspsychologie, zur Psychopathologie und zur forensischen Psychologie bedeutsam für psychologische Interventionen.

Daß Anlage- und Umweltfaktoren in der Entwicklung "konvergieren" - wie schon William STERN (1914, [7]1952) formulierte - ist in der Psychologie nie ernsthaft bestritten worden; obgleich manche Umwelt-Ideologien nach 1954 meinten, sie müßten eine vermeintlich hereditär fixierte Psychologie zugunsten einer Umweltpsychologie oder einer ökologischen Psychologie zurückdrängen. Seriöse Entwicklungspsychologie genügte immer (auch in verschiedenen Akzentuierungen) dem Konvergenzprinzip oder Interaktionsprinzip aller Anlage- und Umweltfaktoren. Man ist sich dieser Faktoren-Interaktion nur verstärkt bewußt geworden; man weiß auch heute besser, daß diese Faktoren selten direkt, unvermittelt wirken, sondern durch das Subjekt und die Gesellschaft in spezifischer Weise vermittelt werden. Das bedeutet unter anderem auch für alle Entwicklungstypen:

- Einzelfaktoren der Entwicklung können sich gegenseitig in unterschiedlicher Weise moderieren.
- Die Wirkgröße und Wirkqualität eines Faktors können nach Situation und Lage des Subjekts andere Werte annehmen; zum Beispiel wirken viele Lernanregungen verschieden, je nachdem ob das Kind intelligent oder weniger intelligent ist, ob es mutig oder furchtsam ist. Kleine Interventionsbeträge können starke Wirkungen haben - und umgekehrt.
- Psychische Entwicklung kann in der Faktoreninteraktion hinsichtlich der Änderungsbeträge variieren, was sich in merkmalsspezifischen Entwicklungskurven darstellen kann. Es gibt meist Grenzwerte und davor eine "progressive Dämpfung des Effekts", das ist ein Ausgleiten der Änderungsbeträge, obgleich viele Entwicklungsdeterminanten weiter wirken - ein Schutzmechanismus gegenüber Anregungs- und Aktivitätsüberflutungen.

- Hinsichtlich der Moderierbarkeit von Entwicklungsfaktoren gelten nach wie vor die Merkmale, die METZGER ([2]1962) für die "Arbeit am Lebendigen" (gegenüber der Arbeit am unbelebten Stoff) herausgestellt hat und die wir auf psychische Entwicklung zentrieren:
  - Es kann nicht jedes beliebige Erleben und Verhalten angebildet werden.
  - Während dem Stoff keine eigenen Gestaltungskräfte zukommen, müssen im Subjekt Eigenaktivitäten angenommen werden, die es zu erwecken gilt. Es geht - auf's Ganze gesehen - um Erweckung, weniger um Ein- oder Umprägung.
  - Die Moderierung durch externe Faktoren ist nicht beliebig hinsichtlich der Einflußzeit und der Einflußgeschwindigkeit. Es gibt fruchtbare Bildungszeiten und eine subjekt- und lagespezifische Bildungsdauer. Es ist an der je spezifischen Ausgangslage anzuknüpfen.
  - Jede Moderierung von Entwicklung muß Umwege dulden, - schon aufgrund der Unbestimmtheit der mit jeder Entwicklung aufkommenden Antizipation, Regression, temporären Fixierung.

Das Problem der Interaktion der die Entwicklung bestimmenden Faktoren ist nicht nur das zwischen Anlage und Umwelt, sondern es stellt sich auch zwischen "inneren" (endogenen) und "äußeren" (exogenen) Faktoren. Deshalb wird bereits bei Kurt LEWIN (1963) die These formuliert: Das Verhalten ist eine Funktion von Persönlichkeits- und Situationsvariablen. Nach dem hier vorgestellten Begriff von Psychologie müßte es heißen: Dem aktuellen Erleben und Verhalten liegen immer hereditäre, endogene und exogene Variable in unterschiedlichen Verknüpfungen als bedingend zugrunde. Welche der Variablengruppen jeweils im Vordergrund einer Untersuchung steht, ist eine Frage der Zwecksetzungen.

In dem Variablenaspekt, den wir mit "Lernen" ansprechen, wird der exogene Anteil an der Entwicklung besonders deutlich; er kann aber nie losgelöst werden von Persönlichkeitsfaktoren endogener und herditärer Art. Lerntheorien sind immer auch Beiträge zu genetischen Theorien von Individuen hinsichtlich ihrer psychologisch verfaßten Weltbezüge. Dies wird auch in einem Lernen durch Unterricht und Erziehung deutlich, bei dem die Vermittlung bestimmter Befindlichkeitsdispositionen durch Erzieher und Lehrer zentral stehen. Die Struktur des Vermittlungsbegriffs enthält immer die Entwicklungsstruktur:

> Vermittlung ist die pointierte Einbringung eines Mittels, d.h. eines zweckdienlichen Funktionsgliedes, um einen Gebildezustand G_1 in t_1 in einen Gebildezustand G_2 in t_2 zu überführen. Mit Beachtung des Wirkungsgrades der Vermittlung gibt es
> - eine Ganzvermittlung (d.h. ohne diese Vermittlung ist überhaupt keine Zustandsänderung möglich)
> - eine Teilvermittlung (d.h. das Mittel ist nur eine mehr oder weniger beiläufige Änderungsdeterminante).

Die mehr oder weniger stabile Änderung von Befindlichkeitsdispositionen (= Entwicklung) wird zwar im Fall von unterrichtlichem und erziehlichem Lernen durch soziale Positionen (bzw. durch deren Repräsentanten) vermittelt; dadurch sind jedoch systemisch aufzufassende hereditäre Vermittlungsvariable am Geschehen nicht unbeteiligt. Deshalb hat man in Unterricht und Erziehung schon immer von "Vermittlungshilfe" gesprochen und damit auf die Teilvermittlung in diesen Lernprozessen abgehoben.

Wir wollen den Anlage-Umwelt-Aspekt von Entwicklung abschließen mit einem kurzen Hinweis auf den Reife-Begriff, der oft im Gegensatz zum Lern-Begriff nur endogen diskutiert worden ist. Wir sehen dagegen den Reife-Begriff auch im Subjekt-Welt-Bezug und greifen für diese Darstellung auf eine vorliegende Erörterung zurück (PFISTNER, 1970, S. 183 f., vgl. auch BREUNIG, 1958).

Reife ist immer ein "Reif-sein für ...", das heißt es handelt sich um einen Status des Lebendigen, der einem relativ heteronomen Zweck genügt. Etymologisch gesehen ist das reif, was man rupfen, pflücken, ernten kann, - also das was in einem bestimmten Sinn brauchbar ist. Durch diesen externen Bezug ist "Reife" nicht unmittelbar zugänglich; es handelt sich um ein Interpretament im funktionalen Zugangsmodus. Phänomenal kann ein Entwicklungsstand als "reif" imponieren, wenn er in optimaler Gestalt erscheint oder/und einen phänomenal qualifizierten Verwendungsanreiz hat. Der Weg zu diesem Status des "optimalen Ausgebildetseins für ..." wird als "Reifung" (Heranreifung) bezeichnet, während die "Ausreifung" die letzte Phase der Reifung darstellt. Es ist dabei zunächst nicht ausgemacht, was da heranreift und wie die Reifungsbedingungen aussehen. Die Reifungsfaktoren können endogen oder/und exogen wirken; lediglich in der Endphase der Ausreifung werden zuweilen exogene Faktoren weniger beachtet, obgleich sie funktional immer auch vorhanden sind. - Dem Reifungsprozeß scheint wie dem Wachstumsprozeß eher etwas Pathisches zu zukommen - dem das Lebendige ausgeliefert ist, dem es sich überlassen muß. Auch beim Heranreifen eines Gedankens besteht die Aktivität der Person in der Endphase nur noch in der Zulassung einer hinzunehmenden Spontanorganisation. Für die psychologische Erkenntnisgewinnung scheint jetzt eine mehr systemische Betrachtung angemessen zu sein. Das pathische Moment im Reife-Begriff führte zu gewissen Vereinseitigungen in der betreffenden Literatur; zum Beispiel zu einer biologischen Akzentuierung (Maturation), oder zu der bereits erwähnten Gegenüberstellung von Reife und Lernen, wobei Reifen die endogenen, angeborenen Momente betreffen soll und Lernen die exogenen, erworbenen. Wie wir mehrfach betont haben, sind aber immer Akzentuierungen unter Beachtung aller Variablen möglich. - Bei solchen Erörterungen kann es sich nur um Sprachregelungen handeln, die ihre Rechtfertigung vom Umfang der Verstehbarkeit und der Treffsicherheit in der Sachdifferenzierung ableiten. Methodisch-funktional wird man zunächst ein sich entwickelndes Welt-Verhältnis einer Person feststellen, diesen Befund unter einer Norm als Leistung ansprechen und dann diese Leistung auf eine bestimmte (externe) Forderungssituation beziehen. Reife liegt dann vor, wenn diese Leistung einen Ausbildungsgrad erreicht hat, so daß die Forderung der Situation mit der Leistungsverwirklichung erfüllt werden kann.

4. Aussage- und Darstellungsweisen

Die Aussageweisen

Psychologische Aussagen über Entwicklung betreffen in der Regel eine größere Folgeeinheit (Längsschnitt) in einer gewissen Breite (Querschnitt). Dabei können Längs- und Querschnittbetrachtung je einseitig akzentuiert werden. Diese Aussagen bleiben selten beim phänographischen Zugangsmodus mit seinen Deskriptionen von Phänomenen des Auseinander-hervorgehens-von-Etwas stehen. Sie reichen meist weit in den funktionalen Zugangsmodus hinein, in welchem sich größere Werdefolgen des Erlebens und Verhaltens konstruieren lassen, um so die Deskriptionsteile in einem genotypischen Verbund aufzuheben. Das "Typische" in diesen Aussagemodi liegt darin, daß es sich zunächst nicht um Merkmalsklassen (mit Identitätsrelationen) handelt, sondern um Ähnlichkeitsgruppierungen. Daß eine später vorzunehmende statistische Abbildung von Merkmalsklassen ausgeht, bedeutet lediglich, daß dadurch eine Reduktion der psychischen Entwicklung auf numerische Relationen stattfindet. In dieser statistischen Reduktion (als einer ökonomischen Versprachlichung) kommt noch ein anderer Aspekt von "typisch" zum Tragen: Es ist die pointierte Verallgemeinerung durch die Aufdeckung der Struktur von Massenerscheinungen im genetischen Bezug. Dies ist der Realtypus, der sich zum Beispiel als Realisierung von Mittelwerten in sogenannten "reinen Fällen" denken läßt. Wird die Abstraktion dagegen ideeierend, das heißt auf ein Wesensbild zielend, vorgenommen, dann entsteht der Idealtypus (nach Max WEBER). Entwicklungspsychologische Aussagen sind in großen Sinnzusammenhängen in der Regel idealtypisch, worin realtypische Aussagen und individualisierte Beispiele eingelagert sind. Man sieht es deshalb einem Begriff wie "der typisch 10-jährige Junge in der heutigen BRD" zunächst nicht an, in welchem Aussagetypus er gerade gemeint ist. Das bedeutet, daß auch in entwicklungspsychologischer Sicht das Bezugssystem der jeweiligen Aussage mitzuthematisieren ist (nach R. KIRCHHOFF, vgl. PFISTNER, 1987, S. 203 f.).

Die Entwicklungskurven

Als Darstellungsweise von psychischer Entwicklung greifen wir hier nur die numerisch-funktionale auf; es handelt sich um sogenannte Entwicklungskurven. Andere Darstellungsweisen - wie zum Beispiel die topologische (nach LEWIN, 1963) oder die Mehrfelderdarstellung (mit Chi-Quadrat- und Kontigenzbestimmung) - bleiben hier außer Betracht.

Psychologische Entwicklungskurven werden in der Regel in einem rechtwinkligen Koordinatensystem konstruiert: Auf der Abszisse sind Zeitwerte (t = time) abgetragen, auf der Ordinate Leistungswerte (P = power). Die Funktion

$$P = f(t)$$

ist die allgemeine Form einer psychologischen Leistungsfunktion über die Zeit. Bevor wir ein Beispiel geben, ziehen wir die weitere strukturelle Betrachtung aus. - Die erste Ableitung der Leistungsfunktion ist - wie auch in anderen Wissenschaften üblich - die psychologische Leistungsänderungsfunktion. Sie zeigt an, wie sich die Entwicklungsgeschwindigkeit einer psychologisch qualifizierten Leistung im Laufe der Zeit verändert.

$$\dot{P} = f'(x)$$

Das Integral der Leistungsfunktion vom Zeitpunkt t_1 bis t_2 läßt sich im psychologischen Bereich interpretieren als die aufgebrachte Energie (E), die notwendig ist, um die Leistungsmöglichkeit im Betrachtungszeitraum aufrecht zu erhalten:

$$\int_{t_1}^{t_2} f(t)\,dt = \int_{t_1}^{t_2} P(t)\,dt = E$$

Mit der Berechnung eines Energiebetrags in den Grenzen t_1 bis t_2 wird die Leistungspotenz-Entwicklung auch in ihren Schwankungen, Spitzen und Einbrüchen sowie in ihren Zerfallserscheinungen numerisch berücksichtigt. - Energetische Untersuchungen sind nur bei Vergleichen innerhalb gleicher Meßbereiche sinnvoll, denn der einzelne Integralbetrag sagt für sich genommen wenig aus. Die verglichenen Integralbeträge (E_1, E_2) können in einem Prozentsatz ausgedrückt werden. Dadurch entsteht ein relativer (Test-)Energiebetrag (TE):

$$TE = \frac{E_1}{E_2} * 100$$

Man könnte auch in zeitlicher Erweiterung des punktuellen Abweichungswerts einer Person vom Mittel der Eichungsgruppe einen Abweichungs-Energiebetrag bestimmen. Schließlich wäre auch - über eine Mittelung der zeitbezogenen Standardabweichungen und Reliabilitäten - die Bestimmung eines Vertrauensintervalles für den individuellen Energiebetrag möglich.

Wir wenden uns jetzt einigen Beispielen zu. Zunächst eine Entwicklung der Benennungsleistung ab Sprachbeginn: Ein Junge konnte im achten Lebensmonat den Begriff "Licht" in seiner Nennfunktion verwenden und sprach rein konsonantisch "-cht". Daraufhin wurde bis zum 17. Lebensmonat jede neue Benennungsleistung vermerkt (Wortschatzentwicklung). Der Zusammenhang zwischen Lebensmonat (t) und der jeweils disponiblen Benennungsmenge (P) kann durch eine Exponentialregression bestimmt werden:

$$P = 0{,}14\ e^{0{,}43t}$$

(Definitionsbereich: 8 Monate/17 Monate)

Die Qualität dieser Kurvenannäherung ist mit einem Korrelationskoeffizienten von $r = 0{,}972$ gut. Der Graph zu der obigen Funktion zeigt einen langsamen Anstieg der Nennungsleistung und eine allmähliche Beschleunigung. - Die Leistungsveränderungen der Gesamtentwicklung sind in der ersten Ableitungsfunktion zusammengefaßt:

$\dot{P} = 0{,}06\ e^{0{,}43t}$ (Definitionsbereich: 8 Monate/17 Monate)

Halten wir hier kurz inne. Es handelt sich bei unserem Beispiel um eine echte individuelle Längsschnittbetrachtung - allerdings bei diskret auftauchenden Leistungswerten. Das unterstellt mit der Funktionsbestimmung die Annahme einer kontinuierlichen Veränderung der Benennungskompetenz, die in diskreten Schritten der Benennungsperformanz sichtbar wird. Damit enthält die Kurve der Entwicklung der Benennungsleistung nicht nur Empirie. Die meisten Entwicklungskurven setzen eine Kontinuitätsannahme mit. Zu dieser Annahme gesellt sich - wie bei allen Funktionalisierungen dieser Art - eine Nivellierung der Punkt-zu-Punkt-Schwankungen. Diese Tendenz auf Nivellierung der Realisierungsschwankungen nimmt zu, je weiter der Betrachtungswinkel eingestellt wird. - Ein weiteres Problem der einfachen Längsschnittsuntersuchung liegt darin, daß der Entwicklungsverlauf für die altershomogene Gruppe spezifisch sein kann. Diese Kohorten-Spezifität repräsentiert den Kulturwandel; beides kann durch sogenannte "Sequenzstrategien" distinkt erfaßt werden (BALTES, 1984, S. 52; 1967).

Wir bestimmen die aufgebrachte Energie für die Benennungsleistung zwischen 8 und 14 Monaten:

$$\int_{8}^{14} P(t)\, dt = 120{,}93 = E$$ (Dimension: Leistung mal Zeit)

Wir konstruieren dazu eine Vergleichsmöglichkeit: Für den Fall, daß die gleiche Entwicklung mit 4 Monaten Verzögerung eingesetzt hätte - was innerhalb des Schwankungsbereichs der Sprachentwicklung liegt - hätten wir von 12 bis 14 Monaten einen entsprechenden Energiebetrag von

$$\int_{12}^{14} P(t)\, dt = 13{,}43 = E$$

Im konstruierten Verzögerungsfall der Sprachentwicklung von 4 Monaten ist demnach im 14. Lebensmonat etwa nur 11% von der Benennungsenergie vorhanden, die mit der frühen Sprachentwicklung zu diesem Zeitpunkt gegeben ist. Dies beleuchtet die hohe progressive Aktivierung, die mit der Sprachentwicklung einsetzt. (Auf diese Weise lassen sich auch energetische Vergleiche zwischen individuellen Entwicklungen anstellen.)

Mit der Bestimmung des Energiebetrags wird auch die Bedeutung des Energie-Begriffs in der Psychologie angezeigt: Der dem ersten Wort des Kindes zugeordnete Ordinatenwert 1 in t_1 wird durch die Integration gleichsam über die Zeit bis t_2 gezogen und repräsentiert in dieser Fläche Benennungskompetenz. Das heißt, daß mit dem Energie-Begriff eine kontinuierliche Verknüpfung der (Leistungs-)Möglichkeiten erfolgt, eben das, was zur Struktur von Entwicklung gehört. Mit jeder neu verfügbaren Einzelleistung wird diese Möglichkeit ab einem bestimmten Zeitpunkt um ein weniges erweitert.

Ein anderes Beispiel: Die Entwicklung der mittleren intellektuellen Leistung nach den Hamburg-Wechsler-Testsystemen. Wir haben die mittleren Altersleistungen in den strukturgleichen Testsystemen homogenisiert (PFISTNER, 1981, S. 211 ff.), so daß ab 4,25 Jahre bis 52,5 Jahre Leistungswerte (in Prozent des erreichbaren Maximums) bestimmt werden konnten - samt zugehörigen Variationskoeffizienten (Standardabweichung in Prozent des zugehörigen Mittelwerts). Der Verbalteil der Intelligenz zeigt unter diesen Bedingungen folgende Leistungsfunktion über die Zeit:

$$P = -40{,}1 + 11{,}84t - 0{,}32t^2 + 0{,}0028t^3 - 0{,}000002t^4$$

(Definitionsbereich: 4,25 Jahre/52,5 Jahre)

Die Adaptation der empirischen Werte auf ein Polynom 4. Grades reicht aus, um über die Funktion die empirischen Werte relativ treffsicher schätzen zu können. Der entsprechende Vergleich zwischen empirischen Werten und geschätzten ergibt zureichende Kennwerte. Die Leistungsentwicklung beschleunigt anfänglich, wird gegen das Maximum (um 30 Jahre) flacher und sinkt nach dem

Maximum etwas ab. Die Gesamtveränderung stellt sich in folgender Funktion dar:

$$\dot{P} = 11{,}84 - 0{,}64t + 0{,}0084t^2 - 0{,}000008t^3$$

(Definitionsbereich: s.o.!)

Die Leistungsfunktion und die zugehörige Leistungsänderungsfunktion des Handlungsteils der Intelligenz sind ähnlich wie bei den Funktionen des Verbalteils der Intelligenz. - Das Problem dieser Funktionen ist neben der allgemeinen Tendenz auf Nivellierung aktueller Leistungsschwankungen und neben der Kontinuitätsannahme folgendes: Die empirischen Werte sind Mittelwerte verschiedener Altersgruppen, das heißt repräsentative Werte unabhängiger Entwicklungsquerschnitte. Das bedeutet, daß mit diesen Kurven eine Repräsentationsannahme mitgesetzt ist sowie eine Identitätsannahme, unter der die Querschnitte überhaupt verbunden werden können. Gerade diese Identitätsannahme ist in vielen entwicklungspsychologischen "Längsschnittsbetrachtungen" ein großes Problem: Man kann die Individuen nicht immer mit denselben (oder strukturgleichen Verfahren) untersuchen, wenn nicht unbeabsichtigte Übungseffekte auftauchen sollen; zudem kann die untersuchte Gruppe selten über längere Zeit für die gleiche Untersuchung zusammengehalten werden. Eine weitere Schwierigkeit ergibt sich mit der Kohorten-Spezifität, auf die wir schon oben hingewiesen haben. - Die technischen Schwierigkeiten bei echten Längsschnittsuntersuchungen führen dann sehr oft zu synthetisierten Entwicklungsquerschnitten, deren Verbund nur statistisch im Rahmen einer genetischen Theorie plausibel gemacht werden kann, aber sich nicht in der Selbigkeit der sich entwickelnden Subjekte gründet. Auf diese Weise wird ein "idealisiertes Subjekt" synthetisiert, das sich gemäß der die Gruppe repräsentierenden mittleren Gruppenleistung entwickelt.

Wenn man die mittlere Leistung in einzelne Leistungsfaktoren aufspaltet und die jeweilige faktorielle Entwicklung untersucht, dann können sich unterschiedliche Leistungsentwicklungsfunktionen ergeben. Je nach dem Grad dieser faktoriellen Entwicklungsdifferenz eines Leistungskomplexes wird mit mehr oder weniger großer

Schwierigkeit eine (mittlere) Leistung für ein "Durchschnittssubjekt" synthetisiert.

Über das Integral der mittleren intellektuellen Leistungsfunktion läßt sich zum Beispiel feststellen, daß von der unteren Definitionsgrenze 4,25 Jahre bis zur Halbzeit vor dem Maximum - also etwa bei 16 Jahren - im Mittel nur 34% der intellektuellen Energie aufgebracht wird, die im Maximum gegeben ist. Dies ist die Bestimmung einer Art von Halbzeitwert der Entwicklung intellektueller Energie. Demgegenüber beträgt die Halbwertzeit 19,3 Jahre, das heißt bis dahin sind 50% der intellektuellen Energie, die sich von der unteren Definitionsgrenze bis zum Maximum entwickeln, verfügbar. Solche Aussagen gelten selbstverständlich nur innerhalb des Erhebungsmodus.

Die Entwicklungsfunktion des Variationskoeffizienten läßt sich ebenfalls gut auf ein Polynom 4. Grades adaptieren; die entsprechenden empirischen Werte lassen sich gut mit dieser Funktion schätzen:

$$P = 155{,}9 - 9{,}35t + 0{,}35t^2 - 0{,}0053t^3 + 0{,}000003t^4$$

(Definitionsbereich: 4,25 Jahre/52,5 Jahre)

Diese Funktion ist zu der der Leistungswerte gegenläufig. Dies zeigt sich auch bei der zugehörigen Änderungsfunktion:

$$\dot{P} = -9{,}35 + 0{,}7t - 0{,}0159t^2 + 0{,}00012t^3$$

(Definitionsbereich: s.o.!)

Die erwähnte Gegenläufigkeit läßt sich auch folgendermaßen darstellen: Die Funktionen der Leistungswerte und der Variationskoeffizienten werden gemittelt. Diese Mittelungen lassen sich auf eine Gerade adaptieren:

$$P = 0{,}49t + 67{,}74$$

(Definitionsbereich: s.o.!)

Diese Regression hat mit r = 0,89 eine ausreichende Qualität. Sie ist die Spiegelachse zwischen der Leistungsentwicklung und der zugehörigen Variationsentwicklung. Interpretieren wir die Leistungsvariabilität als Gefährdungsindex (PFISTNER, 1968, S. 154 f.; 1981, S. 211 ff.), dann ergibt sich eine Gegenläufigkeit zwischen Ausbau und Gefährdung der intellektuellen Leistung.

Solche Gegenläufigkeiten zeigen sich auch in anderen Bereichen. Wir konnten für das Alter von 4 bis 15 Jahren eine Spiegelachse bestimmen für die beiden Funktionen:

Intelligenzleistung (in Prozent des Maximums)

$$P = 1{,}03t^{1{,}6} \qquad \text{(Güte der Regression } r = 0{,}99\text{)}$$

Hirngewicht (in Prozent des Maximums)

$$P = 46{,}8t^{0{,}31} \qquad \text{(Güte der Regression } r = 0{,}96\text{)}$$

Spiegelachse

$$P = 4{,}85t + 20{,}27 \qquad \text{(Güte der Regression } r = 0{,}99\text{)}$$

Das heißt, daß die Entwicklung des mittleren Hirngewichts im Betrachtungszeitraum rasch zunimmt und dann gedämpft wird, während die Entwicklung der mittleren Intelligenz (umgekehrt) zuerst langsam zunimmt und sich dann später beschleunigt. Dieser triviale Befund läßt sich auch so ausdrücken: Die biologische Grundlage läuft ontogenetisch der zuordenbaren psychischen Leistung in spezifischer Weise voraus. Im Anstieg der Spiegelachse erscheint die Progression des Gesamtsystems.

Eine weitere Art, die Intelligenzentwicklung durch eine Funktion zu beschreiben, bezieht sich auf die oft zitierte Untersuchung von BAYLEY (1949, vgl. auch BLOOM, 1971): Hier wurden die intellektuellen Leistungswerte in verschiedenen Kindesaltern korreliert mit der entsprechenden Werteverteilung im 18. Lebensjahr. Die Zunahme dieser Korrelation, beziehungsweise deren Quadrat (als Ausdruck für den gemeinsamen Varianzanteil in der Gesamtvarianz = Determinationskoeffizient D), ist ein Maß für die (intellektuelle) Angleichung eines Alters mit dem späteren 18-jährigen. Wir haben für diese Daten im Definitionsbereich (1 bis 15 Jahre) eine logarithmische Regression durchgeführt und erhalten:

$$D = 0{,}285 \ln t - 0{,}032$$

Diese Funktion repräsentiert einen Modus der Ähnlichkeitsentwicklung auf eine Ziellage hin. In unserem Beispiel ist die Adaptation mit $r = 0{,}97$ gut. - Ähnlichkeitsmaße bei Entwicklungsübergängen, die auf gemeinsamen Varianzanteilen beruhen, skizzieren JENSEN (1972, S. 333 ff.) und HOFSTÄTTER (1981, S. 103).

In der mathematisch-funktionalen Betrachtung von Leistungsentwicklungen ergeben sich die unterschiedlichsten Funktions- bzw. Kurventypen (UNDEUTSCH, [2]1969). Zu den Determinanten dieser Unterschiedlichkeiten gehören, wie bereits weiter oben aufgelistet, die Bestimmungsstücke des Ordnungsniveaus von Entwicklung sowie die Weise der Erstellung von Entwicklungskurven (als individuelle -, kollektive -, synthetisierte Datenzusammenfassung). Die Vielfalt engt sich etwas ein, wenn man "günstige" Zeit-Intervalle analysiert und die so erhaltenen einfacheren Funktionen zu einer Gesamt-Entwicklungsfunktion koppelt.

Exkurs. Für eine solche Intervallanalyse mit anschließender Kopplung der Intervalle geben wir ein Beispiel, dem ein gewisser Modellcharakter zukommt. Das Erlernen von sinnarmen Silben läßt sich unter bestimmten Bedingungen im Graphen einer logistischen Funktion abbilden - und das anschließende Vergessen im Graphen einer Exponentialfunktion (HILGARD & BOWER, 1970, Bd. I, S. 178; Bd. II, S. 443). Die Modellfunktion der Entwicklung des Lernens und Vergessens von sinnarmen Silben setzt sich demnach aus zwei relativ einfachen Funktionstypen zusammen:

$$f(t) = \begin{cases} \dfrac{k}{1+me^{-a_1 t}} & ; \quad t \leq t \\[2ex] be^{-a_2(t-t_0)} & ; \quad t > t \end{cases}$$

Hierbei bedeuten:

- m ein Bestimmungswert des Lernanfangs
- a_1 Lernfaktor
- k maximaler Lernwert (Näherung an Asymptote)
- t_0 Zeitpunkt, bei dem das Lernen (bei maximalem Effekt) beendet wird und das Vergessen anfängt
- a_2 Vergessensfaktor
- b ein Bestimmungswert des Vergessensanfangs

$$b = \frac{k}{1+me^{-a_1 t_0}}$$

Eine Kopplung der Lern- und Vergessensintervalle über die Signumfunktion

$$\operatorname{sgn}(t) = \begin{cases} -1 & ; \quad t < 0 \\ 0 & ; \quad t = 0 \\ +1 & ; \quad t > 0 \end{cases}$$

ergibt als Modellfunktion der Entwicklung des Lernens und Vergessens von sinnarmen Silben

$$f(t) = \frac{k}{2} \left[\frac{1 - \operatorname{sgn}(t-t_0)}{1 + m\, e^{-a_1 t}} + \frac{(\operatorname{sgn}(t-t_0) + 1)\, e^{-a_2(t-t_0)}}{1 + m\, e^{-a_1 t_0}} \right]$$

Wir haben für diese Funktion ein realitätsnahes Beispiel konstruiert und die Fläche unter der Lernkurve ($t=0$ bis $t=20$) sowie die Fläche unter der Vergessenskurve ($t=20$ bis $t=40$) berechnet:

$m = 100$

$a_1 = 0{,}5$

$k = 100$

$t_0 = 20$

$a_2 = 0{,}25$

$$\int_0^{20} f(t)dt = 941{,}2; \quad \int_{20}^{40} f(t)dt = 393{,}7$$

Der relative Energiebetrag des Vergessens zu dem des Einprägens beträgt in unserem konstruierten Beispiel 41,8%. - In dem hier vorgestellten Modell ist nicht nur auf die mathematisch-technische Möglichkeit einer ökonomischen Funktionsanalyse in der Psychologie hingewiesen; es ist auch die Notwendigkeit für umfassende Untersuchungen deutlich. Denn nur bei komplexen und weitreichenden Untersuchungen sind auch energetische Überlegungen und Vergleiche ertragreich, kann der Satz von der Energieerhaltung auch in psychologisch kategorisierten Systemen diskutiert werden, kann letztendlich gefragt werden, wie weit ein Energiebegriff (nach der hier vorliegenden Konzeption) zu tragen vermag. Dabei geht es nicht um eine platte Mathematisierung von psychischer Entwicklung, sondern um die Chance der Ansichtigmachung von Entwicklungsstrukturen.

Wir kehren von unserem Exkurs zurück und stellen ein letztes Beispiel zu den Entwicklungsfunktionen vor. Wir beziehen uns auf die klassische Untersuchung von JENKINS & DALLENBACH (1924) und haben die Daten auf mathematische Funktionen adaptiert. Es geht um das Lernen und Vergessen von sinnarmen Silben. Die Behaltensprüfungen wurden in zeitlich verschiedenen Abständen nach Abschluß des Einprägevorgangs durchgeführt. Die jeweilige Behaltensdauer wurde in einer ersten Versuchsreihe in wachem Zustand durchlebt - in einer zweiten Versuchsreihe schlafend.

Behaltensmenge in Prozent (B_W) nach Wachintervallen, die nach dem Einprägevorgang lagen

$B_W = 53{,}31e^{-0{,}22t}$ (Definitionsbereich: von 1 Stunde bis 8 Stunden; Güte der Regression $r = 0{,}995$)

Behaltensmenge in Prozent (B_{s1}) nach Schlafintervallen, die nach dem Einprägevorgang lagen

$$B_{s1} = 62{,}79e^{-0{,}019t}$$ (Definitionsbereich wie oben, Güte der Regression r = 0,491)

Wird nach dem Einprägen nicht geschlafen, dann wird am Anfang das Meiste vergessen. Wird jedoch jeweils geschlafen, dann wird weniger vergessen; allerdings ist die Adaptation der Vergessenswerte auf eine Zerfallsfunktion weniger gut (r = 0,491), weil der Abfall erheblich flacher ist. Eine Linearregression erbringt ein r = 0,5; eine geometrische Regression ein r = 0,69 und eine logarithmische Regression ein r = 0,70. Somit wird der Zusammenhang zwischen Vergessen und Schlafzwischenzeiten - wenn nur einfache linearisierbare Regressionen zugelassen werden - am besten durch folgende logarithmische Funktion abgebildet.

$$B_{s2} = 64{,}9 - 5{,}92 \ln t$$ (Definitionsbereich wie oben)

Nunmehr können die aufgebrachten Behaltensenergien beider Versuchsreihen innerhalb des Definitionsbereichs (von 1 bis 8 Stunden) verglichen werden, indem die entsprechenden Integralbeträge (zu B_w und B_{s2}) aufeinander bezogen werden. Innerhalb der Grenzen des Versuchs ergibt sich: Für das Behalten von sinnarmen Silben kann bei durchschlafenen Behaltensintervallen 160% mehr Behaltensenergie aufgebracht werden als in durchwachten Behaltensintervallen.

Entwicklungsfunktionen sind in vielen Bereichen interessant - zum Beispiel: Wahrnehmungsentwicklungen beim Lesenlernen, im Verkehrswesen; Ermüdungsentwicklungen bei Sport- und Arbeitsleistungen; Lern- und Vergessensentwicklungen beim Unterricht. - Während die optimale Adaptation von Entwicklungswerten auf eine mathematische Funktion etwas über die Entwicklungsstruktur aussagt, geben die Konstanten in den Funktionen individualisierende Hinweise. Es sind Spezifika der Person(en) und der Situation(en) sowie des Verfahrens; sie können also zum Beispiel Wachstumsfaktoren, Leistungswerte, Situationsindizes oder Erhebungskonstanten sein. Eine distinkte Interpretation dieser Konstanten wird jedoch mit zunehmender Komplexität der Funktion erschwert. Bis heute liegen kaum Variationsbereiche solcher Konstanten vor. So wären zum Beispiel Mittelwert und Standardabweichung der Konstanten (a, b) in der hier verwendeten Funktion einer individuellen Sprachentwicklung

$$P = ae^{bt}$$

über viele Personen interessant. Wir fordern damit mehr genetische Untersuchungen und deren Vergleiche in relativierten Bezugssystemen. Auch manche psychologische Testskalen mit weiter Altersstreuung könnten so entwicklungspsychologisch aufgearbeitet werden.

Wir wollen das Kapitel über die Darstellung von Entwicklung abschließen mit der Skizze eines Entwicklungsmodells für meßbare, psychologisch relevante Daten. Wir stellen uns auf einer eindimensionalen psychologischen Skala die Abtragung eines Meßwerts eines Individuums vor, der innerhalb eines Bereichs unterschiedlicher (normalverteilter) Wahrscheinlichkeiten steht: Dies ist der eindimensionale Bereich wahrscheinlichen Verhaltens. Nun setzen wir orthogonal eine zweite psychologisch relevante Skala gleicher Skalierung hinzu - ebenfalls mit einer entsprechenden individuellen Markierung. Dadurch ergibt sich ein Feld einer zweidimensionalen Normalverteilung für das wahrscheinliche Verhalten. Dieses Wahrscheinlichkeitsfeld ist bei einer Null-Korrelation der beiden Werte (-gruppen) kreisförmig und mit zunehmender Korrelation ellipsenförmig (bis zum Grenzwert einer Geraden). Auf dieser Ebene läßt sich das Modell zum Beispiel auch mit einem zweidimensionalen kompensatorischen Faktorenmodell koppeln (PFISTNER, 1980, S. 180 ff.); es lassen sich auch Linien gleicher Wahrscheinlichkeit des Verhaltens berechnen, die als geschlossene Figuren konzentrisch liegen (STANGE, 1971 Bd. 2, S. 25 ff.). - Dimensionieren wir diesen Ansatz weiter auf bis zu einer (in irgendeiner Definition) zureichenden n-ten Dimension, dann ist der Wahrscheinlichkeitsraum eines aktuellen Verhaltenskomplexes eine Art von n-dimensionaler Wolke unterschiedlicher Dichte, die durch mehr oder weniger markante ellipsoide Hyperlinien in Wahrscheinlichkeitsregionen strukturierbar ist.

Die Entwicklung zwischen zwei zeitdifferenten, aber genidentischen Verhaltenskomplexen in derartigen Repräsentationen läßt sich folgendermaßen bestimmen: Die Entwicklung stellt sich dar als die Menge der Verbindungen einander "entsprechender" Punkte beider Hyperräume. Wir nennen diese Verbindungen ganz allgemein "transformative Projektionen". Jetzt können auch zwischen den beiden repräsentierenden Wahrscheinlichkeitsräumen - quer zu den Projektionslinien - (Hyper-)Entwicklungsschnitte konstruiert werden. Diese "Technik der transformativen Projektion" hat in jüngster Zeit DEWDNEY (1987; McDERMOTT, 1986 u.a.) verwendet, um "Übergänge" zwischen gezeichneten menschlichen Gesichtern (d.h. im zwei-dimensionalen Raum) durch den Computer berechnen und zeichnen zu lassen. Es ergeben sich anschauliche Entwicklungen. Dabei zeigte sich zudem, daß die "transformative Projektion" über eine repräsentative Figuration hinaus extrapolativ verlängert werden kann, so daß diese "dahinter" liegenden Schnitte wie "Karikaturen", d.h. wie Pointierungen erscheinen; während die Übergangsschnitte zwischen den beiden repräsentativen Figurationen Bastardierungen sind, die jeweils der repräsentativen Figuration ähneln, der sie am nächsten stehen.

Entwicklung braucht also durchaus nicht auf hochdimensionierter Ebene rekonstruiert zu werden. In der Psychologie könnte zum Beispiel durch die "transformative Projektion" bereits zwischen zwei (gleichskalierten) zeitdifferenten, aber genidentischen Psychogrammen der Raum für mögliche Entwicklungsschnitte aufgezogen werden. - Mittels der "transformativen Projektion" lassen sich nicht nur individuelle Entwicklungsschnitte als Folgen konstruieren, sondern zum Beispiel auch psychophysische Ähnlichkeiten zwischen der Filialgeneration mit der Parentalgeneration, die auf diese Weise in ihren (zuordenbaren) empirischen Werten verglichen und synthetisiert werden.

5. Besonderheiten von Entwicklung

Eingedenk der Warnung THOMAEs ([2]1959, S. 17) "... mit der Formulierung von 'Entwicklungsprinzipien' ebenso zurückhaltend und vorsichtig zu sein, wie mit allzu einengenden oder überdeterminierenden Definitionen des Begriffs Entwicklung ..." sprechen wir für das Folgende nicht von Entwicklungsprinzipien, sondern nur von strukturellen Besonderheiten von Entwicklung. Diese Eigentümlichkeiten (lebendiger) Entwicklung, die wir im folgenden vorstellen werden, sind auf verschiedenen Abstraktionsebenen für verschiedene Größeneinheiten formuliert. Deshalb ist ihr jeweiliger Geltungsbereich - in den Dimensionen: Arten, Entwicklungstypik, Entwicklungsthema - unterschiedlich: obgleich wir von einer relativ umfänglichen Situation ausgehen. Durch diese Besonderheiten wird Entwicklung in (relativ) allgemeinen Ordnungen angesprochen, - sei es ex ante als Suchrahmen für Analysen, sei es ex post als Momente eines Verstehenszusammenhangs. Schließlich hat jede Entwicklungsmoderation wie etwa Erziehung und Unterricht diese Besonderheiten zu berücksichtigen. Wir haben vornehmlich im Blick auf personale Entwicklung folgende besonderen Momente ausgewählt:

- Die Unvermitteltheit neuer Organisationen
- Kritische Phasen in der Entwicklung
- Vorrangigkeiten in der Entwicklung
- Polaritäten in der psychischen Organisation.

Die Unvermitteltheit neuer Organisationen

BOLLNOW (1959) spricht von der "Unstetigkeit" in der Erziehung. Diese ist jedoch nur ein Sonderfall von lebendiger Entwicklung, die sich nach dem Psychologen Johannes RUDERT "in immer neuen Ursprüngen ereignet". Weder onto- noch phylogenetisch ist ex ante die Notwendigkeit gerade dieser Entwicklung abzuleiten. Dies meint auch Konrad LORENZ (1973, S. 223): "Wie wir wissen ..., schafft jeder Evolutionsschritt einen wesensmäßigen und nicht nur einen graduellen Unterschied." Ob wir diese Sprünge in der Entwicklung mit dem Effekt der "wesensmäßigen Unterschiede" nach Art einer

"Fulguration" (blitzartiger Neuanfang) zu denken haben, wie LORENZ (1973, S. 48) das tut, kann hier offen bleiben. Entscheidend ist, daß im Laufe der Entwicklung mehr oder weniger unversehens neue Kategorien (Ordnungsformen) notwendig werden, um den jeweiligen Status zureichend erfassen zu können. So ist zum Beispiel das Auftauchen der Nennfunktion der Sprache eine neue, eigene Qualität, oder das Auftauchen der Reversibilität bei Denkoperationen (PIAGET, 1973). Aber schon UEXKÜLL weist in seiner 1928 erschienenen "Theoretischen Biologie" (in der Aufl. 1973, S. 249 f.) auf das Problem der Bildung der sogenannten "Organisatoren" in bestimmten Zellverbänden und auf die damit verbundene "Theorie der induzierten Sprossung" hin. Diese Organisatoren moderieren in der Regel die Entwicklung einer neuen (Teil-)Leistung des Organismus. Sie sind deskriptiv zu erfassen und können teilweise versuchstechnisch moderiert werden; aber sie sind nicht vollständig ableitbar aus Vorstadien. René SPITZ (²1960) hat das Modell des Organisators auf die seelische Entwicklung übertragen. Er sieht das Lächeln des Kindes um den dritten Lebensmonat als ersten Organisator für die Sozialbeziehung an und das Fremdeln des Kindes um den siebten bis achten Lebensmonat als zweiten Organisator für die Unterscheidung von "fremd" und "bekannt". Beide Organisatoren signalisieren mit ihrem "plötzlichen" Auftauchen das Vorhandensein fundamentaler Leistungen der Person- und Dingerkenntnis, die letztlich unableitbar aus der bisherigen Entwicklung sind.

Die Unvermitteltheiten und Unableitbarkeiten des kategorial Neuen in der Entwicklung werden mit dem Mannigfaltigkeitsargument (nach Robert KIRCHHOFF im Anschluß an Hans DRIESCH ³1923) angesprochen, das besagt, daß kategorial höhere Bereiche nicht (vollständig) aus kategorial niederen Bereichen ableitbar sind (PFISTNER, 1970, S. 138, 1987, S. 84, 90). Gleichzeitig wird nicht bestritten, daß es günstige oder ungünstige Bedingungen für die Entstehung des kategorial Neuen gibt. Aber Bedingungen für Erscheinungen sind nicht eo ipso zureichende Erklärungsgründe.

Eine Theorie über die Unvermitteltheit neuer Organisationen könnte in Analogie zur Theorie der Lernplateaubildung darauf abheben, daß die Integration (und Hierarchisierung) neuer Differenzierungen eine Eigenzeit benötigt, während dessen die Leistungszunahme ruht.

Die Integration vollzieht sich in einer Art von "silent organization" (nach THORNDIKE), die - wenn sie abgeschlossen ist - in einem mehr oder weniger abrupten Veränderungssprung zur Erscheinung kommt.

Durch einen entsprechenden Betrachtungsabstand kann jedoch das nuanciert Sprunghafte in den individuellen Entwicklungen nivelliert werden und man kann die Entwicklung in geglätteten individuellen Kurven darstellen (s.o.!).

Kritische Phasen der Entwicklung

Kurz vor der Jahrhundertwende entdeckte DARESTE (nach SCOTT, 1972), daß es in der Biogenese Zeiten gibt, in denen die Entwicklung für Reize und Anregungen aus der Umwelt sensibler ist als sonst. Diese "sensiblen Phasen" der Entwicklung sind insofern auch "kritisch", als das Individuum gerade in diesen Zeiten entsprechende Reize und Anregungen benötigt, um die angelaufene Entwicklung zu otpimieren. Fehlen diese exogenen Entwicklungsfaktoren, dann treten in der Regel Entwickungsstörungen auf.

Dieser nie strittige Sachverhalt wurde, wie SCOTT (1972) in einem Übersichtsreferat ausführt, zuerst im Bereich von Kleinlebewesen experimentell nachgewiesen und später auch bei höheren Tierarten (Vögel, Ratten, Hunden). In diesen erweiterten Versuchen zu den kritischen Phasen in der Entwicklung wurden meist Reizentzugsgruppen und Reizverarbeitungsgruppen miteinander verglichen. Dabei zeigt sich unter anderem, daß nicht nur bestimmte chemisch-physikalisch definierte Reize ihre optimale beziehungsweise notwendige Zuträglichkeitszeit besitzen, sondern auch bestimmte psycho-sozial zu definierenden Anregungen. So konnte BRODBECK (1954, bei SCOTT, 1972, S. 32 f.) in einem Versuch mit Welpen demonstrieren, daß es in deren kritischer Phase der sozialen Entwicklung zwingend auf das Vorhandensein irgend eines Sozialbezugs ankommt, - selbst wenn die Welpen durch den Menschen nicht nur belohnt, sondern auch bestraft werden. Dies führt nach SCOTT (1972, S. 33) für die kritische Phase zu dem überraschenden Schluß, "daß der Sozialisierungsprozeß durch Bestrafung sogar beschleunigt werden kann". In weiteren Untersuchungen mit Welpen zeigte sich dann, "daß jede starke Emotion, gleich ob Hunger, Angst, Schmerz oder Einsamkeit den Sozialisierungsprozeß beschleunigt", - wenn nur ein Sozialbezug gegeben ist. Es kommt nur auf den Grad der emotionalen Erregung im Sozialfeld an. Die Übertragung der Theorie der kritischen Phasen auf den Menschen ist als bedingt möglich gut belegt, allerdings werden den einzelnen Funktionsentwicklungen verschiedene kritische Phasen zugeschrieben (McGRAW, 1946, bei SCOTT, 1972, S. 35 f.).

Die Entwicklung des Laufens und der (Erst-)Sprache um das erste Lebensjahr sind zum Beispiel für das Kleinkind kritische Phasen der Leib- und der Sprachbeherrschung. In dieser Zeit müssen Lauf- und Raumanregungen kommen, müssen Sozialkontakte mit Sprachanregungen vorhanden sein. Ein Kind, das in diesem Alter von der Mutter mit dem eingeschalteten Radioapparat konfrontiert wurde, während die Mutter aushäusig ihrem Studium nachging, zeigte massive Hospitalisationserscheinungen: Es hatte Laufbeschwerden, konnte nicht sprechen und wurde nur aktiviert durch den Rundfunksprecher, wobei es mit ausdruckslosem Gesicht lauschte. Die Aufhebung dieser Störung war sehr schwierig, und es ist wahrscheinlich, daß partielle Irreversibilitäten zurückgeblieben sind.

Nach den bisherigen Untersuchungen ist zu vermuten, "daß es für jedes Verhaltensphänomen und für jedes physiologische Phänomen in der Entwicklung eine andere kritische Phase gibt" (SCOTT, 1972, S. 40). Allerdings muß gegen eine starre Ausdeutung dieses Prinzips festgehalten werden, daß mit höherer Organisationsstufe, die Elastizität dieser kritischen Phasen (nach Zeitlage, Dauer und nach der Reversibilität bei Störungen) zunimmt. Ebenso steigt die Überformungskraft mit der Selbstbestimmung der eigenen Entwicklung an, so daß kritische Phasen unauffälliger werden können.

Gibt es nun eine Regel, um solche kritischen Phasen auch in späteren, feineren Entwicklungen noch zu entdecken, um entsprechend mit Angeboten reagieren zu können? Diese Frage ist nur von einer Theorie der kritischen Phasen her zu beantworten. SCOTT (1972, S. 39) meint hierzu: "Beide, Wachstum und Verhaltensdifferenzierung, basieren auf Organisationsprozessen. Dies läßt das Vorhandensein eines allgemeinen Organisationsprinzips vermuten: Sobald ein System erst organisiert ist - ob es die Zellen eines Embryos sind, die sich vervielfachen und differenzieren, oder ob es die Verhaltensmuster junger Tiere sind, die durch Lernen organisiert werden -, wird es zunehmend schwieriger, das System zu reorganisieren. D.h., Organisation hemmt Reorganisation. Weiterhin: Organisation kann nur dann stark modifiziert werden, wenn aktive Organisationsprozesse stattfinden, und dies ist die Erklärung für die kritischen Phasen der Entwicklung." Wir meinen, daß dieses Organisationsprinzip der Entwicklung des Lebendigen weiter reicht als nur für den Aufbau einer Funktion, - auch Phasen der Umorganisation und der Desorganisation sind unter dem Prinzip "Organisation hemmt Reorganisation" zu sehen. Denn letztlich zielt Entwicklung immer auf ein mehr oder weniger spezielleres Niveau, sei es als Hochform, oder als Zerfallsform. Gleichzeitig werden andere Entwicklungsmöglichkeiten ständig ausgeschlossen; und das in diesem Ausschlußverfahren zur Entwicklung gekommene Weltverhältnis bestätigt sich selbst im Funktionieren, oder es geht unter. Diese harte Endlichkeit, die auch entwicklungslogisch fundiert ist, fordert in der Interaktion mit dem exogenen Existenzfeld je eigene Anregungen und Unterstützungen zu je eigenen, rechten Zeiten, um die Chancen-Zeit der optimalen (Aus-)Bildung zu erlangen. Damit kommt es auch zu Gefährdungen, die bereits in der Entwicklungslogik selbst liegen; diese nennen wir entwicklungsimmanente Krisen (PFISTNER, 1972, S. 40; 1968, S. 154):

- Die Konstituierungskrise: Psycho-physische Funktionen sind dann besonders gefährdet, wenn sie zum erstenmal deutlich in Erscheinung treten (beim Organisationsaufbau und -ausbau); zum Beispiel: Mangelnder Sprechkontakt der Kinder um das erste Lebensjahr bedeutet eine besondere Gefährdung der Sprachentwicklung.
- Die Transformationskrise: Psycho-physische Funktionen sind in Zeiten der Um- und Neuorganisation besonders gefährdet; zum Beispiel bei der Neuordnung des Gefühlslebens in der Pubertät können leicht Gemüts- und Gefühlsstörungen auftreten.
- Die Destruktionskrise: Psycho-physische Funktionen sind besonders gefährdet, wenn nicht nur sie selbst, sondern bereits ihre Stütz-

und Begleitfunktionen abgebaut werden. Die eintretende Funktionsstörung kann irreversibel sein - besonders im höheren Alter.

In einem Modell der entwicklungsbedingten Gefährdungen kann man demnach sagen: Die Häufigkeit von Krisen bezüglich der Funktionsentwicklung ist der Leistung der Funktion umgekehrt proportional. So ist zum Beispiel die Sprachenleistung im zweiten Lebensjahr vergleichsweise gering, während die entsprechende Gefährdung relativ groß ist; im Umbruch der Pubertät sinkt diese Leistung etwas ab und die Gefährdung steigt entsprechend. Und im Alter liegen die Verhältnisse ähnlich. - Es stellen sich noch weitere Notwendigkeiten für die Wahrscheinlichkeit des Auftretens einer Krise ein, wenn man auf die formalen Merkmale von Entwicklung sieht. Wir haben (1968, S. 155 f.) darauf hingewiesen, daß zum Beispiel das Prinzip der partiellen Entwicklungszüge (nach FREUD) insofern mit einer Gefährdung verbunden ist, als die Integrationen ständig wechseln und sich neu zentrieren und zwischenzeitlich Einseitigkeiten im Entwicklungsstand auftreten können. Mit der Antizipation in der Entwicklung ist ebenso wie mit der Retrogression (s.u.!) oder beim Entwicklungsüberhang eine Gefährdung gegeben; denn immer droht eine Entwicklungsfixierung oder -verbiegung, weil der Zugewinn, der in jeder Entwicklungsform liegt, überwertig werden kann, indem das Individuum den Zugewinn gegen die Unsicherheit einer neuen Weltbeziehung zunächst einmal verteidigt.

Vorrangigkeiten in der Entwicklung

Der Zeitfaktor der Entwicklung erscheint in der Sukzession: Entwickungsstadien, die gegenüber anderen vorauslaufen oder vorrangig sind - beziehungsweise solche die nachlaufen oder nachgeordnet sind. SCHMIDT (1978, S. 361) spricht in diesem Zusammenhang von "Sequenzregeln der psychophysischen Entwicklung". Gibt es Grundordnungen dieser Art und in welcher Allgemeinheit sind sie anzutreffen? Wir werden nachfolgend einige Sequenzregeln beschreiben und gehen davon aus, daß diese nicht eindimensional, sondern pluralistisch-mehrdimensional wirken, wie auch SCHMIDT (1978, S. 363) betont.

Differenzierung vor Integration. Entwicklungsdifferenzierungen gehen immer von einer mehr oder weniger integrierten Entwicklungseinheit aus; und bezüglich dieser Differenzierungen erfolgt die Integration mehr oder weniger nachträglich. So werden sensorische motorische Differenzierungen zunächst in einer relativen Isolierung erprobt, um dann allmählich in komplexeren Zusammenhängen verwendet zu werden. - In der Literatur ist diese Vorrangigkeit unter verschiedenen Namen angesprochen und in verschiedenen Bereichen exemplifiziert worden. In der Verhaltensbiologie spricht KORTLAND (1955) nach einer Untersuchung des Nestbauverhaltens von Kormoranen vom " Prinzip der aufsteigenden Integration": Verhaltenspartiale, die in anderen Lebenszusammenhängen relativ isoliert auftauchen, werden zu einem neuen Zweck koordiniert (bzw. integriert). Sigmund FREUD hat in seinen "Drei Abhandlungen zur Sexualtheorie" eine "Theorie der Partialtriebe" aufgestellt: Zunächst bilden sich an verschiedenen Leibstellen relativ isoliert sogenannte "Lustquellen" heraus, die in der reifen, genitalen Sexualität integriert sind. Heinz WERNER ([4]1959) spricht von "analogen Funktionen": Eine reife Leistung (z.B. Farbunterscheidung) kann genetisch durch verschiedene Teilfunktionen zustande kommen (z.B. affektivmotorische Farbdifferenzierung, begriffliche Farbdifferenzierung); in der Genese der "analogen Funktionen", die sich am Ende in einer Gesamtleistung integrieren, können vorab je eigene Entwicklungsmaxima auftreten. "Analoge Funktionen" entwickeln sich also nicht synchron, sondern oft zeitversetzt, aber funktionell auf zunehmende Konkordanz hin.

Wir haben die Sequenzregel "Differenzierung vor Integration" für die Fortentwicklung (Erhöhung des Mannigfaltigkeitsgrads) formuliert. Das heißt aber nicht, daß jede Differenzierung auf diesem Weg auch voll integriert werden müßte. In der Rückentwicklung (Senkung des Mannigfaltigkeitsgrads) ist die Sukzession rückläufig: Desintegration vor Entdifferenzierung. Ein Beispiel ist die zunehmende Leibbeachtung des alten Menschen, weil der Leib nicht mehr voll in seiner Werkzeugfunktion aufgeht, sondern in Einzelleistungen oft besonders aktiviert werden muß.

Einfache Interdependenzen vor komplexen. Diese Vorrangigkeit ist direkter Ausdruck jener Entwickungslogik, die wir mit der Erhöhung der Mannigfaltigkeit nach Zahl und Beziehung angesprochen haben. Das heißt aber nicht, daß sich Entwicklung aus Elementar-Relationen additiv zusammensetzt; dieser Fehlinterpretation eines Beziehungsatomismus steuert die nächste Sequenzregel (s.u.!). Es ist auch nicht behauptet, daß Entwicklung von einer Null-Interdependenz ausgeht, oder daß in jedem Fall den einfachen Interdependenzen komplexe folgen müßten; vieles hängt hier am Definitionsbereich. Unsere Sequenzregel sagt auch nichts gegen eine didaktische Regel, daß ein Lehrstoff sowohl auf Einfachheiten hin analysiert werden kann als auch auf komplexe Erweiterungen. Auf's Ganze gesehen ist die Fortentwicklung eher auf komplexere Zusammenhänge angelegt; darin können Entwicklungsrückgriffe Integrationsoperationen sein. - In der Rückentwicklung gewinnen (in der Umkehrung) einfachere Dependenzen die Oberhand.

Genetischer Primat des Ganzen vor seinen Gliedern. Dieser besonders von der Gestaltpsychologie herausgestellte Sachverhalt ist zwar einfach formuliert, jedoch nicht einfach zu verwenden. Der Hauptgrund liegt in folgendem: Der Satz ist zunächst im funktionalen Bezugssystem zu verstehen. Das macht Definitions- und Erschließungsprozesse notwendig, die sowohl Zweckmäßigkeitserwägungen als auch bestimmten Objektstrukturen genügen müssen. In funktionaler Sicht besagt unsere Sequenzregel, daß die funktionale Bestimmtheit der Glieder eines Ganzen durch das Ganze auch bei (lebendigen) Werdefolgen gilt: Die Einheit, die sich differenziert, bestimmt ihre sich differenzierenden Glieder; und Gliedmomente bestimmen erst dann rückläufig das Ganze, wenn sie über eine gewisse Integration einen mehr oder weniger innigen Bezug zum Ganzen entwickelt haben. Und wenn in der Rückbildung Integrationen gelockert oder aufgegeben werden, dann gilt immer noch, daß Glieder in dem Maße von einem Ganzen funktional bestimmt werden, wie die Glieder zu eben diesem Ganzen gehören. - Hierzu zwei Beispiele: Nach aktualgenetischen Untersuchungen werden zuerst die bestimmenden Ganzqualitäten einer Gestalt erfaßt - danach die darin sich einfügenden Gliedmomente; es können während der Vorgestalt-Phasen auch (spätere) Gliedmomente als disparate

Gestalten auftreten, weil sie ben noch keinen Zentralbezug auf dieser Entwicklungsebene besitzen. - Ontogenetisch hat sich mit der Adoleszenz ein relativ stabiles personales Feld herausgebildet, das (die immer gliedhafte) Erfahrung in spezifischer Weise assimiliert und dadurch integriert, um mit dieser neuen integrativen Einheit die (gliedhafte) Handlungsgestalt neu zu steuern.

Während die Sequenzregel "Differenzierung vor Integration" die Erhöhung des Mannigfaltigkeitsgrades betrifft und die Sequenz anspricht, die mit der Differenzierung einer Einheit anhebt, betrifft die Regel vom genetischen Primat des Ganzen vor seinen Gliedern eine Art Feldwirkung und setzt bei der Einheit an, schon bevor sie sich ausdifferenziert hat. Insofern ergibt sich zwischen beiden Regeln kein Widerspruch; denn es werden verschiedene Aspekte betrachtet.

Trendregeln der motorischen Entwicklung. Der amerikanische Entwicklungspsychologe Arnold GESELL hat für die motorische (Fort-) Entwicklung einige Sequenzregeln formuliert, die SCHMIDT (1978, S. 364 ff.) aufgelistet und erläutert hat. Wir greifen nur drei Beispiele heraus:

- Cephalocaudale Trends: Ontogenetisch beginnt die Verhaltensorganisation im Kopfbereich und breitet sich gegen die Extremitäten zu aus.
- Zentral-periphere Trends: Im Übergang von proximaler zu distaler Aktivität läuft die Muskelkontrolle von größeren, fundamentaleren Muskeln zu denen, die feinere Bewegungen fundieren.
- Funktionelle Asymmetrie: Gegenläufige Aktivierungsmöglichkeiten (z.B. beim "Beuger" und "Strecker") entwickeln sich unter einem Dominanzwechsel und führen so zu funktionellen Asymmetrien (z.B. Händigkeit, Sichtigkeit, Füßigkeit).

Leibzentrierung vor geistiger Zentrierung. Die leibnahen Weltbezüge prävalieren am Anfang der Ontogenese und fundieren die späteren geistig-sozialen Bezüge. Leibzentrierung bezieht sich auf vitale Bedürfnisbefriedigungen, auf spontane Leibaktivitäten wie unmittelbares Wahrnehmen und Sofort-Reaktionen der Motorik. Mit dieser genetischen Vorrangigkeit vergißt die Psychologie nie das leibliche

Fundament aller Weltbezüge. Erweitert führt diese Vorrangigkeit zu der Sequenzregel der "Ego-Zentriertheit der Weltbezüge vor der Beliebigkeitszentrierung": Die werdende Person ist anfangs vermehrt den eigenen affektiven Bedingungen ausgesetzt und vermag erst allmählich auch fremdgesetzte und gar (relativ) beliebige Bezugssysteme zur Evaluation und Innovation von Weltbezügen aufzubauen. Im Alter kann die Leibzentrierung bei einer Dämpfung der geistigen Zentrierung wieder zunehmen.

Personorientierung vor Sachorientierung. Die Weltbezüge in einer Sachhaftigkeit zu akzentuieren bedeutet, daß sich eine quasi-vergegenständlichte Distanz zu den Weltbezügen auftut. Dies ist nur in einer höheren reflexiven Einstellung möglich. In ontogenetisch frühen Stadien personaler Entwicklung werden Weltbezüge samt deren mundanen Anteile affektiv, dynamisch, bedürfnisnah, das heißt im Modus des Tuns und Erleidens erfahren und beantwortet (WERNER [4]1959, SPITZ [2]1960, 1967). Aus dieser Personorientierung erwächst mit der Distanzierungsleistung und der Zurückstellung von eigenen Befindlichkeitsdeterminanten die Chance, Weltbezüge auf ihre mundanen Anteile zu zentrieren und diese sachhaft zu behandeln. Dadurch kann sich die Realitätserfahrung als solche verbessern. Die Gefahr der unangemessenen Versachlichung kann nur auf einer höheren Ebene des Selbst- und Sozialbezugs gemindert werden (neue Integration).

Polaritäten in der Entwicklung

Die Dynamik der Entwicklung erscheint auch in bestimmten Polaritäten, die sich innerhalb der betrachteten Entwicklungsfolge simultan (gleichzeitig) oder sukzessiv (nacheinander) einstellen können. Polaritäten sind für einen Betrachter dynamische Ordnungsformen.

Antizipation und Reimplikation. Mit diesem bekannten Begriffspaar wird darauf verwiesen, daß Entwicklung nicht in stetiger Unaufhaltsamkeit abläuft: In der Antizipation werden Erlebnis- und Verhaltensweisen realisiert, die aufgrund einer (legitimen) Erwartung eigentlich erst später auftauchen sollten oder könnten; in der

Reimplikation (Retrogression nach Kurt LEWIN) wird auf ehemalige Erlebnis- und Verhaltensweisen zurückgegriffen. Im Normalfall pendelt das Erleben und Verhalten immer zwischen Zukunfts- und Vergangenheitsbezug und repräsentiert solchermaßen einen dynamischen Aspekt von Geschichtlichkeit. Es ist wie ein Atmen oder ein Pulsieren. In der (neurotischen) Vereinseitigung der Pole fixiert sich die Antizipation (z.B. als illussionärer Zukunftsbezug) oder/und die Reimplikation als Regression (z.B. als zwanghaftes Wiederaufleben kindlicher Verhaltensweisen). - Ein Sonderfall dieser Dynamik sind Akzeleration und Dezeleration, die besonders für die Pubertät untersucht worden sind (DIETRICH, 1966). Ganz allgemein geht es darum, inwieweit die Entwicklung in allen Persönlichkeitsbereichen bezüglich einer typischen Passungsnorm synchron, asynchron oder gar divergent abläuft. Mit der Definition des Aussagenbezugs (z.B. individuelle oder generelle Normierung) ergeben sich bei asynchronen Entwicklungszügen immer Einheiten, die als antizipierte (bzw. akzelerierte) Verhaltensweisen angesprochen werden können - und andere als regredierte (bzw. dezelerierte). Eine erhöhte Spannung zwischen den Polaritäten tritt in der Regel in Zeiten erhöhter Entwicklungsgefährdung auf.

Fixierung und Labilisierung. Es geht um die Dynamik zwischen Verfestigung und Entfestigung von Erlebnis- und Verhaltensweisen. GESELL spricht in diesem Zusammenhang von "selbstregulierender Fluktuation" (SCHMIDT, 1978, S. 367 f.). Verfestigungen sind nicht notwendig irreversibel wie Prägungen (THOMAE, ²1959). Sie sind auch nicht nur als neurotische Fixierungen zu verstehen; ebensowenig wie die Entfestigung verengt nur als neurotische Labilisierung oder Fluktuation aufzufassen ist. Verfestigung ist zunächst Gestaltung und die auf dieser Ebene zuordenbare Entfestigung ist Gestalt-Wandlung. Insofern ist die polare Dynamik zwischen Konstanz und Variabilität (BLOOM, 1971; KAGAN, 1980) der Entwicklung immanent; obgleich Entwicklungszüge auf's Ganz gesehen auf Stabilisierung, Einengung und teilweise auf Erstarrung tendieren (Trichter-Regel nach SCHMIDT, 1978, S. 361 f.). Allerdings wird für diesen Selektionsvorgang im Leistungsmaximum der Funktionsentwicklung jeweils ein Höchstmaß an Freiheit und Kompetenz eingetauscht. Im Blick auf diese Freiheit durch ausgewählte, aber koordinierte Funktionsoptimierung gilt die Trichter-Regel der progressiven Einengung nur bedingt; nach Abklingen des Leistungsmaximums wieder stärker.

Kontrast und Konvergenz. Entwicklung zeigt ihre Differenzierungen oft kontrastierend; dies ist für viele Bereiche nachgewiesen worden: Zuerst sind es starke Unterschiede in der Wahrnehmung, die auffallen und grobe Bewegungsalternativen, in denen sich die Motorik darstellt. Für die Sprechmotorik hat JAKOBSEN (1942) die kontrastorische Differenzierung nachgewiesen; für die Ausbildung von psychologisch konstruierten Bezugssystemen die Schule um Wilhelm WITTE (1960; WINKELMANN, 1961). - Mit der kontrastierenden Differenzierung ist eine mehr oder weniger simultan auftretende Polarität angezeigt. Entsprechendes gilt auch für die Konvergenz der Entwicklung (STERN, [7]1952). Konvergenz findet sich zum Beispiel zwischen Anlage- und Umweltfaktoren, die zunehmend in Wechselwirkung treten. In dieser Interaktion spielt sich kontrastierend ein anderes Polpaar heraus: Individualisierung und Verweltlichung. Das meint, daß in Korrespondenz zur sich präzisierenden Eigenständigkeit der Person eine Pointierung der Auffassung und Moderation von Welt aufbaut - ein dialektischer und dialogischer Subjekt-Welt-Bezug.

Entwicklungsausgleich bei Überhängen und Lücken. In der Biologie spricht man von Entwicklungsüberhängen, wenn Organformen (meist phylogenetisch abgelegte Durchgangsformen) gebildet und wieder zurückgebildet werden, zum Beispiel die Kiemenspalte in der Embryonalentwickung des Menschen. In der psychologisch erfaßten Entwicklung können Erlebnis- und Verhaltensweisen auftauchen, die vorübergehend auf Probe entwickelt und wieder zurückgebildet werden (z.B weibliche Züge bei Jungen in der Pubertät). Psychologische Entwicklungsüberhänge nennen wir temporäre Sprossungen des Erlebens und Verhaltens. Sie zeugen von der Nicht-Geradlinigkeit und von der relativen Elastizität der psychischen Entwicklung. Im allgemeinen werden Überhänge in der Entwicklung ausgeglichen, wieder zurückgenommen. - Den Überhängen entsprechen formal Lücken in der Entwicklung, die ebenfalls vorübergehend sind und später gefüllt werden, - eine Hoffnung des Erziehers für manche puberalen Defiziterscheinungen. Manche umschriebene Verspätung in der Ontogenese kann so interpertiert werden, wenn das entsprechende Bildungsangebot bereitlag, aber vorerst entgegen einer begründeten Erwartung nicht aufgenommen wurde. Diese Entwicklungslücken belegen, daß sich lebendige Werdefolgen nicht in allseitiger Synchronizität aufbauen, sondern eher in wechselnden Asymmetrien.

6. Entwicklungsmodelle

In einer Modellvorstellung von Entwicklung werden in einem ausgewählten Aspekt Strukturmomente von Entwicklung zu einem Typus verknüpft und auf einen bekannten Zusammenhang bezogen. Für die Entwicklung sind solche Zusammenhänge der Bewegungs- und Ereignisabfolge entnommen. Mit dem jeweils ausgewählten Aspekt ergeben sich dann die verschiedenen Modelle. Solche (selegierte) Abbildungen haben eine erkenntnisordnende Funktion. Wir können uns bei der Auflistung von Entwicklungsmodellen kurz fassen, wurden sie doch schon oft erörtert (THOMAE, [2]1959, S. 13 ff.; BÄUMLER, 1974, S. 99 ff.; KLEBER, [2]1978). - Auch bei dieser Auflistung zeigt sich der fatale Zwang, "Entwicklung" in ihrem imponierenden Modus der Fortentwicklung (als Erhöhung des Mannigfaltigkeitsgrades) zu denken: Wie bei der Skizze der Entwicklungsbesonderheiten vornehmlich Progressionen bis zum Leistungsmaximum zu denken sind, so sind auch die jetzt vorzustellenden Modelle vornehmlich in diesem Modus zu denken. Diese Teilmodellierungen können unter Umständen durch eine Inversion der jeweiligen Modelle ergänzt werden, um so Entwicklungsstörungen, Rückentwicklungen und Alterungen mit zu erfassen.

Modell der linearen Progression. In der geradlinig fortschreitenden Bewegung wird die (je nach der Perspektive) stetige Veränderung des Mannigfaltigkeitsgrades eines genidentischen Komplexes abgebildet. Diese Stetigkeit ist ein Erscheinungsbild, das mit zunehmendem Abstand des Beobachters auftritt, wobei kleine Variationen und Unstetigkeiten nivelliert werden. Die funktionale Darstellungsform ist der Graph einer Entwicklungsfunktion (s.o.!).

Modell der Entwicklungsstufung. In diesem "Treppenmodell" ist die Stufe dadurch definiert, daß zur Beschreibung einer definierten Einheit mindestens eine Kategorie notwendig ist, die zuvor nicht notwendig war: Entwicklungsstufen sind durch kategoriale Sprünge unterschieden; mit der Beachtung des mehr oder weniger "plötzlich" aufgetauchten Neuen in der Entwicklung artikulieren sich die Entwicklungsstufen. Ein einfaches Beispiel ist bereits die klassische lebensalterliche Ordnung des menschlichen Lebens: Säugling, Kleinkind, Kind, Jugendlicher, Erwachsener, Greis.

Schichtmodell der Entwicklung. Das Schichtmodell ist eine Art Stufenmodell; es kommt jedoch noch ein Aspekt hinzu. Die einzelne Stufe, oder jetzt Schicht, wird zusätzlich in ihrer Funktion für die folgende Schicht betrachtet. Dieses (funktionale) Weiterwirken durch das Wirkungsfeld der neuen Schicht hindurch wird mit dem Begriff der "Überformung" beschrieben: Alte Entwicklungsschichten werden durch neue überformt. Dadurch ist es möglich, den historischen Bezug in das aktuelle Jetzt einzubringen und gleichzeitig auf die Neuheit der Gegenwart zu achten. Der Schichtzusammenhang wurde besonders von Nicolai HARTMANN in ontologischem Rahmen untersucht und durch Schichtungsgesetze beschrieben (vgl. hierzu MATHEY, ²1960, S. 440 ff.). Das Modell der sich überformenden Schichtungen hat besonders in der genetischen Sicht der Persönlichkeit eine Rolle gespielt und sowohl vertikal als auch horizontal geschichtete Persönlichkeitsmodelle entstehen lassen.

Modell der Entwicklungsphase. Neben dem Stufen- und Schichtbegriff kann man den Phasenbegriff nicht einfach als einen Begriff für einen neuen Entwicklungsabschnitt verwenden, obgleich dies oft so in der Literatur getan wird. Wir dagegen sprechen im spezifischen Sinn dort von einer Entwicklungsphase, wo wir auf die periodische Wiederholung von Ähnlichkeiten im Erleben und Verhalten achten. Bekannte Beispiele aus der Ontogenese sind: Der Wechsel zwischen Erregungs- und Beruhigungsphasen (nach BUSEMANN) sowie zwischen körperlicher Füllung und Streckung (nach STRATZ) und zwischen Extra- und Introversion (nach C.G. JUNG). Diese Zyklen lassen sich in verschiedener Weise phasisch darstellen:

- Pendelmodell: Im Pendelmodell wird nur die Periodik abgebildet. Die gleichzeitige Progression bleibt außer Betracht. Deshalb taucht dieses Modell meist nur in der Anfangsphase der Entdekkung einer Periodik in der Entwicklung auf, oder in Kurzzeitentwicklungen von vorübergehenden Aktivitäten.
- Spiralmodell: Die von Innen nach Außen sich entwicklende horizontale Spirale enthält in allen Schnitten über das Zentrum beliebig viele Ähnlichkeitspunkte. Gleichzeitig modelliert die Öffnung der Spirale die Progression. Das Spiralmodell ist bereits in alten Kulturformen ein Lebenssymbol; die gegenläufige Spirale (von Außen auf das Zentrum zu) ist dagegen das Todessymbol (Rückentwicklung). - Das horizontale Spiralmodell hat in der Psychologie jedoch kaum Verwendung gefunden; es sei denn, man akzeptiert als Beispiel eine gewisse progressive Additivität von Varianzen (in Vektorendarstellung), die den Faktoren zugeordnet werden, die in der Entwicklung sukzessiv wirksam werden. Entwickelt sich die (horizontale) Spirale nicht in der Ebene, sondern in die dritte Dimension, dann spricht man von einer auf- bzw. absteigenden Spirale. Jetzt kann modelliert werden, daß sich die jeweils übereinander liegenden Punkte auf der Spirale sowohl ähnlich sind als auch im Entwicklungsniveau unterscheiden. Die aufsteigende Spirale ist zum Beispiel dort ein bekanntes Modell in unterrichtlichen Entwicklungen geworden, wo ein bestimmter Unterrichtsstoff auf höheren Ebenen jeweils wieder aufgegriffen und gemäß der neuen Leistungskompetenz der Schüler in neuer Weise bearbeitet wird.

Welche Dynamik steht hinter den verschiedenen Entwicklungsmodellen? Antworten auf diese Frage finden sich in den verschiedenen Entwicklungstheorien, die je nach ihrem Schwerpunkt auch bestimmte Modelle favorisieren. Wir wollen hier nur auf zwei große Theorie-Gruppen hinweisen, die auf eine je eigene Auffassung von aktivem In-der-Welt-sein zulaufen (PFISTNER, 1987, S. 218 ff.).

In "subjektfernen Systemtheorien" (s.o.!) ist das Subjekt ein System im systemalen Verbund und selbst in Subsysteme zwischen Zufall und Notwendigkeit organisiert. Entwicklung ist zwar auch in dieser Sicht nicht voll ableitbar, aber innerhalb zweckmäßiger Definitionen und Systemgrenzen als notwendig verstehbar zu machen; und Systemaktivität ist ein Ausdruck von Lebendigkeit, die sich auf verschiedenen Ebenen bis in soziale Systeme in je eigener Qualität darstellen kann. Die Dynamik wird hier gerne in Gleichgewichtsmodellen dargestellt - und progressive Dynamik in Zyklen von "Gleichgewicht - über Labilisierung - zu neuem Gleichgewicht" auf komplexer Ebene. In dieser Weise hat zum Beispiel Jean PIAGET (s.o.!) in einem Stufungsmodell Entwicklung angesprochen (PFISTNER, 1986). - Auch die folgenden allgemeinen Aktivitätssätze, die eine Entwicklung beschreiben können und vielen psychologischen Subtheorien zugrunde liegen, sind in systemischem Ansatz zu denken:

- Beharrungssatz des Erlebens und Verhaltens: Das Erleben und Verhalten reguliert sich auf eine mittlere individuelle Aktivitätslage ein, wenn keine besonderen Kräfte einwirken.
- Erregungssatz des Erlebens und Verhaltens: Das Erleben und Verhalten in der Indifferenzlage wird um so leichter spontan erregt, je strikter und länger die Indifferenzlage eingehalten wird.

Diese im Wechselspiel stehenden Aktivitätssätze betreffen vornehmlich Entwicklungen in situativen Einheiten und können in Phasenmodellen gedacht werden.

In "subjekthaften Handlungstheorien" ist das Individuum ein Aktionszentrum, das sich als Person reflexiv auf sich selbst beziehen kann; das sich in Entscheidungen und wertschöpferischen Akten seine Welt gestaltet. Entwicklung kann jetzt als eine Aufgabe wahrgenommen werden, der sich das Subjekt in Verantwortung stellen kann, weil es seine Freiheit im Bedingten erfährt. Die subjektbezogene Aktivität zielt auf Geistigkeit, das heißt auf Ordnung und Gestaltung, die auf verschiedenen Ebenen in je eigener Qualität ihren Ausdruck finden (PFISTNER, 1987, S. 38 ff.). Die Dynamik ist nicht nur reaktiv, sondern auch eigenständig, spontan und kreativ. Das heißt, das Subjekt läßt sich durch Mitwesen erwecken (zur Geistigkeit) und agiert in den neuen Situationsparametern neu und produktiv. Die Dynamik wird hier gerne in Entscheidungstheorien angesprochen (THOMAE, 1980) und in Stufen der sich jeweils eröffnenden Epochalität modelliert.

Beide Sichtweisen sind für eine umfassende Betrachtung psychologischer Gegebenheiten notwendig (GROEBEN, 1986; PFISTNER, 1987), obgleich je nach der Wahl der Betrachtungseinheit und des Betrachtungszwecks die eine oder andere Sichtweise prävalieren kann. Diese Dualität der Theoriengruppen bildet die Spannung zwischen (systemischer) Festgelegtheit und (entscheidungsfreier) Autonomie des psychologisch gefaßten In-der-Welt-seins ab. Weil nun aber alle systemischen Auffassungen ihren Sinn erst von einem sinnstiftenden (relativ autonomen) Subjekt erhalten, haben subjekthafte Handlungstheorien (zumindest) eine erkenntnistheoretische Prävalenz.

Wir wir gezeigt haben (PFISTNER, 1987) lassen sich die beiden einander ergänzenden, aber nicht ineinander überführbaren Theorie-Gruppen innerhalb der von Robert KIRCHHOFF (1983) vorgeschlagenen Allgemeinen Handlungstheorie ansprechen. Diese Theorie ist ein formaler Rahmen für Aktivitäten des In-der-Welt-seins von Individuen und insofern der eingangs gegebenen Definition von Psychologie zuordenbar. In dieser umfassenden Sicht einer Allgemeinen Handlungstheorie lassen sich sowohl die Verfahren der psychologischen Evaluation (z.B. Tests) und der Innovation (z.B. in Therapie, Unterricht und Erziehung) ansiedeln als auch die Spannung abbilden, in der Subjekte sich entwickeln: zwischen Handlungsfreiheit und Systemnotwendigkeit.

Literaturverzeichnis

Baker, R.L. (et al.). (1984). Influences on human development: a longitudental perspektive. Boston: Kluwer-Nijhoff.

Baltes, P.B. (1967). Sequenzmodelle zum Studium von Altersprozessen: Querschnitts- und Längsschnittssequenzen. In F. Merz (Hrsg.), Bericht über den 25. Kongreß der Deutschen Gesellschaft für Psychologie 1966 (S. 423-430). Göttingen: Hogrefe.

Baltes, P.B. (1984). Intelligenz im Alter. Spektrum der Wissenschaft, (5), 46-60.

Bäumler, Fr. (1974). Grundfragen der modernen Entwicklungspsychologie. Bad Heilbrunn: Klinkhardt.

Bayley, N. (1949). Consistency and Variability in the Growth of Intelligence from Birth to 18 Years. Pedagogical Seminary and Journal of Genetic Psychology, 75, 165-196.

Bilstein, J. (1985). Entwicklung, Erziehung, Sozialisation. Stuttgart: Klett.

Bloom, B.J. (1971). Stabilität und Veränderung menschlicher Merkmale. Weinheim: Beltz.

Böhme, W. (Hrsg.). (1985). Evolution und Sprache (Herrenalber Texte Nr. 66). Karlsruhe: Tron.

Bollnow, O. Fr. (1959). Existenzphilosphie und Pädagogik. Stuttgart: Kohlhammer.

Breunig, W. (1958). Reifen und Reife. Ein Beitrag zum Zeitproblem in der Pädagogik. Unveröff. Diss., Universität Heidelberg.

Breunig, W. (Hrsg.). (1973). Das Zeitproblem im Lernprozeß. München: Ehrenwirth.

Bruhn, J. (1986). Statistische Verfahren. Datenanalyse mit BASIC-Programmen. Braunschweig: Vieweg.

Bühler, Ch. (1959). Der menschliche Lebenslauf als psychologisches Problem (2. Aufl.). Göttingen: Hogrefe.

Bühler, K.-E. (Hrsg.). 1986). Zeitlichkeit als psychologisches Prinzip. Köln: Janus.

Cameron, N. (et al.). (1985). Personality development and psychopathology: a dynamic approach. Boston: Houghton Mifflin Co.

Claessens, D. (1968). Instinkt, Psyche, Geltung. Köln: Westdeutscher Verlag.

Dewdney, A.K. (1987). Karikaturen. Spektrum der Wissenschaft, (Sonderheft: Computer-Kurzweil), 44-48.

Dietrich, G. (1966). Entwicklungsstand und Persönlichkeitsverfassung. München/Basel: Reinhardt.

Dobzhansky, Th. (1971). Intelligenz. Vererbung und Umwelt. München: dtv-Verlag.

Dollase, R. (u.a.). (1985). Entwicklung und Erziehung. Stuttgart: Klett.

Driesch, H. (1912). Ordnungslehre. Jena: Diederichs.

Driesch, H. (1923). Leib und Seele (3. Aufl.). Leipzig: Reinecke.

Driesch, H. (1945). Der Mensch und die Welt (2. Aufl.). Zürich: Rascher.

Duhm, E. (1959). Entwicklung und Differenzierung. In H. Thomae (Hrsg.), Handbuch der Psychologie Bd. 3 (Entwicklungspsychologie) (2. Aufl., S. 220-239). Göttingen: Hogrefe.

Eley, C. (1986). Bewußtsein und Zeit. In K.-E. Bühler (Hrsg.), Zeitlichkeit als psychologisches Prinzip (S. 18-37). Köln: Janus.

Eysenck, H.-J. (1978). Die Ungleichheit der Menschen. München: Goldmann.

Fraisse, P. (1966). Zeitwahrnehmung und Zeitschätzung. In W. Metzger (Hrsg.), Handbuch der Psychologie Bd. 1/I, 1 (Wahrnehmungspsychologie) (S. 656-690). Göttingen: Hogrefe.

Gadamer, G.-H: (1965). Wahrheit und Methode (2. Aufl.). Tübingen: Mohr..

ɛn, N. (1986). Handeln, Tun, Verhalten als Einheiten einer verstehend-erklärenden Psychologie. Tübingen: Francke.

ırd, E.R. & Bower, G.H: (1970, 1973). Theorien des Lernens (2 Bde. , 1. u. 3. Aufl.). Stuttgart: Klett.

ätter, P.R. (1981). Psychologie. Frankfurt: Fischer.

M. (1975). Lehrbuch der Sozialpsychologie. Göttingen: Hogrefe.

ısen, R. (1969). Kindersprache, Aphasie und allgemeine Lautgesetze (2. Aufl., 1. Aufl. 1942 in Universitets Arsckrift 9, Uppsala, S. 1). Frankfurt: Suhrkamp.

ns, J.G. & Dallenbach, K.M. (1924). Obliviscence during sleep and waking. American Journal of Psychology, 35, 605-612.

n, A.R. (Ed.). (1972). Genetics and Education. London: Methuen.

ιtemann, G. (Hrsg.). (1986). Die Geschichtlichkeit des Seelischen. Weinheim: Psychologie Verlagsunion.

Kagan, J. (Ed.). (1980). Constancy and change in human development. Cambridge, Mass.: Harvard Univers. Press.

Kirchhoff, R. (1983). Umrisse einer universellen Handlungstheorie. In G. Bittner (Hrsg.), Personale Psychologie (S. 105-134). Göttingen: Hogrefe.

Kleber, E.W. (1978). Abriß der Entwicklungspsychologie (2. Aufl.). Weinheim: Beltz.

Kortland, F.H. (1955). Aspects and Prospects of the Concept of Instinkt. Archiv neerlandaises de Zoologie XI/155.

Küppers, B.-O. (1987). Die Komplexität des Lebendingen - Möglilchkeiten und Grenzen objektiver Erkenntnis in der Biologie. In B.-O. Küppers (Hrsg.), Ordnung aus Chaos. Prinzipien der Selbstorganisation und Evolution des Lebens (S. 15-24). München: Piper.

Lerner, R.M. (et a.). (1983). Human development. A Life span perspektiv. New York: McGraw Hill.

Lewin, K. (1920). Die Verwandtschaft in der Biologie und und die Darstellung vollständiger Stammbäume. Abhandlu zur theoretischen Biologie, (5), 35 S.

Lewin, K. (1922). Der Begriff der Genese in Physik, Biologie Entwicklungspsychologie. Berlin: Springer.

Lewin, K. (1963). Feldtheorie in den Sozialwissenschaften. Huber.

Lorenz, K. (1973). Die Rückseite des Spiegels. München: Piper.

Mathey, Fr.J. (1960). Zur Schichttheorie der Persönlichkeit. In Lersch u. H. Thomae (Hrsg.), Handbuch der Psychologie 4 (Persönlichkeitspsychologie) (2. Aufl., S. 437-474). Gö gen: Hogrefe.

McDermott, J. (1986). Face to Face: It's the Expression that be the Massage. Smithsonian, Vol. 6/12, 112-123.

Merz, F. & Stelzl, I. (1977). Einführung in die Erbpsychologie. Stuttgart: Kohlhammer.

Metzger, W. (1954). Psychologie (2. Aufl.). Darmstadt: Steinkopff.

Metzger, W. (1962). Schöpferische Freiheit (2. Aufl.). Frankfurt: Kramer.

Metzger, W. (1967). Der Geltungsbereich gestaltpsychologischer Ansätze. In F. Merz (Hrsg.). Bericht über den 25. Kongreß der Deutschen Gesellschaft für Psychologie Münster 1966 (S. 13-24). Göttingen: Hogrefe.

Metzger, W. (1968). Gestaltwahrnehmung. Naturwissenschaft und Medizin, 5 (23), 3-24.

Miller, P.H. (1983). Theories of developmental psychology. San Francisco: Freeman.

Möbus, C. (u.a.). (Hrsg.). (1986). Strukturmodelle für Längsschnittdaten und Zeitreihen. Bern: Huber.

Mönks, F.J. & Knoers, A.M.P. (1976). Entwicklungspsychologie. Stuttgart: Kohlhammer.

R. (1982). Moderne Entwicklungspsychologie (19. Aufl.). Donauwörth: Auer.

L.A. (1981). Persönlichkeitspsychologie in Kontroversen. München: Urban & Schwarzenberg.

:r, H.-J. (1968). Erziehungsberatung. Koblenz/München: Krieger/Ehrenwirth.

er, H.-J. (1970). Beiträge zu einer pädagogischen Psychologie. In H.-J. Pfistner (Hrsg.), Pädagogik der Mannigfaltigkeit (S. 101-158). Koblenz/München: Krieger/Ehrenwirth.

ıer, H.-J. (1970). Pädagogische Psychologie. Grundbegriffe und Literaturhinweise. Koblenz/München: Krieger/Ehrenwirth.

ner, H.-J. (1972). Entwicklungsbedingte Krisen der Person. Praxis der Kinderpsychologie und Kinderpsychiatrie, 21, 33-41.

'fistner, H.-J. (1973). Die Antizipation im Lernprozeß. In W. Breunig (Hrsg.), Das Zeitproblem im Lernprozeß (S. 72-97). München: Ehrenwirth.

Pfistner, H.-J. (1981). Lehrer beurteilen Schüler. Bern: Lang.

Pfistner, H.-J. (1981). Strategien der Interpretation. Ein Beitrag zur Literaturpsychologie. Bern: Lang.

Pfistner, H.-J. (1983). Die pädagogische Wendung. Frankfurt: Lang.

Pfistner, H.-J. (1986). Die Gleichgewichtstheorie bei Jean PIAGET. In G.-B. Reinert (Hrsg.), Kindgemäße Erziehung (S. 143-176). Bern: Lang.

Pfistner, H.-J. (1987). Handlungsfreiheit und Systemnotwendigkeit. Ein Beitrag zu der Frage: Was ist Psychologie? Göttingen: Hogrefe.

Piaget, J. (1973). Erkenntnistheorie der Wissenschaft vom Menschen. Frankfurt: Ullstein.

Piaget, J. (1973). Einführung in die genetische Erkenntnistheorie. Frankfurt: Suhrkamp.

Piaget, J. (1974). Theorien und Methoden der modernen Erz
Frankfurt: Fischer.

Piaget, J. (1976). Die Äquilibration der kognitiven Entwic
Stuttgart: Klett.

Salkind, N.J. (1985). Theories of human development (2nd
New York: Wiley.

Scott, J.P. (1972). Kritische Phasen in der Verhaltensentwic
In O.M. Ewert (Hrsg.), Entwicklungspsychologie Bd. I. (S
41). Köln: Kiepenheuer & Witsch.

Shaffer, D.R. (1985). Developmental psychology: theory, researc
applications. Monterey, Calif,: Brooks/Cole.

Silbereisen, R.K. & Montada, L. (Hrsg.). (1983). Entwicklung
chologie. München: Urban & Schwarzenberg.

Simpson, G.G. (1972). Biologie und Mensch. Frankfurt: Suhrkamp.

Spitz, R. (1960). Die Entstehung der ersten Objektbeziehung (2. Aufl.). Stuttgart: Klett.

Spitz, R. (1967). Vom Säugling zum Kleinkind. Stuttgart: Klett.

Schmidt, H.-D. (1978). Allgemeine Entwicklungspsychologie. Berlin: VEB Deutscher Verlag d. Wissenschaften.

Stange, K. (1971). Angewandte Statistik (2 Bde.). Berlin: Springer.

Stern, W. (1914, 1952). Psychologie der frühen Kindheit (1. u. 7. Aufl.). Leipzig/Heidelberg: Quelle & Meyer.

Straus, E. (1978). Vom Sinn der Sinne (Reprint der 2. Aufl. von 1956). Berlin: Springer.

Thomae, H. (1959). Entwicklungsbegriff und Entwicklungstheorie. In H. Thomae (Hrsg.), Handbuch der Psychologie Bd. 3 (Entwicklungspsychologie) (2. Aufl., S. 3-20). Göttingen: Hogrefe.

Thomae, H. (1959). Entwicklung und Prägung. In H. Thomae (Hrsg.), Handbuch der Pschologie Bd. 3 (Entwicklungspsychologie) (2. Aufl., S. 240-311). Göttingen: Hogrefe.

Thomae, H. (1961). Vorstellungsmodelle in der Entwicklungspsychologie. Zeitschrift für Psychologie, 165, 41-58.

, H. (1980). Entscheidung und Gewissen. In A. Schavan & 3. Welte (Hrsg.), Person und Verantwortung (S. 44-52). Düsseldorf: Patmos.

l, J.v. (1973). Theoretische Biologie. Frankfurt: Suhrkamp.

sch, U. (1959). Entwicklung und Wachstum. In H. Thomae (Hrsg.), Handbuch der Psychologie Bd. 3 (Entwicklungspsychologie) (2. Aufl., S. 79-103). Göttingen: Hogrefe.

r, G. (1975). Evolutionäre Erkenntnistheorie. Stuttgart: Hirzel.

er, G. (1980). Evolutionäre Erkenntnistheorie und Leib-Seele-Problem. In W. Böhme (Hrsg.), Wie entsteht Geist? (Herrenalber Texte Nr. 23, S. 11-40). Karlsruhe: Tron.

r, H. & Oerter R. (1979). Ökologie und Entwicklung. Mensch-Umwelt-Modelle in entwicklungspsychologischer Sicht. Donauwörth: Auer.

ellek, A (1975). Ganzheitspsychologie und Ganzheitspädagogik als Wegbereiter des Exemplarischen. In K. Guss (Hrsg.), Gestalttheorie und Erziehung (S. 122-139). Darmstadt: Steinkopff.

Werner, H. (1959). Einführung in die Entwickungspsychologie. München: Barth.

Winkelmann, R. (1961). Experimentelle Studie zur Genese von Bezugssystemen. Zeitschrift für experimentelle und angewandte Psychologie, 8, 437-445.

Witte, W. (1960). Über Phänomenskalen. Psychologische Beiträge, 4, 645-672.

Zeller, W. (1964). Konstitution und Entwicklung (2. Aufl.). Göttingen: Hogrefe.

ÜBER DIE AUTOREN

Horst ANTENBRINK, geboren 1937, Lehrerstudium an d[illegible] Worms, 6 Jahre Lehrer an Grund- und Hauptschulen. Studiu[illegible] Psychologie, Philosophie, Physiologie und Ethologie an der Un[illegible] tät Bonn. Diplom 1968, Promotion 1972 an der Universität H[illegible] berg. Seit 1973 Dozent, seit 1974 Professor für Psychologie [illegible] PH Heidelberg.

Karl-Josef FREY, geboren 1931. Lehrerstudium am Pädagog[illegible] Institut Schwäbisch Gmünd. 5 Jahre als Grund- und Hauptsch[illegible] rer tätig. Danach USA-Aufenthalt und Studium der Psycho[illegible] Neurologie und Philosophie der Wissenschaft an folgenden Uni[illegible] täten in New York City: New School for Social Research, [illegible] York University and Columbia University. M.A. 1963; Ph.D. [illegible] 5 Jahre Research Associate and University Lecturer im Be[illegible] der visuellen Wahrnehmung und in der kindbezogenen Denkforsch[illegible] am Swarthmore College. Seit 1973 Dozent, seit 1978 Professor f[illegible] Psychologie an der PH Heidelberg.

Hans-Jürgen PFISTNER, geboren 1930. Studium der Psychologie und der dazugehörigen Aspekte aus philosophischen, pädagogischen und medizinischen Fächern an der Universität Heidelberg. Diplom-Prüfung in Psychologie 1955, Promotion 1957. Fachpsychologe für Klinische Psychologie (BDP). Mehrere Jahre Leiter einer Erziehungs- und Lebensberatungsstelle in Mannheim. Seit 1964 Dozent, seit 1970 Professor für Psychologie an der PH Heidelberg.

Wolfgang SEHRINGER, geboren 1929. Studium der Philologie (Deutsch, Englisch, Geschichte) und der Psychologie (mit Philosophie und Psychopathologie) an den Universitäten Heidelberg, Basel, Kiel, Reading/Berks., Freiburg i.Br.. Diplom in Psychologie 1955, Promotion 1956, Staatsexamen für das höhere Lehramt 1957. 2 Jahre Lektor für Deutsche Sprache und Literatur an der Universität Reading (Großbritannien). 7 Jahre Lehrer am Gymnasium Schopfheim. Seit 1968 Dozent, seit 1971 Professor für Psychologie an der PH Heidelberg.